网络思想政治教育创新研究丛书

U0873437

GAOXIAO XINMEITI FAZHAN

高校新媒体发展案例选编Ⅱ

ANLI XUANBIAN Ⅱ

主　编　王顺洪

副主编　桂富强　汪　铮　许金砖　颉　芳

李　猛　朱莹燕　刘中慧　朱　炜

西南交通大学出版社

成　都

图书在版编目（CIP）数据

高校新媒体发展案例选编. Ⅱ / 王顺洪主编. —成都：西南交通大学出版社，2021.1
ISBN 978-7-5643-7758-8

Ⅰ. ①高… Ⅱ. ①王… Ⅲ. ①传播媒介 – 应用 – 高等学校 – 学校管理 – 案例 – 汇编 – 中国 Ⅳ. ①G647

中国版本图书馆 CIP 数据核字（2020）第 201623 号

Gaoxiao Xinmeiti Fazhan Anli Xuanbian Ⅱ

高校新媒体发展案例选编 Ⅱ

主编　王顺洪

责任编辑　居碧娟
助理编辑　何宝华
封面设计　严春艳

出版发行　西南交通大学出版社
（四川省成都市二环路北一段 111 号
西南交通大学创新大厦 21 楼）
发行部电话　028-87600564　028-87600533
邮政编码　610031
网址　http://www.xnjdcbs.com
印刷　四川煤田地质制图印刷厂
成品尺寸　170 mm × 230 mm
印张　20.75
字数　369 千
版次　2021 年 1 月第 1 版
印次　2021 年 1 月第 1 次
书号　ISBN 978-7-5643-7758-8
定价　88.00 元

四川高校新媒体联盟
组织编写

主　编　王顺洪

副主编　桂富强　汪　铮　许金砖　颉　芳

李　猛　朱莹燕　刘中慧　朱　炜

顾　问　孔令旭　李俊蔷　辛增亮　陈鹏飞

参编人员

周　伟　陈丝丝　蔡京君　阮　琦　曾　洁　陈　薇　智新一点

罗　蕾　侯　倩　鞠红伟　刘　亮　赖　培　王伊鸣　杨千伊

赵静静　安　然　刘一凡　孙士清　白　霖　姚　卉　郑月华

王　威　王浩然　王靖宇　吴彦熹　张文芳　尹思棋　刘　芳

王浩然　曾蕙心　张文欣　韩清华　李博博　蔡松璇　徐　洁

赵琳玉　陈　康　王梓帆　刘宇坤

序言 PREFACES

融媒体时代，内容资源相融，形式日日更新。

5G时代的到来为移动互联网发展带来新的风口，信息时代的内涵正在发生着深刻的变化，从图文到短视频，从“双微”到“多端”……新的媒介形式层出不穷，媒体融合发展成为大势所趋。

2019年1月25日，新年首次中央政治局集体学习将“课堂”设在了媒体融合发展第一线。所当乘者势也，不可失者时也。全媒体发展是个大趋势，媒体融合是篇大文章。进入2019年，习近平总书记对媒体融合发展提出了更具体的要求，一幅高水平、深层次的媒体融合发展宏图徐徐展开。而高校拥有得天独厚的优势，理应站在融媒体时代的风口浪尖，为新媒体发展提供理论和人才等全方位的支持。

融媒体归根到底是媒介的融合与内容的融合，其依托的平台主体仍然是新媒体。新媒体发展到今天，舆论环境发生了深刻的变革。作为青年人接触频率最高的媒介形式，新媒体仍然是高校舆论宣传的主战场。随着媒介形式的进一步发展与变革，现阶段以“两微多端”为代表的媒介平台成为高校新媒体工作的主要着力点。围绕立德树人这一根本任务，近年来，各高校顺应媒介发展变化，运用新媒体优势，紧跟青年学子关注点，用师生喜闻乐见的形式创作了许多优秀的宣传内容，似春风化雨，润物于无声。

从内容到平台，从形象打造到团队建设，如何顺应融媒体大势，做好新时代的高校宣传？如何乘新媒体东风，因事而化、因时而进、因时而新地做好校园媒体建设？本次案例选编，编者将眼光放向全国，将高校新媒体的创新实践、发展理念、运营模式、团队建设作为主要的研究和分析对象，搜集整理创新案例近百篇。以期通过案例展示和分析，系统地总结和共享高校新媒体建设和发展中的建设经验，从平台、内容、团队、形象四个方面进行分类展示，欲以此探索互联网技术及新媒体发展的整体趋势，以小见大，触类旁通，以求共进。

而因笔者学识有限，成书匆忙，恐有遗漏与不足，还恳请广大读者批评指正。

目录 CONTENTS

内容建设篇

案例 1

四川省教育厅：创新新媒体表现形式，自建官方直播平台……2

案例 2

录取通知书：一纸通知书，串起多少届校友的情怀……5

案例 3

访谈记录展典型，人物专访现风貌

——四川旅游学院新媒体中心“旅院人物”专栏……7

案例 4

#献歌新中国成立 70 周年#话题

——南昌大学用歌声唱给祖国听……10

案例 5

“爱要大声说出来”微征文大赛

——线上活动与线下盛典的完美结合……12

案例 6

《“汶川十年”系列报道》：纪念汶川地震十周年，

全方位报道回顾成都理工大学力量……16

案例 7

123 周年校庆倒计时 35 天！晚霞光顾交大：美景与情怀的结合……19

案例 8

2019 年毕业季，烟台大学《生僻字》，用国学点亮美丽校园……23

案例 9

爱上双人舞课程上热搜——主动策划包装，打造热搜……26

案例 10

把“珠峰计划”做成 H5 小游戏：解读刚性文件并实现柔性传播……30

案例 11
高校毕业季策划：内容整合，引发共鸣，增强互动 ……33
案例 12
地铁情缘二三事——西南石油大学地铁故事系列报道 ……37
案例 13
成都特大暴雨校园特写——小视频大能量 ……42
案例 14
川外成都学院：原创 IP 孵化正当时 ……45
案例 15
抓住学妹头绳甩掉的那一刻，打造风靡抖音的心动 ……49
案例 16
高校 CP 养成记：互动的背后是跨界推广 ……51
案例 17
高校打卡攻略：热点与情怀的共融 ……54
案例 18
恭喜，你们毕业了——让我为你留下美好时光 ……57
案例 19
官微暖心传情，助力家校联动 ……64
案例 20
河北科技大学新媒体运营案例 ……67
案例 21
抓住“痛点”，让 Photoshop 为你“下大雪” ……69
案例 22
结合热点推原创——交大一分钟 ……71
案例 23
教授用“甄嬛体”讲高数：身边事与热点碰撞出“热搜” ……73
案例 24
紧扣时代旋律，从有机融入到润物无声
——西南交大首届网络文化节的品牌打造 ……76
案例 25
连心桥：护城河挡路，校车做“桥” ……80
案例 26
人民日报、新华社、央视等媒体
聚焦南昌大学“青春告白祖国”系列活动 ……82

案例 27
融媒“拳法”：听完《陪你毕业》这首歌，我不想走了 ……………………85
案例 28
四川传媒学院聚焦学生视角，
发掘校园魅力让新媒体矩阵构建更有温度……………………………………89
案例 29
微博故事：短视频流量入口……………………………………………………92
案例 30
温暖的真相：百余名大学生众筹，只为他……………………………………94
案例 31
结合热点策划重点：西成高铁系列推送 ……………………………………97
案例 32
用心装点西华“室”界：加强宿舍文化建设，发挥文化育人功能 ……100
案例 33
西南交大街拍墙献礼校庆新媒体案例 ………………………………………103
案例 34
青春影像，校园微博打造“希望厂牌街拍” ………………………………107
案例 35
弘扬时代精神，聆听交大声音
——西南交通大学扬华 E 媒体中心内容建设篇 ……………………………109
案例 36
西南石油大学《龙井湖捞起 2000 多斤大鱼！
千余师生一同免费吃鱼喝汤！》热点微信案例介绍 ………………………114
案例 37
献礼校庆 123 周年，致敬交大人的新高度！ ………………………………118
案例 38
校媒体引爆希望校庆“快闪” ………………………………………………122
案例 39
校庆倒计时 100 天——24 组新老照片对比，带你穿越 60 载 ……………125
案例 40
新闻性 · 趣味性 · 育人性——《云览一月》栏目建设的思考 ……………129
案例 41
学霸寝室：在日常大学生活中寻找榜样力量…………………………………133

案例 42
校园正能量传递：一枚党徽、一封励志信，这位“学姐”好有心……135
案例 43
西安交通大学：以“融媒体+”构建“爱国奋斗新时代
建功立业正当时”西迁精神主题宣传工作案例……137
案例 44
闪亮停电雨夜：因事而化，校园新媒体助推“西政精神”……140
案例 45
迎新季官博只做一件事：推销自己
——西南交通大学官博#高校种草大赛#话题运营……144
案例 46
东北大学：用心呵护字节旋律，用意体味字节音符……148
案例 47
成中医版《知否知否》：用温暖与情怀打造爆款……152

平台运营篇

案例 48
小事碰撞大火花　官微运营有妙招……158
案例 49
聚合共荣，打造有温度、有态度、有深度的新媒体团队
——西南交通大学交通运输与物流学院云运宣传中心……162
案例 50
西南交通大学交通运输与物流学院云运宣传中心
新媒体平台建设案例……167
案例 51
西南交通大学交通运输与物流学院云运宣传中心 平台建设案例
——QQ 公众号建设……171
案例 52
评论性、交互性、文化性
——基于大学生自媒体“交想悦”平台的分析……175
案例 53
#火车那些事#学校交通特色与新媒体平台的融合……179

案例 54
“不负青春，不负你”：
微博校园以及@四川教育线上运营案例分析 ……185
案例 55
“六抓”促“六化”：合肥工业大学加强校园新媒体建设管理……189
案例 56
1024“小微节”线下活动聚人气……193
案例 57
打造交大媒体“思政中央厨房”
——西南交通大学扬华 E 媒体中心平台建设篇 ……195
案例 58
把新媒体运营当成开店
——西南交通大学扬华 E 媒体中心平台运营篇 ……201
案例 59
打造创新创业信息集散地，服务大学生创新创业……207
案例 60
当广播和直播结合在一起，会擦出怎样的火花？……210
案例 61
立足多彩校园文化　讲好高校故事……214
案例 62
联起来　动起来　构建融媒体时代高校网络育人新模式……216
案例 63
“五微一体化”大学生网络思想政治育人模式的构建与实践……220
案例 64
西南民族大学“民小薇”：言文行远，为内容而生……225
案例 65
向上吧，青春！用鲜活的故事讲述向上的力量！
——西安科技大学新媒体平台精品栏目运营经验分享……228
案例 66
新媒体栏目化运营：以四川农业大学为例……233
案例 67
新媒体语境下传统媒体如何紧跟新形势
——“交大之声”新媒体平台的发展与融合……236

案例 68
扬华文化：为工科生插上艺术之翼 ……241
案例 69
用“追女孩”的思维运营新媒体
——高校新媒体平台运营实战 ……244
案例 70
新媒体矩阵齐发力——西南交通大学“大声”告白祖国 ……247
案例 71
扎实推进，突破创新 用一流的新媒体教学平台助力学校思政工作
——西南交大形势与政策微信教学平台建设情况……251
案例 72
站在短视频风口：西南交通大学官抖运营经验总结 ……255
案例 73
专栏 · 静明电台：开启新媒体的“听”时代……258
案例 74
用新媒体引导学生向上向善，探索高校思想政治教育工作新途径 ……261

团队建设篇

案例 75
创新 融合 共建 共享
——构建全方位、全覆盖的校域舆论传播新媒体矩阵……266
案例 76
格物致新 砥砺前行——南昌大学官微团队建设 ……270
案例 77
建设“有温度”的网络思想政治工作阵地……274
案例 78
聆听师语，感受多彩多姿的人文魅力 ……278
案例 79
融 · 汇力量 合 · 创未来
——电子科技大学推进媒体融合的探索与思考 ……281
案例 80
四川传媒学院，从“新”宣传，从“心”出发 ……284

案例 81
微博大学训练营：探索高校新媒体人才培养新模式……287
案例 82
新媒体平台“火力全开”助力学校招生工作……291
案例 83
各尽其才，共同打造活力校园团队
——西南交通大学扬华 E 媒体中心团队建设篇……293
案例 84
中国海洋大学依托新媒体矩阵，探索构建海洋文化共同体……296

形象打造篇

案例 85
“小狮子”大家庭——河北师范大学官微形象塑造……300
案例 86
高校拟人化“萌宠”建设——以云运宣传中心“小云”为例……308
案例 87
拟人化栗子君：与线上粉丝沟通的生动形象……312
案例 88
人气校园网红拟人化“小希”，助力学院形象传播……315

内容建设篇

要走量更要走心，小体量里有大能量

纵然媒介形式千变万化，内容仍是岿然不动的主体。新媒体时代信息爆炸，作为信息传播的主体，内容依然是最重要的核心。我们需要大量的内容来保证活跃度，更需要走心的内容唤起共鸣。结合新媒体特性，短小精悍的内容是符合受众阅读习惯的宠儿，有能量有“灵魂”的内容是新媒体独得青睐的秘诀。

案例 1

四川省教育厅：创新新媒体表现形式，自建官方直播平台

▲四川省教育厅官方微信平台

在媒体融合的大势下，广电媒体与新媒体融合发展所探索出来的“直播”这种形式已逐渐发展成熟，且越来越受大家的欢迎。单纯图文推介已经不能满足四川省教育厅官方微信“四川教育发布”、官方微博“四川教育”对教育宣传和教育服务的需要，在四川教育厅官方新媒体上增加直播功能是大势所趋。

目前很多宣传类直播都是依托于第三方直播软件，如“一直播”“斗鱼直播”“花椒直播”等，如果我们用这些三方直播平台来做政务宣传服务类直播，均面临着直播对象精准度不够高，无法对直播过程中出现的言行、弹幕、界面进行实时审核和监管等问题。

在这样的情况下，四川省教育厅在官方微信“四川教育发布”和官方微博“四川教育”上自建直播平台，实现了重大信息的实时传递。

2018 年 6 月 4 日，“四川教育发布”微信公众号面向全川乃至全国的高校师生现场进行了一次直播，其内容是由教育部主办、四川省教育厅承办的“全国高校学习新思想，千万师生同上一堂课”四川启动仪式及首场授课活动，共有近 15 万师生在线收看了这次直播，起到了良好的宣传效果，得到了教育部相关领导的高度肯定。

图 1　启动仪式直播相关微信文章截图

除此之外，四川省教育厅官方微信“四川教育发布”、官方微博“四川教育”还直播了“四川省全面深化新时代教师队伍建设改革新闻发布会”“四川省鼓励社会力量兴办教育促进民办教育健康发展新闻发布会”“爱我国防大学生演讲比赛”等活动。

图 2 部分活动截图

截至当前，四川省教育厅利用政务微信、政务微博直播活动十余次，共计观看数达到 500 多万人次，是移动直播技术应用于教育领域的有益尝试，同时也是政务新媒体平台借助传播优势切实服务群众的具体体现。

（作者：黄国兵）

案例 2

录取通知书：一纸通知书，串起多少届校友的情怀

▲微信文章《小信说|你的录取通知书正在漂洋过海来看你，还有一份特别的“情书”》

每年的高校招生季都是不可错过的重要时间节点。录取通知书更是大家关注的重点。我们把握用户的心情和关注点，制作了一期关于通知书的推送。主要分为四个部分：一、给“小萌新”的一封信；二、介绍通知书；三、展示通知书发放背后的工作现场；四、最近四届通知书的变化。

首先，我们抓住了新生迫切想要看到通知书的心情，提前预告了通知书的设计、邮寄包裹中的内容，让大家吃了一颗“定心丸”，同时又多了一份期待。

其次，每年发放通知书都是非常烦琐而辛苦的工作。我们探访了招生办，记录下老师工作的时刻，将其做成视频和动图，向同学们展示了“原来通知书是这么寄出去的”，解答了一个大家一直以来的疑惑。最重要的是，给了在背后默默付出的老师们一个出镜的机会。告诉同学们，你来到成都信息工程大学的过程背后，有老师们默默的付出，老师们在为你助力，我们在等你来。这也激发了同学们的感恩之心。

最后，我们还展示了 2016—2019 年四年里录取通知书的样子和变化。之所以没有放很多年前的照片，一方面是因为寻找这些老照片有些困难，另一方面是考虑到当时收到通知书的 2016 级的同学现在已经大四了，并且他们在校，看到那年属于自己的通知书，都会引起回忆和对时光的感慨。令人感动的是，推送发出后，有很多很多几年前、十几年前毕业的老校友因此感慨岁

月，想到当年收到通知书的自己。很多活跃在微信平台的校友已经结婚生子甚至步入中年，也被这篇推送引起了情怀与共鸣。

根据新媒体管家数据显示，这篇推送总阅读量 7 269 次，分享转发 128 次，评论 69 条，与本校同题材推送相比，阅读量增长了 7 倍，评论数更是创下新高，大约是同题材推送的十倍。这些评论都很用心，我们也很开心为大家创造了一次心与心交流和怀旧的机会，也增加了校友对学校的归属感和认同感。

这次推送带给我们的经验总结有以下几点。一是在重点策划宣传的时候应该把握时间节点，比如招生季；要选择用户最感兴趣的话题，如录取通知书。二是可以展示通知书背后老师的工作，为老师“点赞”，给予老师工作认可，培养新生的感恩之心。三是要“走心”，设置情怀共鸣，戳中用户“痛点”。最后是宣传面要广，要面向更广的群体。不仅要面向新生，更要面向我们所有的校友。

（作者：成都信息工程大学）

案例 3

访谈记录展典型，人物专访现风貌
——四川旅游学院新媒体中心“旅院人物”专栏

▲四川旅游学院学校官方微信公众号

百年大计，教育为本；教育大计，教师为本。教师是立教之本、兴教之源，承担着让每位学生健康成长、办好人民满意教育的重任。为进一步对旅院优秀教育工作者、先进个人及时进行报道宣传，用平凡故事讲述深刻道理，用先进典型模范事迹诠释高校教师的育人情怀，四川旅游学院（后简称为“旅院”）开设了“旅院人物”采访专栏。采访作为一种叙事手段，有着特殊的作用和呈现方式。“旅院人物”采访专栏通过对旅院优秀教育工作者进行人物专访，展现四川旅游学院优秀教师三尺讲台存日月、一支粉笔写春秋的执着坚守，彰显人民教师信仰坚定、勇于担当、创新奉献的精神风貌。

一、主要做法

四川旅游学院学校官方微信公众号平台开通“旅院人物”专栏。“旅院人物”采访专栏每一期的制作都由学校党委宣传部牵头，由党委宣传部老师带领学校新媒体中心的学生骨干共同完成。“旅院人物”采访专栏的制作共分为5个步骤，分别为广泛了解学校教师先进事迹和确定采访对象、收集采访者资料、拟写采访提纲、联系人物进行现场专访、撰稿成文。

通过统一策划、整合资源、精心组织，“旅院人物”专栏全力聚焦学校办学特色和旅院教师先进事迹的宣传报道，塑造了一个个真实鲜活的旅院教师形象，讲述了不同教师教书育人的情感和心声，让旅院教师不再是讲台上的扁平人物，变得真实可感，将旅院教师形象立体化地呈现出来，同时也在校园内营造了团结奋进、昂扬向上的良好氛围与风貌。

二、栏目开展情况

自本栏目开设以来，“旅院人物”专栏在学校官方微信公众平台共计发布 13 期。如《旅院人物：粗缯大布裹生涯，腹有诗书气自华——记四川旅游学院教师李貌》讲述了一位身着一身古服，写得一手好字，以色彩绘染缤纷世界，儒雅风趣的艺术学院教师李貌的事迹，在平台关注总人数 1.4 万人的背景下，此篇推文阅读量为 4 814 次，点赞量为 193 次。《旅院人物：从南极大陆到三尺讲台——记四川旅游学院教师刘勇》记录了一位有着 20 年探险生活的运动与休闲学院教师刘勇，他多次成功完成探险活动，足迹遍布中国、尼泊尔、阿尔卑斯山、南极等世界各地，此篇推文阅读量达 4 471 次，点赞量达 136 次。《旅院人物：从旅院学子到中国烘焙大师——记四川旅游学院青年教师徐向波》记录了一位从川旅学子到川旅教师、从食品硕士到烘焙大师、从单枪匹马到家庭美满的西点教研室专业教师徐向波，此篇推文阅读量为 2 289 次，点赞量为 69 次。《旅院人物：将中国饮食文化推向世界的中国烹饪大师——记四川旅游学院教师李凯》记录了把中国烹饪文化与中国美学巧妙结合，足迹遍布近 30 多个国家和地区，不辞辛劳，致力于把中华饮食文化推向世界的我校欧美饮食文化研究中心饮食文化推广大使李凯，此篇推文阅读量为 4 155 次，点赞量为 108 次。《春风化雨三十载，荣誉等身不忘初心——记我校教师钟志惠》记录了一位三十年坚守教师行业，课堂生动有趣的食品学院教师钟志惠，此篇推文阅读量达 1 632 次，点赞量达 53 次。《老骥伏枥为教育，一片丹心育桃李——致敬我校督导专家组》记录了几位深入课堂，用心督导记录每一次教学，率先垂范，为全校师生树立模范标杆的我校教学督导专家组，此篇推文阅读量达 907 次，点赞量达 47 次。

“旅院人物”专栏阅读量总计达超过 3.8 万次，点赞量超过 1000 次，转载量超过 300 次。栏目设置后，报道传播效果好，引发了师生及校友们的强烈共鸣。从学校的学生到许多教师都反响强烈。曾有粉丝在阅读“旅院人物”专栏推文后留言：“人物形象跃然纸上，师德师风呼之欲出！”可见，“旅院人物”专栏将发挥榜样力量的作用落到了实处，真正起到了“讲好旅院故事，传递了旅院正能量”的作用。

三、宣传及推广

“旅院人物”专栏不仅将视角聚焦于我校各领域具有突出贡献的教师们，同时也宣传了我校奋斗在教学科研一线的基层教师们，更包括不忘初心，用实际行动为学校发展与科学决策提供依据的我校督导组老专家们。“旅院人物”专栏视角丰富，在前期推送反响热烈的情况下，进一步抓准时机，精心组织，有序推进，以“讲好旅院故事，传递了旅院正能量”为宗旨，以学校各级宣传平台为载体，以学校“两微一端”为阵地，联合学校新媒体联合会，联合校外各媒体平台，进行宣传推广，依托榜样老师的正面形象，大力宣传学校优秀的师德、师风，营造了良好的育人氛围，积极传递了旅院的正能量。

（作者：四川旅游学院 袁婷）

案例 4

#献歌新中国成立 70 周年#话题
——南昌大学用歌声唱给祖国听

▲微博话题 #献歌新中国成立 70 周年#

2019 年是中华人民共和国成立 70 周年。70 年风雨兼程，70 年波澜壮阔。一代代中国人不断踏上中国梦的新征程，新一代的大学生也接过了接力棒，高校成了爱国主题教育的主阵地。针对传播受众特点，南昌大学选择了微博推送经典歌曲的方式，用一首首经典曲目，让主旋律再次在耳畔响起。

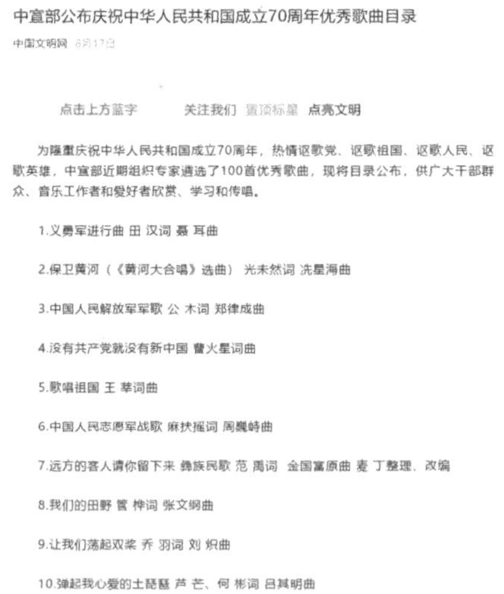
中宣部公布庆祝中华人民共和国成立70周年优秀歌曲目录

中国文明网 6月17日

点击上方蓝字　关注我们 置顶标星 点亮文明

为隆重庆祝中华人民共和国成立70周年，热情讴歌党、讴歌祖国、讴歌人民、讴歌英雄，中宣部近期组织专家遴选了100首优秀歌曲，现将目录公布，供广大干部群众、音乐工作者和爱好者欣赏、学习和传唱。

1.义勇军进行曲 田 汉词 聂 耳曲

2.保卫黄河（《黄河大合唱》选曲） 光未然词 冼星海曲

3.中国人民解放军军歌 公 木词 郑律成曲

4.没有共产党就没有新中国 曹火星词曲

5.歌唱祖国 王 莘词曲

6.中国人民志愿军战歌 麻扶摇词 周巍峙曲

7.远方的客人请你留下来 彝族民歌 范 禹词 金国富原曲 麦 丁整理、改编

8.我们的田野 管 桦词 张文纲曲

9.让我们荡起双桨 乔 羽词 刘 炽曲

10.弹起我心爱的土琵琶 芦 芒、何 彬词 吕其明曲

图 1　庆祝中华人民共和国成立七十周年优秀曲目

本次专栏推送于 6 月 24 日开始，直至 10 月 1 日，坚持每日一歌。歌单目录以中共中央宣传部公布的庆祝中华人民共和国成立70周年优秀歌曲目录为参考，让那些优秀的经典曲目得到重新传诵。

一、原创设计，专栏推送

推送的主要方式选择了符合年轻人网络阅读习惯的图文结合方式。南昌大学官方微博团队成员为该栏目设计了专属模板，专门负责该栏目的小编每日选择歌曲的经典片段，将歌词制作为歌词图片。在文案撰写方面，编者也颇下功夫，撰写方向包括该曲目的创作背景、情感内涵以及曲目精神，尽可能体现出文字的温度。

二、避免固化，灵活推送

推送并不是依照既有歌单刻板推进，为了避免僵化，歌曲选择会随特殊节日、纪念日等时间点进行适当调整，使其应时应景。例如在 2019 年 8 月 29 日，在南昌大学 2019 年新生开学之际，我们推送了《超越梦想》，希望每一位新生的梦想能够在大学重新开始；在 2019 年 9 月 10 日教师节，我们推出凝聚浓厚师生情的曲目《长大后我就成了你》。

三、深入人心，用情推送

推送期间恰逢迎新季和军训季，新生们受到栏目所推歌曲的感染，纷纷在评论里留言点赞。有不少方队在军事训练之余的拉歌活动的歌单选择，是以平台推送的经典歌曲为参考的。

目前该专题栏目还在持续更新中，截至 2019 年 9 月 19 日，该栏目阅读量累计已超两百万。数据的背后是红色文化的传承、是主旋律文化的生生不息，这也证明了平台运营与时俱进的必要性。高校思政工作只有做到因事而化、因时而进、因势而新，遵循传播规律，走进青年，才会被更多青年人接纳和认可。

（作者：南昌大学官微团队）

案例 5

“爱要大声说出来”微征文大赛
——线上活动与线下盛典的完美结合

▲微博话题 #我给祖国表个白#

近年来，新媒体平台强势崛起，各方平台都抓住“新媒体”这个机遇，举办各类线上活动，以此来获得更多更广的流量和关注。

为庆祝中华人民共和国成立 70 周年和向西南交通大学 123 周年校庆献礼，西南交通大学官方微博在 2019 年 3 月，面向全体微博网友及交大师生校友发起“爱要大声说出来”系列微征文大赛。大赛有“我给祖国表个白”“我给母校示个爱”两个微博创作主题，欢迎大家以图文、音视频等形式来表白祖国或母校。

一、线上宣传

1. 官方微博宣传

线上活动发布后，西南交通大学官方微博迅速申请成为征文主题的话题主持人并针对话题进行一系列的维护和运营，引导交大师生和微博用户关注和投稿。经过统计，在为期 3 个月的征文活动中，两个话题总计发布原创微博 48 条，转发优秀参赛作品 4 条，点赞数超过 2 000 次。话题微博多次被@

微博校园、@四川教育、@四川共青团等账号转发宣传，活动传播度良好。两个活动话题阅读量均破千万，总阅读量超过 2 400 万，超过 10 000 人次参与话题讨论。

2. 官方微信宣传

西南交通大学官方微信依托自己牢固的粉丝基础，先后发布了两篇征文活动主题推送，一是公告活动，引导师生、校友、家长参与微博活动；二是活动总结，复盘整个线上及线下的活动，为本次征文活动画上了圆满的句号。推送发出后引起广大师生校友广泛讨论和积极留言，反响热烈。

表 1　推送效果表

序号	推送标题	二维码	发布时间	活动效果
1	表个白，示个爱，大声说出来！		2019 年 6 月 17 日	阅读量 7000 余次
2	微征文大赛！万元奖金&华为 P30 等你拿！		2019 年 4 月 10 日	阅读量近 6000 次

3. 西南交通大学新闻网宣传

本次征文大赛作为党委宣传部主办的活动，在西南交通大学新闻网上的宣传也是必不可少的。

2019 年 6 月 13 日，西南交通大学新闻网发布《西南交大新媒体联盟媒体素养提升计划（二）——献礼新中国成立 70 周年微作品大赛颁奖盛典暨校园新媒体发展论坛通知》，为征文活动助力，鼓励校内师生积极投稿，有效地通知到校内各学院各专业。

在征文大赛颁奖典礼暨校园新媒体发展论坛结束后，西南交通大学新闻网发布新闻《"献礼新中国成立 70 周年微作品大赛颁奖盛典暨校园新媒体发展论坛"顺利举行》，新闻中对整个活动做了总结，肯定了本次活动的成功举办。

4. 微博公关总结发布

活动结束后，西南交通大学官方微博发布了总结微博，总计获得 2.4 万浏览量，反响热烈。校内多个新媒体组织也进行转发宣传，其宣传面广泛覆盖了交大师生及微博粉丝。

二、线下活动

如果说线上活动点燃了参与者的热情，那线下的颁奖仪式暨校园新媒体发展论坛则将这场征文活动推上了高潮。2019 年 6 月 16 日，西南交通大学联合微博校园、四川高校新媒体联盟，在西南交大机车博物园内举办了“爱要大声说出来”微征文大赛的颁奖仪式。颁奖仪式后的高校新媒体论坛则把川内各大高校的新媒体运营者和对新媒体运营有兴趣的同学召集在一起，展开了一场新媒体发展的经验分享和讨论。本次论坛作为四川高校新媒体联盟媒介素养提升计划系列活动之一，得到了来自电子科技大学、西南财经大学、成都大学等川内的 20 余所高校的支持。在西南交大新媒体中心的邀请下，共有来自西南石油大学、四川农业大学、西南财经大学等八所高校的十余位新媒体组织代表参与了新媒体论坛，本次活动体现出在川内高校覆盖面广，各高校师生参与度高的特点。

图 1　论坛上的经验分享

三、与微博校园的合作

微博校园作为本次活动的主办方之一，给了西南交通大学官方微博很大支持，包括微博的资源投放、精准推广等方面，所以线下活动也处处体现出微博校园的重要性。

1. 物料元素

在微征文大赛颁奖仪式暨校园新媒体发展论坛上，现场的展板、海报、背景板、矿泉水腰贴、主持手卡、礼品兑换券等物料上均出现了新浪微博和微博校园的标识，体现出微博校园对于此次线上大赛和线下活动的大力支持。

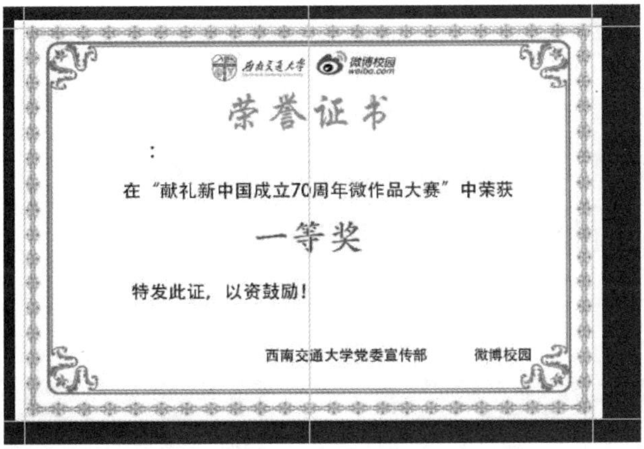

图 2　荣誉证书

2. 活动主持稿

在活动中，主持人多次提到微博校园对此次活动的大力支持，如主持稿中的一部分：

> 欢迎大家来到献礼新中国成立70周年微作品大赛颁奖盛典暨校园新媒体发展论坛的现场，我是主持人曾蕙心。
>
> 在这百花争艳、万木葱茏的美好夏日，我们欢聚在西南交通大学机车博物园，迎来了由微博校园与西南交通大学共同举办的“献礼新中国成立70周年微作品大赛颁奖盛典暨校园新媒体发展论坛”。

总之，本次“爱要大声说出来”微征文大赛的成功举办，离不开各平台的通力合作。官方微博以其强大的曝光度将活动推向广大用户，官方微信的粉丝基础让校内更多的师生了解活动并参与投稿，新闻网的权威性则让整个活动有了保证。线上平台的助推让整个活动渐入佳境，而线下颁奖仪式暨新媒体论坛更是让本次活动产生了 1+1>2 的效果。微博校园和四川新媒体联盟的鼎力支持也让这场活动产生了更大的影响。由此看来，这并不只是一场简单的线上征稿活动，而是在新媒体平台火热的大背景下，依托各方资源，由线上到线下全方面推广的全员盛典。这是一次线上活动与线下盛典的完美结合，线上加线下所产生的“化学反应”是其中任何一方都无法独自完成的。只有线上与线下相互配合，才能在这个不断更新的媒体时代，让新媒体平台发挥出更大更广的作用。

（作者：西南交通大学 刘一凡）

案例 6

《"汶川十年"系列报道》：纪念汶川地震十周年，全方位报道回顾成都理工大学力量

▲微博直播展示

▲微信系列报道（视频）

▲微信系列报道（现场）

▲微信系列报道（会议）

成都理工大学作为以地学类学科优势而闻名的高校，在地质灾害防治与环境保护方面做出了卓越的贡献。2018 年恰逢汶川地震 10 周年，成都理工大学以"纪念汶川十周年国际学术研讨会"的召开为契机，对"汶川十年"做出了一系列报道，全方位展示国际学术会议现场与成果，更回顾了十年间成都理工大学相关团队在灾后重建、防灾减灾事业上的专业贡献和社会担当。

为了使本次系列报道得到全方位的展示，成都理工大学进行了长时间、大面积的宣传方案铺排，官方微博、微信、QQ 公众平台齐齐造势：微信、

QQ 平台以事实挖掘与人物采访方式为着力点，如《汶川十年：成理人的温情与坚韧》以十年为轴，展现出地质专家们的十年探索与成果以及亲历过地震的师生们的十年感悟；微博平台为使更多校内外粉丝及时了解相关内容，采用图文、“一直播”直播对“纪念汶川十周年国际学术会议”进行了全程记录。会议当天，微博直播点击量在开播后迅速攀升，5 月 12 日微博直播总时长 7 小时，观看总次数达 4 万，单次最高观看人数 3.3 万，点击 2.9 万次。

此系列全域型新闻报道，运用微博、微信、QQ 等多种媒介组合，文字、视频、图片、直播等多种表现形式。9 场微博直播报道，创新媒介表达形式，对汶川地震十周年国际学术研讨会进行全程记录。10 篇微信与 QQ 推文，总计阅读量 13 万次，互动量 1500 余次，通过人物采访和事实挖掘，深度展现高校专业贡献与社会担当。

以十年为背景，用数据说话，为历史作答。汶川十年系列报道选择相关地质专家抗灾救灾、科研防灾的典型事件、重大事件加以组织结构，所营造的拟态环境再次呈现出专家团队进行防灾减灾研究的十年时光。同时采取人物采访的方式，对亲历地震的师生进行深度采访，挖掘感悟。感性诉求与理性诉求兼备的系列报道引发读者强烈共鸣，网友纷纷在评论区回忆自己的经历，达成“自我传播”效果，使学校师生、校外媒体自觉参与到传播中来，引起社会广泛关注。

重走地震之路

——汶川地震十周年地灾国重实验室野外考察记

2018年5月12日前后，全国各地的人来到汶川，纪念发生在10年前的大地震。

人群中，一队队伍显得很不一样——他们中的很多外国专家，在地震遗留的断桥、造成的滑坡、泥石流前查看着遥感影像图、翻看着论文数据资料……

这是由成都理工大学主办的第五届强震诱发的地质灾害及长期效应国际学术大会暨纪念汶川地震十周年国际学术研讨会的野外考察专家团队。地质灾害防治与地质环境保护国家重点实验室（以下简称地灾国重实验室）邀请来自意大利、荷兰、新西兰等13个国家和地区的350多名地质地灾专家学者参加大会，并于15、16日两天分为三组人马赴地震灾区进行野外考察。

图 1 《越过山丘：一个关于传承的十年救灾轨迹》微信推文截图

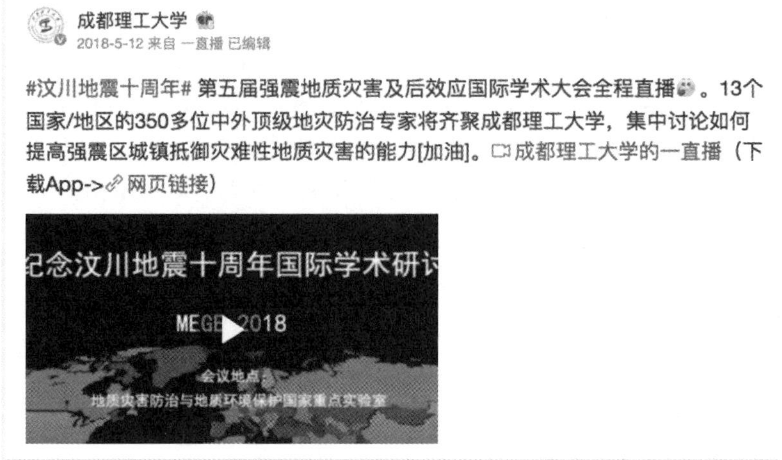

图 2　第五届强震地质灾害及后效应国际学术大会全程微博直播截图

如何立足学校学科优势，对与学科优势相关的新闻事件进行一系列报道？在纪念汶川十周年之际，作为有着十年情怀与十年探索的高校，成都理工大学用一场视听盛宴完成了对情怀的答卷。对“汶川十年”新闻大事件提前进行新媒体策划，抓住热点，抢先铺垫和预热，用全域性报道方式应对大型新闻点，微信与 QQ 推文融合文字、图片、视频等多种媒介，打造绝佳传播效果。微博直播实时跟踪会议现场，扩大传播范围，增加网友现场真实感。以学校地学优势为依托，报道防灾减灾一流学科科研团队十年来的贡献，在新闻事件中融入脉脉温情，传播范围广且令人记忆深刻。在新媒体包装下的一系列完整报道是成都理工大学对“汶川地震十年”最富有诚意的表达，极具引领和借鉴作用。

（作者：成都理工大学“云立方”学生传媒中心）

案例 7

123 周年校庆倒计时 35 天！晚霞光顾交大：美景与情怀的结合

▲微信文章《123 周年校庆倒计时 35 天！晚霞光顾交大》

一切景语皆情语，景能传情，美景则能传递美好的感情，无论是喜悦还是思念。在 2019 年 4 月 10 日的傍晚，阴雨之后，顿时霞光万道，彩霞挂满交大的天空，弥漫整个校园。这时，交大人的朋友圈和空间等各大平台都晒出了晚霞的美图。不久之后，“成都晚霞”上了热搜。为了抓住这个热点，西南交通大学官方微博在当晚对校园当日的晚霞做了推送，微博平台也及时发布了当日校园的晚霞美景图。

在微信推文方面，该文章属于美图类文章，图片本身的观赏性较高。因此，排版采用了较为简洁清新的样式。在图片分布上，将同色系同主题的图片分成一组，这样使文章显得错落有致，毫不杂乱。

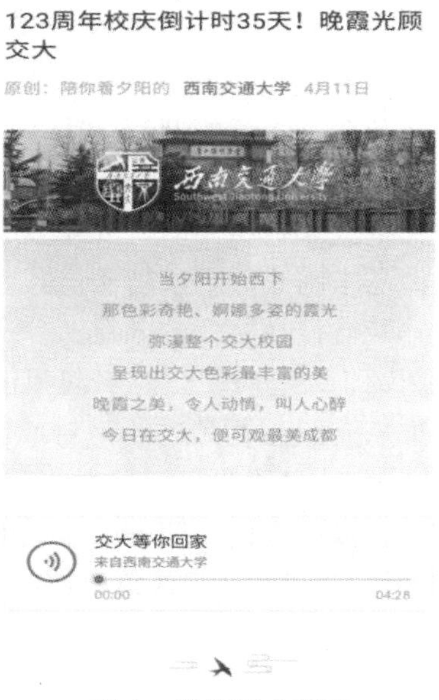

图 1　微信原文截图

首先，在文案方面，文章中的语言柔美且富有诗意，可读性高，提升了文章的整体韵味。文案积极结合了当日的“成都晚霞”热点，也做了独具交大特色的创新。文章标题与内容中提到了即将到来的校庆，使美景不仅仅停留于表面，而是一方面对校庆作预告，另一方面向天南海北的校友们展现今日的交大晚霞，借此勾起他们对母校的思念之情。因此，在文章的留言区可以看到，校友们对母校的想念是多么真挚、热烈。

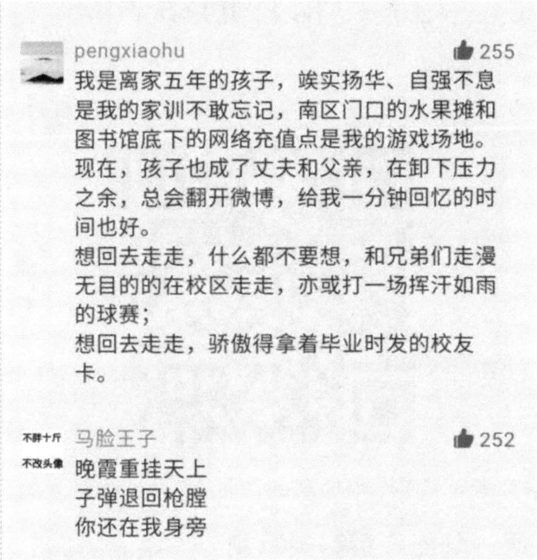

图 2　评论区留言截图

其次，文章的开篇插入了《交大等你回家》这首原创歌曲，更加契合了文章主题。歌曲曲调舒缓，使得读者在阅读这篇文章时心情更加愉悦。在阅读文章、欣赏美图时，伴随着这首歌曲的播放，广大交大学子内心对交大的感情越来越浓、越来越深。

最后，在文章的末尾，宣布留言点赞数前三名送交大定制对戒，礼品精致新颖，富有吸引力，引起了读者的广泛转发“集赞”，使文章得到了进一步的推广。因为礼品送的是对戒，还引发了不少交大情侣们的互动。其中有留言写道：“只要我得到了对戒就去表白。”引起了广泛的关注。

在微博方面，微博发出后热度迅速上升，当晚转评赞累计数量就超过了600 次。在内容上，这条微博的文案相对简单，同时使用了本校的“交大掠影”话题与热搜话题“成都晚霞”。值得一提的是，这条微博并没有“蹭热搜”，在微博发出的时候，微博“热搜”还没有形成，仅仅有几个成都本地媒体使用了这个话题。相当于这条微博是在“创造热搜”。也正是因为它的发布时间比较早，这条微博处在了“成都晚霞”热搜页面靠前的位置，这使得这条微博的热度上升得非常快。

图 3　微博截图

这条微博可以说是一条“发图”的微博，也正是因为高质量的图片才使得这条微博有超过 600 次的点赞量。这也就要求相应新媒体组织的摄影团队在遇到突发情况时，要有足够的能力去响应。西南交通大学新媒体中心摄影团队在晚霞出现后第一时间就进行了拍摄。在取景方面并没有只拍晚霞，而是将远处的山、晚霞和学校内的景物结合到一起进行拍摄，采用不同于路人随手拍的角度、焦距，呈现给受众不一样的山与晚霞。

成都晚霞这组图对时效性的要求很高，从开始拍图到九张图后期处理完成一共不到 1 小时。微博评论区也是一个很好的征集图片素材的场所。在微博平台发出后，用户纷纷在评论区中回复自己拍摄的晚霞美图。运营团队摄影、微博评论区、朋友圈共同为微信推文提供了大量高质量的图片，保证了微信推文的速度与质量。

“成都晚霞”系列微博、微信内容抓住了成都难得出现的美景，吸引了受众。在成都出现这样的晚霞的概率比看到雪山的概率还要小。当师生沉浸在晚霞的壮美中时，一条微博、一篇微信就能唤起师生们的共鸣。因此，通过本案例我们可以知道，在新媒体运营中要注意以下几点：

一、好图才会有好的观赏性，微信美图类文章排版不必特别花哨，要格外重视文章中的图片质量；

二、要善于抓热点、追热点，多角度拓展文章；

三、内容创作要多部门配合，美景类要注重实效性；

四、读者留言是可以引导的，要通过文章的内容体现出这种引导性；

五、注重与读者的互动交流，设计趣味环节，增强读者的关注；

六、内容才是文章的生命线，一篇好的文章的内容除了质量高以外，还需要有更深层次的东西，那便是情怀。唯有激起读者的共鸣与感动，才能让文章直达读者心底。

（作者：西南交通大学 刘芳、孙士清）

案例 8

2019 年毕业季，烟台大学《生僻字》，用国学点亮美丽校园

▲微信文章《烟大版〈生僻字〉，人文学子唱给你听》

最近国学之风盛行，汉字隽永之美、音韵悠扬之美让许多年轻人如痴如醉。在网络上，一首《生僻字》歌横空出世，发行之初就凭借其内蕴丰富的歌词、轻快跳跃的节奏抓住了众人的眼球，成为一首红遍网络的现象级歌曲。一时间，“生僻字”热席卷了各大平台和媒体，形形色色“生僻字”的横空出世更是引发了大众对国学文化的讨论。正值毕业季，烟台大学（以下简称“烟大”）人文学院抓住这个热点，将大学几十年建校历程和学科发展成果相结合，巧妙运用《生僻字》的明快旋律，制作了朗朗上口、意蕴丰富的烟大版《生僻字》，烟台大学人文学院官方微信公众号对此进行了及时推送。

在微信方面，该文章属于歌曲类文章。歌曲本身具有一定的娱乐性和审美性。因此在推文的排版上主要采用了较为简单清新的设计风格。为了让文章在排版上详略得当、错落有致，我们添加了大量精美的图片，图片和歌词的一一对应，可以让观众在欣赏歌曲的同时领略烟大的美景。

在文案方面，配合着《生僻字》原版的古典属性和平仄音韵，文案语言颇具古风特色，文铺锦绣、字吐珠玑，力求做到“篇篇俱是云烟满，句句皆取锦绣裁”。同时，文案积极结合了烟大的毕业季热点，通过总结烟大各大专业的发展过程和学术特色，让《生僻字》的改编不仅仅停留在文字层面，更

是借助此次机会向毕业生总结烟大多年的学术情况，向天南地北的校友展现今日烟大发展盛况，向一直关注烟大发展的社会各界人士提供一份合格的答卷。

图 1　微信原文截图 1

文章的开头点明了烟大版《生僻字》的创作意图，即在毕业季关注献礼烟大三十五周年校庆。随后插入了烟大版《生僻字》的视频，让读者一睹为快。在欣赏优美的文字配图的同时聆听美妙的音乐，更能体会烟大发展的速度和毕业季分别的感慨。临近 2019 年毕业季，学校借用最近大热的《生僻字》，用歌曲的形式让毕业生歌唱属于他们的青春，让临近毕业的学生们在歌曲中回忆自己的四年时光，品味那段鲜衣怒马的日子。对于学校的发展来说，这又是一次很好的总结，用轻松的手段寓教于乐，告诉在校学生烟大多年的发展和学术成果。

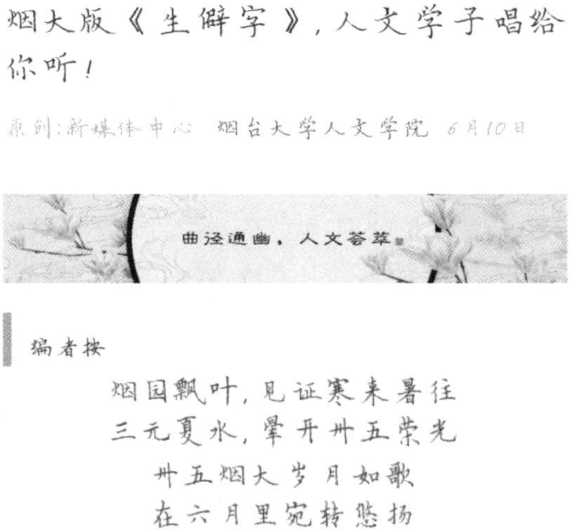

图 2　微信原文截图 2

文章的末尾展示了烟大版《生僻字》的完整歌词，歌词音韵和谐、平仄相称，字里行间描绘了烟大的独特美景。在评论区，人文学院团委老师留言感谢了各大校组织团体和机构对这次歌曲的制作和视频的录制给予的重大帮助，并且感谢了每一个为这次活动付出努力的幕后工作者。学生也在评论区表达了自己对烟大近来发展的赞扬和感动，在毕业季离别的氛围中，一首有着浓浓情感的歌曲似乎给这些将要在烟大再次起航的学子们一个坚定的信念，那就是烟大永远在烟大人心中。

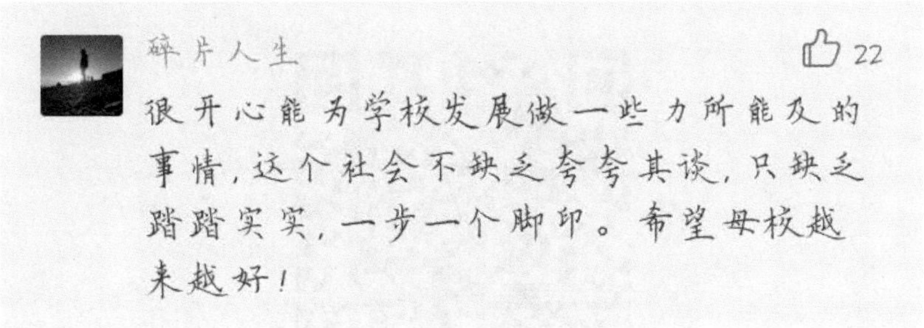

图 3　留言区评论截图

烟大《生僻字》在内容上主要迎合了近期出现的国学热潮，吸引了大众的关注。从这个案例中我们可以看到烟台大学领导对国学发展的重视以及借助歌曲来提高广大师生对国学的共鸣的宣传方式。这种方式在毕业之际架起一座师生之间、校友之间的桥梁。根据此次案例，我们在新媒体运行中总结了以下几点经验：

一、在文章的内容选择方面要抓住最近社会中的热点，并结合新媒体面对的受众群体，选择合适且及时的主题，对热点进行多方面的研究和拓展，使其贴近受众的生活。

二、在文章的图片选择方面，找到最适合新闻主题和设计方案的图文配色，使其整体有一种和谐的美，不使人感到突兀。

三、在创作过程中，要注重多方面的配合，制作时长在质量保证的前提下有效缩短，突出新闻的时效性。

四、在与评论区进行互动时，可以有效引导评论区的发言，使其更符合新闻的整体主旨。

（作者：烟台大学　王双双）

案例 9

爱上双人舞课程上热搜——主动策划包装，打造热搜

▲“爱上双人舞——两性交往的艺术课”介绍微博原文

2018 年 11 月 21 日，“开选修课教学生如何谈恋爱”出现在微博热搜榜之中。热搜内容主要是西南交通大学开设一门两性交往选修课，课程名称为“爱上双人舞——两性交往与相处的艺术”。此课程是一门面向全校学生的跨学科通识课程，旨在通过对爱情心理学的学科框架进行讲解，将理论和实战训练结合，让学生理解爱情心理学在日常生活中的体现，通过各项结合学生生活实际的实战训练，使学生更好地认识自我、认识亲密关系、认识婚姻和家庭。课程内容包括“脱单”训练营、恋爱训练营、未来训练营。课堂上，老师会通过情景演练，让学生通过实践探索如何谈恋爱。

2018 年 11 月初，课程最开始以短视频的形式由西南交通大学官方微博推出，之后视频被川内高校自媒体（@四川高校新闻妹儿）转发，引起了社会媒体的关注。11 月中旬，华西都市报、成都商报等川内媒体先后到校进行采访，形成了课程的第一次热度。11 月 20 日中国新闻社、成都商报、川报观察等 5 家川内外媒体进入课堂进行直播与采访。11 月 21 日本课程内容登上热搜榜时已经有人民日报、共青团中央、光明日报等国家级媒体转发报道，形成了微博热搜。

“上热搜”是许多高校都希望的事情，而西南交通大学“爱上双人舞”课程登上热搜榜是西南交通大学新媒体团队共同策划打造的。新媒体小编

“DF11-0076”在选课时发现了“爱上双人舞”课程的宣传海报，对课程很感兴趣，决定组建团队对此课程进行宣传报道。新学期开始后，他着手准备、联系老师、进入课堂实地体验并采集素材。

图 1 微博热搜图

在宣传思路上，课程宣传团队（以下简称团队）并没有采用一般的“采访+新闻稿”的方式。团队认为，既然是在新媒体平台上进行宣传，就一定要具有新媒体的特点，不能局限于传统新闻的展现形式。团队深入分析了“涮着火锅就把学分修了”的热搜产生原因，总结相关经验。在最开始策划时，团队就准备将课程打造成一门“热搜课”。在表现方式上，团队选择了当下比较火热的短视频的方式，在制作初期先利用课程中较为有趣的内容，吸引受众的眼球。为防止报道过于娱乐化，在西南交通大学微信平台发布了名为“谈着恋爱修学分？西南交大又一门选修课火了”的微信推送，通过采访老师与上课同学，深入揭示开课原因、课程目的、上课感受等。

“爱上双人舞”热搜的形成，可以从内容和推广两个方面来分析。

在内容方面，本热搜选取了当下大学生较为关心的恋爱问题。恋爱问题一直是大学生群体中的热点问题，在毕业季中常有“××××大学四年未脱单”的横幅出现。在交大，更有“交大李博士 12 年没有谈女朋友”的趣事。新生刚进入大学时，很多是憧憬美好爱情的。谈恋爱之后就要保持恋爱关系。很多工科男生是没有谈过恋爱的，他们渴望恋爱，也想知道如何恋爱，恋爱之中的人也想知道如何更好地恋爱。这些在这个课程中都可以找到答案。课程也涉及了恋爱中的伤痛与如何走出恋爱造成的伤痛等问题。从相识到恋爱过程中能够遇到的绝大多数问题在课程中都有涉及。在课程的后期，会讲授婚姻相关的内容，从恋爱到婚姻再到养育子女，是大多数人一生当中都会经历的过程。恋爱相关的问题是大学中的热门问题，也是社会中的热点问题，可以引起包括大学生在内的许多群体的共鸣。

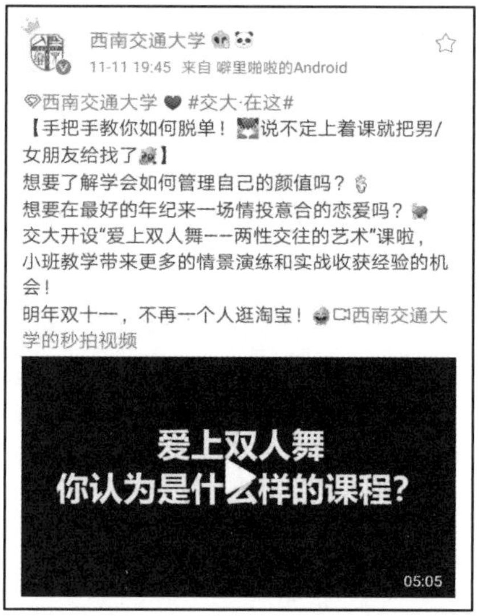

图 2　微博内容截图

在推广方面，团队不仅仅满足于将课程相关的内容发送到西南交通大学官方微博上，为达到更好的传播效果，团队积极采用微博私信及号召身边人转发的方式，扩大宣传范围。在推广期间，团队至少向 30 家省市级媒体及自媒体发送了私信，最终吸引中新社等国家级媒体进行报道。

图 3　媒体现场报道课程

“爱上双人舞”课程经媒体报道后引起强烈反响，不少网友表示这个课开得“很恰当”“很是时候”，更有网友表示自己想去旁听一下。从此能够看出网友们还是对这个课还是相当感兴趣的。11 月是各大高校宣传活动的低迷期，在这个时候介绍西南交通大学的优质课程是对学校很好的宣传。同时，课程的报道也引出了交大系列好课：“现在你不仅能涮着火锅把学分修了，不仅能听老教授用‘甄嬛体’讲高数，说不定还能上着课把女（男）朋友给找了。”

对校内同学们来说，更多的同学会知道这个课程，更多有需求的同学会选修该课程。通过课程的学习，同学们能对两性交往中的问题有所感悟，能通过指导与尝试少走一些弯路，迎接日后两性交往中的惊喜与挑战。这既是一个修炼两人关系的课程，也是一个修炼自己的课程，有助于同学们树立更好的爱情观。

作为新媒体人，应当具有足够的新闻灵敏度，善于从身边的事件中发现新闻，发现“爆点”，发现好新闻。发现新闻后高校应掌握主动权，应当及时将发生在自己校内的“新闻”报道出去，将新闻中正能量的一面展现出来，吸引外界媒体助力宣传。“爱上双人舞”课程相关报道是一次基于相似热搜经验主动策划包装，打破固有宣传模式与宣传思路，成功打造热搜的案例。

（作者：西南交通大学 孙士清）

案例 10

把“珠峰计划”做成 H5 小游戏：解读刚性文件并实现柔性传播

▲微信文章《“珠峰”挑战，等你来战！》

2018 年，成都理工大学大刀阔斧改革人才引进制度，《成都理工大学珠峰引才计划实施办法》《成都理工大学珠峰攀登计划实施办法》相继推出。如何让更多人才了解、关注我校“珠峰计划”？借助新媒体平台传播面积广、传播速度快、传播方式新的特点优势，我校官方微博、微信、QQ 平台等宣传窗口积极地跟进报道了人才引进的相关情况。

在已发布的针对“珠峰计划”的详细的文字解说和实时报道的基础上，为了更好地报道和解读“珠峰计划”，让政策性文件“活起来”“动起来”，官微记者选择使用 H5 融合报道的形式，为“珠峰计划”的推进再“添一把火”。

经过反复的推敲和打磨，小编将成都理工大学在“双一流”建设中推进人才体制机制改革的背景、细则、要求等文件要素重新解构，转化为形象生动的 H5 通关小游戏。在 H5 小游戏设计过程中，小编“燃烧脑洞”，将内含的各个关卡和“珠峰计划”中的各个项目密切贴合，创意和表现都达到了一定高度。

在“武林高手是怎样炼成的”中，小编将“珠峰引才计划”的内容嵌套进修习高超武术的过程，组合成了一个多类别闯关游戏。将不同段位的武术比作不同段位的人才引进类别，通过修炼的方式引导玩家通过修习各类武术，了解校内各类人才进阶的方式方法。在“敢来挑战珠峰计划吗”的 H5 小游戏中，则从“珠峰挑战计划”分梯度、分层次的人才培养机制入手，在游戏过程中，玩家跟随游戏进程，升级登山装备专业度来提升登山进度，同时了解珠峰攀登计划各层次所需的资格。玩家在游戏中层层升级，更能直观地体会到自身在攀登计划中所处的位置。

图 1　小程序界面

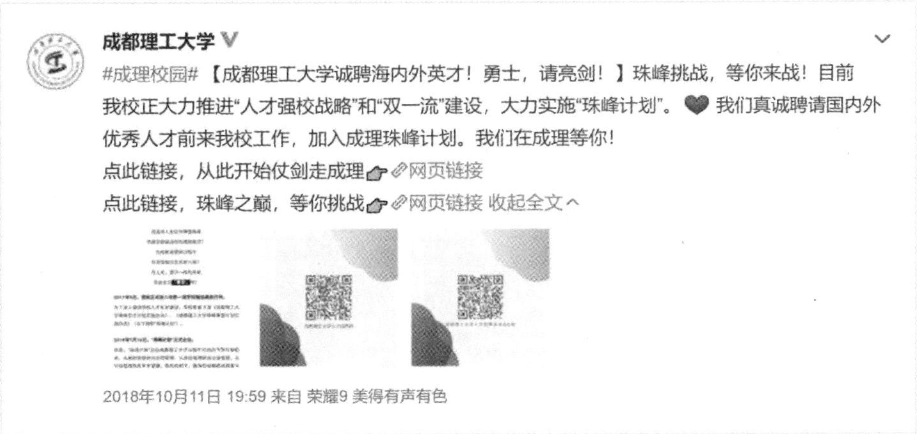

图 2　微博截图

在中央提出“两微一端”的媒介融合发展战略的背景下，各大主流媒体纷纷进行媒介融合转型与创新的尝试。“十九大”召开时，各大主流媒体进行的 H5 党政新闻报道可谓是异彩纷呈，小编也从上述报道中汲取了灵感。H5 报道区别于传统新闻“文字+图片”的报道形式，能让读者不光接受文字信息，同时有更加强烈的参与感。

因此，小编将优秀案例结合具体情况进行更新层次的探索，制作出上述 H5 小游戏，将“珠峰计划”的内容置于游戏环境中加以展现。读者在完成 H5 游戏的过程中，在游戏构建的虚拟现实中亲身参与“刚性文件的落实”过程，降低了报道的阅读难度，增多了报道的阅读时间，使“珠峰计划”的报道更加活泼生动，实现了多角度、立体化的传播。

刚性文件的报道在成都理工大学官微日常的报道工作中占据非常重要的位置。如何“跳出舒适圈”，打破传统报道的程式，成为成都理工大学新媒体平台在创新探索上的一个问题。本次以 H5 小游戏为主的新形式报道，有效促进了我校“珠峰计划”人才招聘的广泛传播，在解读刚性文件并实现柔性传播方面进行了思维路径的一场有益探索。

H5 小游戏让读者人群了解了与“珠峰计划”有关的话题，极大提升了读者对“珠峰计划”的整体关注度，使他们更加积极地加入话题传播中。

（作者：成都理工大学新媒体工作室 李栋等）

案例 11

高校毕业季策划：内容整合，引发共鸣，增强互动

▲ “青春城科” 微信公众号

新媒体发展充分迎合了人们日益加快的生活节奏的需求。随着科学技术的进步，“新闻发生立马知晓，随时随地方便观看” 成了大众获取信息时的要求。网络社交平台、微博、微信纷纷涌现，人们随身携带一部手机，可以随时随地查看海量信息。强大的网络赋予了人们超越时间和空间限制的信息获取渠道，改变了人们的生活习惯。

六月本来只是一个简简单单的月份，但是对于重庆大学城市科技学院（以下简称 “城科”）的大四学子来说，六月，他们将要正式地告别他们的学生时代，步入社会。在这样的氛围下，“青春城科” 利用热点，借助互联网的思维，采用新媒体方式，推送一系列毕业季文章。

一、忆同学少年：校园内容整合，吸引读者关注

城科为了更好地迎接这次毕业季的到来，一个星期内在校园里挂了 30 多条毕业横幅。同时，在新媒体平台上推送了《你在校时间不足 30 天，很抱歉无法充值》这篇文章。

这次的推文将新媒体与传统媒体相融合。虽然新媒体有很多优势，但我们不应该忽视传统媒体内容规范、表达准确的优点。随着社会的发展，传统

媒体也在不断改变，不断进步。在科学技术不断进步的推动下，新媒体和传统媒体之间取长补短，相互融合。

为迎接毕业季，青春城科的运营者时刻关注校园，发现七个学院都有自己的代表横幅，例如：“一朝师生情 终生缅于怀 学子闯天下 经管候佳音”“长亭古道别千里 人文千里送屠苏”，官微第一时间追溯故事的发展，结合热点写作有质感的文章。

推文让学生感触颇深，不出几个小时就得到了过千的浏览量。

图 1　毕业季相关推送截图

同学你好，这里是来自光彩大道 368 号-128 皇家城科学院的贺电，
祝你有一个新的起点和美好的未来。
“2013 201 368 128 2017　（ ）”
只有城科人懂的这一串数字，从 2013 年乘坐 201 路公交车。
到达光彩大道 368 号皇家城科已经四载，2017 年我即将离开。
最后的括号，是对下一个数字的期待，也是对未知未来的向往。

二、流金岁月：借助热门游戏，引起用户共鸣

我们将目标受众按兴趣爱好、年龄性别、社会角色、专业领域等划分为不同群体，更加适应受众细分和需求的多样化。新媒体的内容传播要善于把

握粉丝心理，洞察粉丝的转发与浏览动机，这样才能真正地创造“爆款”推送。“说好的回忆曾经，怎么变成王者荣耀了？？？”这个标题让这篇文章赢在了起跑线上。它以现在的热门手游——王者荣耀为话题，讲述了大学生的娱乐生活内容，引起了很多大学生的共鸣，让毕业的学子能够回忆起大学四年和室友在寝室“团战”的那些年。

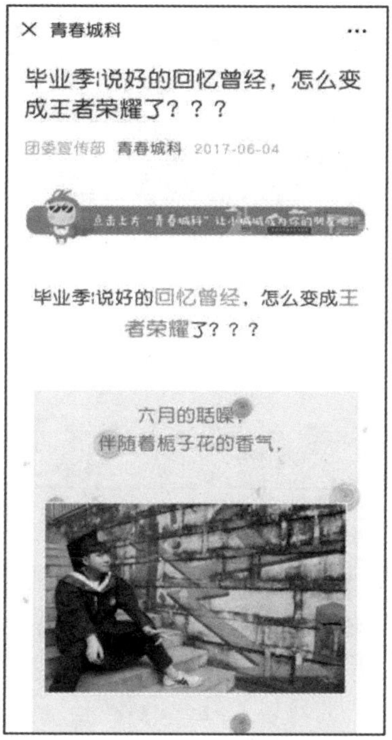

图 2　毕业季相关推送截图 2

三、我心永恒：深入人心，增强读者间互动

新媒体要发展，受众是根本。有研究指出，人们注意力被新媒体和互联网所改变，传统的接收方式、被动的接受者和消费对象目标将会被搜寻浏览、沟通交流所取代。人们不再被动地接收信息，每个人都有可能是信息的传播者。新媒体是否能够满足大众对沟通与互动的需求决定了其能否继续生存。

《我才不是一个没有故事的少年》这篇推文来源于线下采访。在毕业典礼当天，我们深入毕业生的团体里，对他们进行了简短的采访，大概的内容是采访即将毕业的他们还有什么想说的话。我们让他们把话写在纸上，通过照片的形式将它们记录下来。

图 3 采访推送截图

新媒体发展迎来自媒体时代。人们的消费方式、思维模式、认知逻辑在自媒体时代不断更新。新媒体发展在注重点击量的同时，更要做到关心百姓生活，关注社会热点，弘扬社会正气，内容符合规范。

（作者：重庆大学城市科技学院 黄坤、邱玉辉）

案例 12

地铁情缘二三事——西南石油大学地铁故事系列报道

▲微信文章《通了！通了！地铁三号线，下一站，西南石油大学站！》

▲微信文章《再见！650！》

以前，西南石油大学流传着这样一个“传说”：地铁 3 号线马上要开到西石油门口了。直到 2018 年 12 月 25 日成都地铁官方宣布地铁 3 号线将在次日开通，这个流传已久的“传说”终于要实现了。石油大学的学子们不再只有 650 路公交车，而是可以坐上成都地铁直接到达想去的任何地方。

为了及时发布热点新闻，此试运营通知发布之后，西南石油大学官方微信及时做出推送，官方微博平台也同步推送，充分体现了西南石油大学官方微信与微博平台的时效性和服务性。

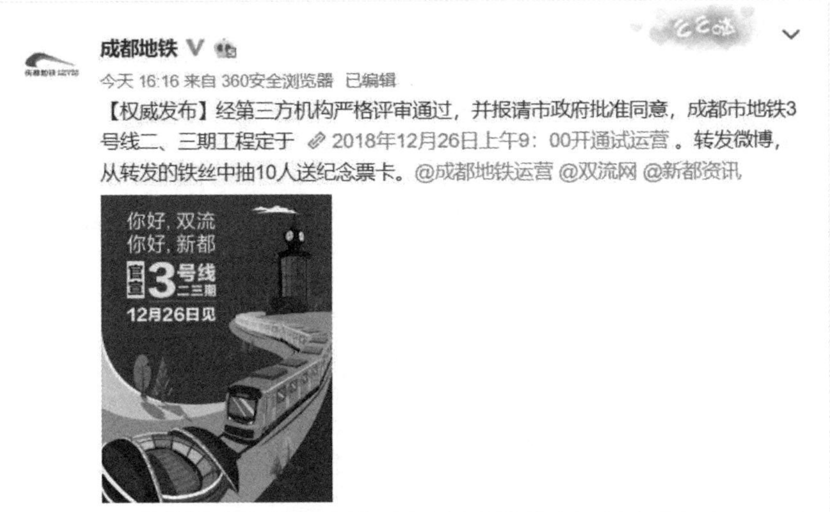

图 1　成都市地铁 3 号线二、三期工程开通试运营微博截图

图 2　微信文章截图 1

西南石油大学官方微信的这篇文章属于服务类文章，选题内容和图片都是文章的亮点，排版采用的是简洁明了的样式，呈现效果也不会让大家觉得喧宾夺主。文章开头加入石油大学地铁站的报站音和地铁驶来的动图，同时带给读者视觉和听觉上的冲击，让读者们更加真切地感受到地铁 3 号线的到来。

图片以人们进入地铁 3 号线石油大学站的行动为顺序，色调明亮大气，展现了地铁 3 号线石油大学站的特色，排版错落有致，用动图的方式使同学们身临其境。同时不忘平台服务的宗旨，提醒大家地铁站内出口方向以及展示了站内设施。还扩展介绍了 3 号线的整体布局，为大家说明了 3 号线大体情况以及乘坐 3 号线的出游攻略合集，方便了大家的生活。文章还联动学校师生们，采访他们对 3 号线的支持与期待，并将他们想对地铁 3 号线说的话展示在官微上，体现了与粉丝的互动。最后，官微还为大家送上定制的小礼物作为福利。

大家的留言和评论可以说是相当“走心”了。评论让人真切地感受到了石油大学的学子们对于地铁开通到学校门口的激动心情。地铁出行新时代的来临方便了在校师生，同时方便了毕业校友以及热爱美丽的西南石油大学的人们来到校园游玩参观。

官方微博也抓住了热点，与官方微信同时发布了地铁即将开通的消息，并且给粉丝们带来了福利，广大粉丝纷纷评论、点赞和转发，微博、微信多个新媒体联动，与粉丝产生互动，体现了新媒体的实效性和交互性。

我们还关注到，大家在微信微博评论留言里还表示对 650 路的怀念。650 路公交车是在地铁 3 号线开通二、三期之前，大家出行必坐的公交车。而地铁出行时代的来临，也表示 650 路将渐渐淡出大家的视野。很多在 650 路公交车上的回忆承载着一代人的青春。以前大家笑称“要有 650 才能来到西南石油大学”，这样的玩笑也将会变成一种情怀和回忆。新媒体团队抓住大家对 650 路公车的回忆这个热点，在地铁开通后组成专班，在微博上发布征集令，收集广大师生和校友们关于 650 路公车的故事。

经过整理与编辑，2018 年 12 月 30 日，西南石油大学官方微信推送了名为“再见！650”的图文，包括六段小故事，从六个角度讲述了六个青春。此推送以文字为主，以电台的形式录制成音频插在文章开头，还将 650 路公交车的照片插入其中，使读者产生了深深的共鸣。

说起新都这条宽阔

而望不到尽头的新都大道

你会想起什么？

你心中的答案有很多

川流不息车水马龙的街

郁郁葱葱四季常青的树

熙熙攘攘行色匆匆的人

也许有那么一瞬间

你的脑中会闪过一团大而笨拙的身影

曾与你无数次擦肩的650

现在地铁通了

650逐渐淡出我们的生活

那么你愿意同小编一起

看一看关于它的故事吗？

图 3　微信文章截图 2

文章整体上图文并茂，情怀贯穿全文，故事描述得真实感人，带着满满青春的味道，同时又穿插“笑点”。其中包含了在校的同学们、老师们甚至是毕业多年的校友们的亲情、友情甚至爱情故事，650 路公交车上承载的是每个人的青春和最难忘的回忆。文末微信团队还积极与读者互动，让大家在评论区讲述自己与 650 路公交车的故事。

留言和评论可谓是此文章的第二个亮点。从群众中来，到群众中去，校友和在校师生们纷纷将自己的故事留在留言区，感动了更多的读者，让他们在触景生情的同时分享了自己的故事，这也形成了平台与读者之间良好的循环与互动。

通过总结本案例，我们在新媒体运营中应该注意以下几点：

一、具有抓住热点的眼睛，并且一定要推送及时，时效性在新媒体的运营中非常重要；

二、丰富图文内容，当发现热点之后，作为一个服务类型的账号，应该及时挖掘事实背后可以转化成服务类型的信息，角度多元地服务大众，精准服务平台的对象；

三、重视留言管理，及时与读者互动交流，往往聆听读者们的诉求可以带给平台内容和选题上的更多灵感；

四、内容注意连贯性和一体化，进入主题应简洁明了，不要拖泥带水，内容要始终围绕主题，可以从各个角度出发，但万万不可偏离主题；

五、对于读者情感的影响要靠文字和内容支撑，要调动起读者的情怀，才能让大家产生共鸣。

（作者：西南石油大学 王天崇）

案例 13

成都特大暴雨校园特写——小视频大能量

▲成都大学官方微信公众号

▲成都大学官方微博

一、及时反应，第一时间报道灾情和救灾情况

2018 年 7 月 2 日，成都迎来极端暴雨天气，学校雨势凶猛。成都大学新闻中心第一时间派出记者赶赴防汛第一线，在学校官方微博实时发布灾情进展和救援情况，及时缓解师生员工的紧张焦虑情绪，抢占舆论阵地，极大程度地避免了谣言的发酵和负面舆情的产生。

当天下午 6 时，官方微信发布题为“成都大学师生投入防汛战斗”的推送，数张图片生动展现当天师生防汛减灾的实况，该篇推送阅读量达 2.3 万次。

二、主动设置议程，传播成大正能量

当天下午 4 时左右，学生宿舍 1 栋门口一棵大树突然倒下，将路经此处的体育学院器材保管员乔义文老师压倒，同学们发现后，马上上前施救，越来越多的同学冲出宿舍，冲入雨中，加入营救队伍，现场女生呼喊着整齐的口号并奋力抬树救人。约三分钟后，学生们终于把被压在树底下的老师救了出来。乔老师被及时送往医院救治。现场视频经成都大学官方微博发布后，《人民日报》、紫光阁、央视新闻、《环球时报》《中国日报》官方微博等媒体纷纷转发报道，视频浏览量超千万次。

图 1　腾讯视频截图

7 月 3 日，官方微信对引起广泛关注的“暴雨中抬树救老师”这一事件进行了深入报道并发布《暴雨中，她们扔掉伞去抬树，这一幕感动了所有人》一文。7 月 5 日，中央电视台新闻频道（CCTV-13）、中文国际频道（CCTV-4）多频道多栏目以“风雨中大树砸倒老师　学生合力救人”为题全天连续播出成都大学师生合力抬树救人事迹。《新闻直播间》《共同关注》《24 小时》《中国新闻》等节目连续播出新闻视频。据“国际在线新闻”官方微博消息，英国《每日邮报》也报道了成大女生抬树救人的事迹，赢得国外网友纷纷点赞和留言：“女孩威力”“很美好”等，及时有效地将潜在的舆情危机化为正能量。

三、围绕“灾后重建”，营造正面舆论环境

7 月 3 日至 4 日，官方微信、微博发布《遭遇大暴雨　成大人齐心协力渡难关》文章，重点展现学校灾后教学、生活恢复正常的场景以及各项灾后重建工作正在紧锣密鼓地开展的情况。微信图文的及时推送，有效扭转了负面舆论，缓解了师生对灾情的焦躁情绪，引导大家齐心协力共度难关，为广大师生积极投入学校恢复重建工作营造了良好的舆论氛围。

图 2　新闻联播报道截图

图 3　微博博文截图

（作者：成都大学新闻中心 徐凯）

案例 14

川外成都学院：原创 IP①孵化正当时

自 2014 年李克强总理在夏季达沃斯论坛上提出“大众创业、万众创新”的号召以来，创新创业浪潮迅速席卷中国。创业人群中最具爆发力和创新力的群体——高校师生也正跃跃欲试。2015 年国务院印发《国务院关于积极推进“互联网+”行动的指导意见》以后，“互联网+”和“双创”成为热门领域。

在此背景之下，四川外国语大学成都学院文化传媒学院新闻学教研室根据国家的发展战略，结合自身学科特点、人才培养计划以及学院学生的特点开发了教师课外指导实训项目，旨在接轨“双创”，顺应“互联网+”的潮流，为学生提供实践项目、积累专业经验、开拓思维、引导未来就业方向。

其中，赵琳玉老师团队原创、策划、运营的“一颗少女心”微信公众号最具特色。

图 1　公众号标识

该公众号旨在成为全国首个专业女大学生美妆、穿搭、私密、情感类的公众号，运营时间为 2019 年 4 月 19 日至 2019 年 6 月 15 日，共计发布 28 篇推文，策划运营 1 个地推活动。

该公众号的运营逻辑为：

① IP（Intellectual Property）知识产权，引申为代表智力创造（如发明、文学、艺术作品）等著作的版权。

Part1——成员业务熟悉、调整
Part2——线上至线下活动策划与预热 ——4.19-6.15
Part3——线下活动落地，积累粉丝
Part4——线下活动粉丝稳固
Part5——成员能力进阶训练 ——6.15-8.30

图 2　海报截图

一、线上运营：提升学生全媒体实操能力

线上的运营主要是以撰写稿件、排版推文为主，可以锻炼学生的写作能力、图像处理能力、策划能力等。

二、线下运行：搭建热点，吸引受众

借助 2019 年 5 月当红节目“创造营 2019”的热点，针对本校潜在受众推出“Cisisu2019 创造营舞蹈快闪活动”，邀请校专业舞蹈团队在学校人流量密集时段和地段表演“创造营 2019”主题曲舞蹈，现场以扫码关注、红包墙、红包雨等形式赠送相关礼品，为平台建设积累粉丝，同时为后续线上活动造势。

1. 前期：

① 专业舞蹈队洽谈；② 赞助商家洽谈；③ 无人机拍摄团队洽谈；④ 后续线上活动策划构思。

2. 中期：

① 全校范围宣传（倒计时海报）；② 活动海报和展架海报制作；③ 红包墙等物料制作；④ 商家代金券设计制作；⑤ 视频成品、活动回顾推文。

3. 后期：

结合毕业季“素人”改造和“转发约拍”活动，稳固粉丝数量。

三、活动成果：有付出，有收获

1. 赞助商家：4 个赞助商家，共计赞助金额超过 2000 元。
2. 粉丝增长率：93%。
3. 视频+推文阅读量：超过 2000 次。
4. 成员经验养成超过 100%。

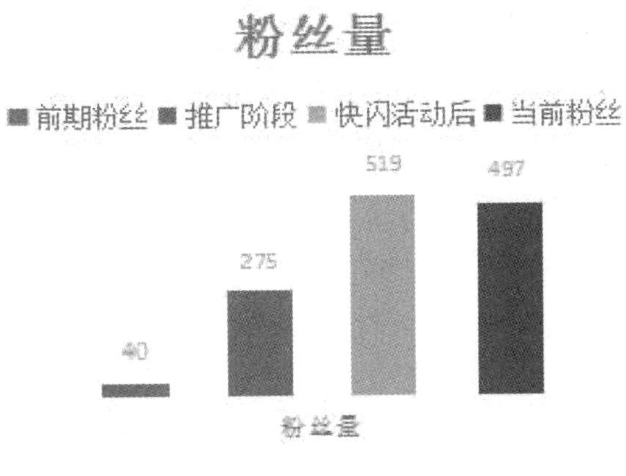

图 3　粉丝量增长图

四、活动经验：一直在路上

经过为期 2 个月的前期“养号”，1 个月的线下活动落地执行以及 1 个月的后期粉丝稳固，本次由川外成都学院师生团队孵化的 IP 项目有如下的成果及经验。

1. 原始粉丝积累。通过本次活动，本公众号完成了原始粉丝积累，在校内累计吸引粉丝 500 多人。

2. 成员磨合与经验养成。借助本次活动，实训团队内部进行了一学期的磨合，成员之间的默契更深。本次活动结束后，团队还联动下一个年级，组成“暑期实训组”，“老带新”使团队得到动态化发展。在暑假，每个成员可以选择“文案”或者“视频”的任务，每日以“社群化”的方式在训练微信群里进行汇报打卡。

3. 成立双创团队工作室。以本次活动为契机，该师生团队打造了“小山里全媒体工作室”。小山里全媒体工作室为四川外国语大学成都学院“教师+学生”双创团队孵化项目，该项目已获批为校课程改革重点项目之一。小山里为一支年轻化、活力化、专业化的全媒体团队，以学校文化传媒学院新闻学教研室专业教师团队为舵手，以学院全媒体专业能力优异、行事风格严谨且创新意识较强的学生为船员，对内为学生打造一个实践、实训的平台，对外为企业提供全媒体领域产业化的专业服务。

（作者：四川外国语大学成都学院 赵琳玉）

案例 15

抓住学妹头绳甩掉的那一刻，打造风靡抖音的心动

▲作品抖音视频二维码

成都信息工程大学融媒体中心在2019年新生军训才艺表演期间拍摄了一位学妹跳舞的视频，该视频于9月22日晚上9点在微博、抖音各个平台发布，2小时后点赞突破4万，23日凌晨点赞量突破10万，23日晚上11点突破50万，24日凌晨被新华社评论。同时此视频还被“四川高校新鲜事”“微博校园”等“微博大V”转发。

图1 视频截图

目前该视频在各个平台的点赞量已经突破110万，浏览量突破2000万。

教官为放松新生，每次晚训期间都会安排一段时间让大家唱歌跳舞展示自己。22日晚，融媒体中心的小伙伴约好一起来拍摄晚训活动。现场氛围热烈，大家都勇于站出来展示自己。我们觉得这是记录大一军训生活，展现校园青春风貌的绝佳机会，于是就在那里拍了很多照片和视频。

跳舞女孩叫王可韵，刚出场的时候我们就觉得她很有气质，于是非常期待她的表演。她跳舞的时候自己摘下了发绳，转圈的时候头发散落，像是天使出现，全场欢呼。后来为避免影响舞蹈发挥，她把发绳丢在地上，有位“心动男生”跑去捡起了她的发绳，等她舞蹈结束后就去要了联系方式。要到联系方式的男孩被兄弟簇拥着，快乐之情溢于言表。

拍完之后我们在现场立刻就把视频剪出来了。我们觉得这个视频一定会火。因为这不仅仅是一个女孩跳舞时散开头发的视频，后面去要联系方式的男生更是为大家提供了无限的想象空间，让大家回忆起了青春冲动的时候曾经喜欢过的那个人，回忆起了自己的那群好兄弟。所以视频的剪辑和配乐都围绕着这个点。视频总长仅半分钟，配合抖音平台短视频的快节奏，我们选取了可韵头发散开的那段高光时刻，并且放慢，展现了女孩的美，让大家有种被美到屏住呼吸的感觉，后面再加上男生要联系方式和被兄弟簇拥的部分。这样，一个校园故事的开头、高潮与结尾就在这短短 26 秒里面得到展现，并且还让人回味无穷。

视频火了之后我们找到王可韵，才了解到当天是她 18 岁的生日。她表示非常感谢大家，也很感谢我们融媒体中心。

这次传播给了我们一些经验：1. 一个火爆的视频背后，一定有一群用心等待、抓拍瞬间的媒体工作者；2. 有故事、有情怀、有共鸣的视频，才会被用户支持；3. 处理好剪辑、配乐等细节，就会给视频锦上添花。

（作者：成都信息工程大学 张颢琳）

案例 16

高校 CP[1]养成记：互动的背后是跨界推广

▲微信图文展示（成理）

▲微信图文展示（川师）

▲告白视频二维码

作为高校官方微信（以下简称官微）平台，囿于推广范围，自身受众往往以自身高校师生、学生家长、教职工、校友等为主，日常推送内容也鲜会涉及外校人群。而校外师生、应届高三毕业生、教育工作者等其他群体也是体量极大的一部分潜在受众，如何在保证日常正常运营平台的前提下，做到内容的跨界，使这些潜在受众也纳入我们的推送覆盖范围？

---

① 英文名 Coupling，简称 CP，网络流行词。本意指有恋爱关系的同人配对，现泛指两人之间的亲密关系，表示人物配对的关系。也常被用于搭档、组合的泛指。

2018 年 5 月 20 日，这一天因“520”谐音“我爱你”又叫“网络情人节”。每年这段时间互联网都会有一波话题热潮，那么如何“蹭上蹭好”这样一个大热点呢？这对于高校官微平台来说是一个需要慎重且认真策划的挑战。最终，成都理工大学官微团队携手四川师范大学官微团队在 5 月 20 日推出了一篇不同寻常的推文——两所高校联动线上“官宣”。

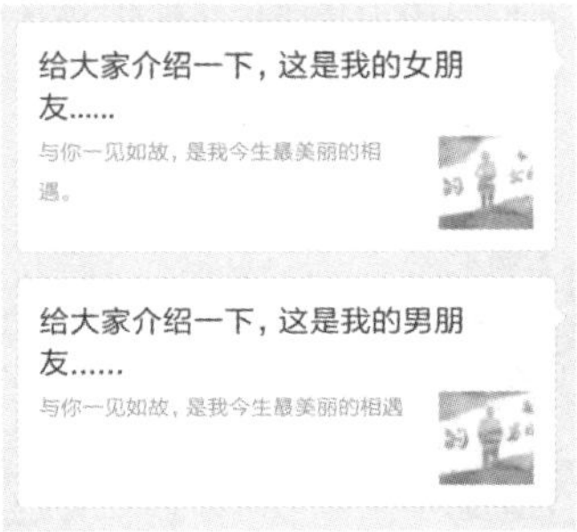

图 1　微信截图

“CP”的养成有着五个月的铺陈准备。2017 年 11 月，两校官微团队就已经达成共识，确定了“高校官微 CP”关系，并且开展合作与互动。线下共同录制《成理 and 川师版告白全球》视频，线上联合推送获得不错的效果，视频累计观看量达到 3.7 万，微博点赞量 320 次，累计阅读量达 9.4 万，互动量达 217 次。此外，两校也在网络大事件、社会热点出现的时间如地铁 7 号线通车等节点进行互动，两校官微的“CP”形象也渐渐深入人心。

图 2　微博截图 1

图 3　微博截图 2

有了先前的舆论造势以及内容铺垫，本次微信“官宣”就显得合理可行。2018 年 5 月 20 日晚，一篇题为《给大家介绍一下，这是我的女朋友……》的文章在成都理工大学官微平台推出。而与此同时，四川师范大学的文章《给大家介绍一下，这是我的男朋友……》也同时推出，一时间话题不断。据统计，成都理工大学该条微信阅读量 8185 次，累计互动量 547 次。四川师范大学该条微信阅读量 7715 次。“官宣”推文以介绍男女朋友的口吻从方方面面对对方学校（学校概述、硬件设施、师资教研、人文风貌、历史文化等）进行展示，为了营造良好的“CP 感”，我们寻找到了两校相似的校园风景照做拼图，两篇文章也在行文上统一风格，达到交相呼应的效果。

此次微信同步联动发布，其标题是高校“CP”互动，内核是详细介绍学校，双方跨界宣传，大大增加了粉丝范围。“CP”的意义不仅仅存在于两个高校在官方新媒体平台的关系，而是一种学校与学校间、学生与学生间的良性互动。让一所高校官微形象人格化，使官微更加“亲民”，提升官微在粉丝心中的信任度，可以让官微更好融入粉丝的日常学习、工作、生活之中，提高粉丝主动交流互动的积极性，更好发挥高校新媒体在价值传播和舆论引导方面的能力。

（作者：成都理工大学 王潇、肖博）

案例 17

高校打卡攻略：热点与情怀的共融

▲微信文章《校庆倒计时 5 天|交大三校区最强打卡攻略》

随着人们消费能力的不断提升、吃穿住行选择的不断丰富和社交网络内容分享的不断普及，人们对体验感的需求越来越强烈。在这样的背景下，大众点评、小红书等生活服务类手机应用风靡起来，“种草”“打卡”“测评”等词汇逐渐走进我们的生活，并正在成为许多年轻人的日常习惯。

西南交通大学微信公众号依托这一当下流行趋势，策划出以“交大打卡攻略”为主题的图文推送。西南交通大学设有犀浦、九里、峨眉三个校区，跨成都市、峨眉山两地，占地三百多公顷，三个校区各有特色。此篇推送以网友测评的形式，配以丰富生动的实景图片，推荐三校区内部分极具本校特色的景观和在学生中口碑较好的校园美食，为广大师生校友及可能参观到访交大的社会各界人士奉上一份诚意满满的交大出行指南。

本次运营通过双平台联动和与受众互动收集有效素材。策划前期，运营者在西南交通大学官方微博平台上有奖征集了网友推荐较多的景观和美食，随后通过运营团队中三校区学生的实地测评，对其进行筛选和拍照，才最终形成本篇推送的素材。因此，该推送中的推荐内容具有较高的真实性和可靠性。形式上，本篇推送以网友的视角展现推荐理由，风格生动活泼，时下流行的“种草体”文案增加了文章的说服力，并提供了多条校内游览线路以供参考，增强了攻略的实用性。

图 1　推送内容展示 1

图 2　微博营销展示

除了敏锐捕捉社会热点外，运营者也积极借势校内热点：123 周年校庆及毕业季。校友是西南交通大学公众号的重要用户群体。校庆期间，大批校友返回母校，很可能会产生在母校内部及周边出游的需求。其中许多在交大峨眉校区、九里校区毕业的校友对新建的犀浦校区并不熟悉，此篇推送就为广大校友提供了出行参考。推送在标题和开头、结尾文案中都涉及了对校庆和大四毕业生的关注以及对即将返校的校友的欢迎，集中吸引校友和应届毕业生群体阅读。除此之外，此篇推送的“走心测评”对想要游览其他两校区的学校学生及可能到访交大并关注交大的社会各界人士（如学生家长、学术交流人员等）同样颇具参考意义，因此很可能激发这两类受众的阅读兴趣。

在此次运营中，吸引受众的不仅仅是热点，还有情怀。热点会随着时间推移而不断变化，但不变的是学生的母校情怀。推送中对校园景观和美食的大量介绍，激起许多毕业多年的校友和即将毕业的大四学生的思校爱校情怀，他们纷纷在留言区写下自己对旧日校园生活的怀念和自己印象最深刻的交大风物。交大人通过留言分享出自己与学校的独特故事，整个留言区充满温暖动人的氛围。

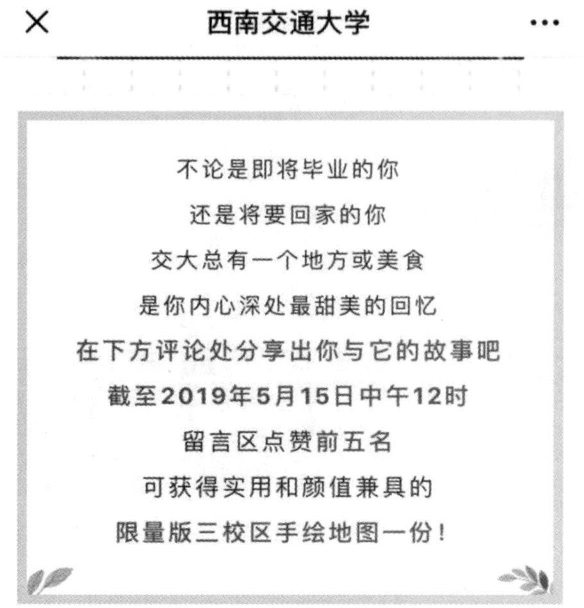

图 3　推送内容展示 2

本次高校新媒体运营聚焦微信公众号平台，着力打造出校内外热点与情怀相结合、实用性与人文性兼具的内容，辅以双平台联动、引导读者在留言区互动的营销手段，形成了较好的传播效果。

（作者：西南交通大学 张文芳）

案例 18

恭喜，你们毕业了——让我为你留下美好时光

6 月的成都，天气格外炎热，一切看起来都那么平常。在西南交通大学，大四的同学们刚刚经历完毕业论文答辩，这将是他们在交大度过的最后一个月，也是他们在交大的最后一个夏天。大学的时光是美好的，毕业典礼宣告着大学本科生活的结束，西南交通大学官方微博发出系列微博，用图片与视频为毕业生凝固美好时光。

一、为你留下不一样的毕业合影

2019 年 4 月 17 日是西南交通大学本科生拍摄学院毕业合影和班级毕业合影的时间，西南交通大学新媒体中心在第一时间派出摄影团队进行记录，利用微博、QQ 等多个平台进行报道（见图 1）。

图 1　毕业合影微博截图

大学四年，能够将整个学院聚在一起的机会屈指可数，在大部分情况下，

4年中整个学院的大合照只有这一次机会。西南交大新媒体中心摄影团队并没有去拍各个学院的大合影，而是把重点放在了拍摄过程中一些动人的时刻，利用照片、视频、延时摄影等多种形式去展现合影的每一个过程和合影过程中动人的瞬间。

微博发出后获得了比较好的效果，更是有一个班的同学，由于自己的班上了官微，班里大多数同学都来评论区留言，积极转发。被拍到的同学纷纷表示：感谢官微记录下自己的毕业合影（见图2）。

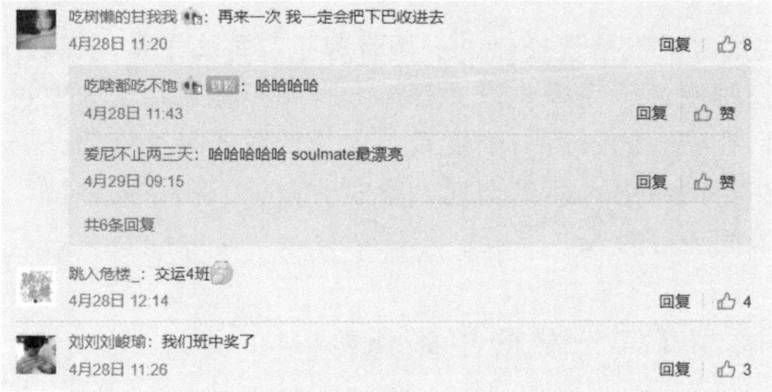

图2　相关微博评论区截图

二、全方位、多角度展现毕业典礼

西南交通大学官方微博在毕业典礼前一天，以“晚安交大”为话题发布了一条配图为毕业典礼举行场馆的微博（见图3），在毕业典礼开始之前发布了一条展现毕业典礼现场布置的9图微博（见图4），两条微博都收获了100余次点赞，引发了在校毕业生与已毕业校友的感慨。

图3　#晚安交大#微博截图

图 4 毕业典礼现场布置微博截图

两条微博都在毕业典礼的前一天发布，此时毕业的气氛最浓，我们运用新媒体平台，将毕业生最期待的毕业典礼展现给他们，同时用图片记录下了毕业典礼现场的布置情况以及毕业典礼幕后的准备工作，这些毕业生们看不到的景象展现了毕业典礼的另一面。

在毕业典礼进行的时候，我们用图片、视频多角度、多方位地为毕业生呈现毕业典礼现场的情况。在拍摄角度上多用第一人称视角拍摄，引发毕业生们更多的共鸣；在拍摄为毕业生“拨穗”时，我们使用特写视频的方式记录下“拨穗”的全过程。整个毕业典礼，交大官微发布了 10 余条微博，几乎条条转评赞都在 100 以上，取得了非常好的传播效果。

三、跨越 4 年的毕业典礼视频

2019 年 6 月 22 日前后，西南交通大学官方微博发布了两条视频，分别是校级毕业典礼的纪念视频（见图 5）和交通运输与物流学院（以下简称“交运学院”）的毕业视频（见图 6）。两条视频都以毕业典礼的内容为主，同时穿插着本届毕业生在开学典礼时候的照片，视频发出后两条视频均获得了累计超过 100 次的转评赞，更有毕业生私聊作者以表达感谢。

图 5　校级毕业典礼毕业视频微博截图

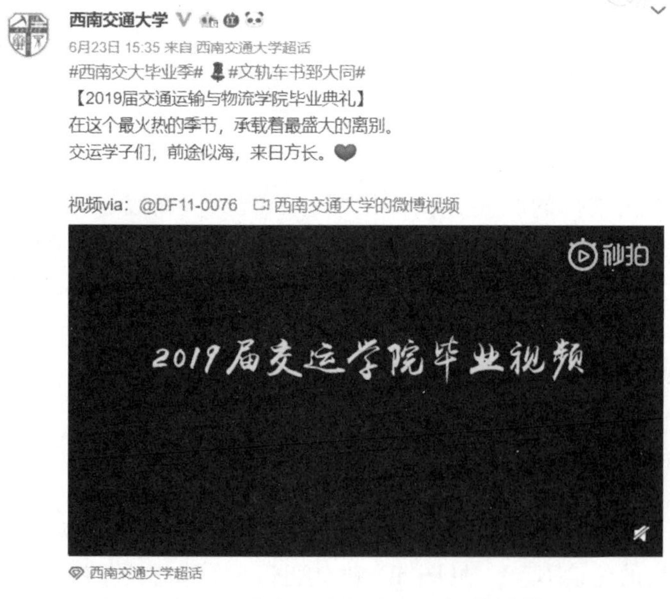

图 6　交运学院毕业典礼毕业视频微博截图

现有毕业视频多为“毕业季微电影”“毕业 MV”的形式，鲜有以最具仪式感的毕业典礼为内容的毕业视频。校级毕业典礼纪念视频以毕业典礼的大场景开头，其中间穿插了毕业生特写镜头、家长特写镜头、毕业生挥院旗的中景镜头。开场之后便是“2015 级开学典礼图片”与“2019 届毕业典礼”图片的对比。视频的中部展现了毕业典礼同学们印象比较深刻的环节，利用慢动作、特写镜头记录了校长为毕业生拨穗的场景。视频的最后则插入具有感染力的毕业生拍合影的视频，对整个过程进行了情感升华。

视频的背景音乐，选用的是毕业典礼毕业生离场时现场所放的音乐《祝你一路顺风》。对于毕业生来说，这个音乐应该是最适合的，这是他们在毕业典礼现场听到的一首歌，也是在毕业生合影、感情最浓时毕业生所听到的背景音乐。听到了这个曲子，他们自然就能想到毕业典礼现场，这种纪念意义也是这个视频的初衷。

为防止与校级毕业典礼的视频出现过多的内容重复，交运学院毕业视频选择在学院毕业典礼与校级毕业典礼之间发布，内容中不包含校级毕业典礼。学院毕业典礼视频的开头将第一人称视角和第三人称视角相结合，用毕业生看到毕业典礼通知的镜头将观看视频的毕业生带回到毕业典礼刚开始的时候。视频的第一部分用回忆的方式，引出了交运学院学生在大学四年中印象比较深刻的事件、课程以及四年前开学典礼的照片。利用重要节点、重要事件、印象深刻的课程，唤起毕业生对大学四年点点滴滴的记忆。

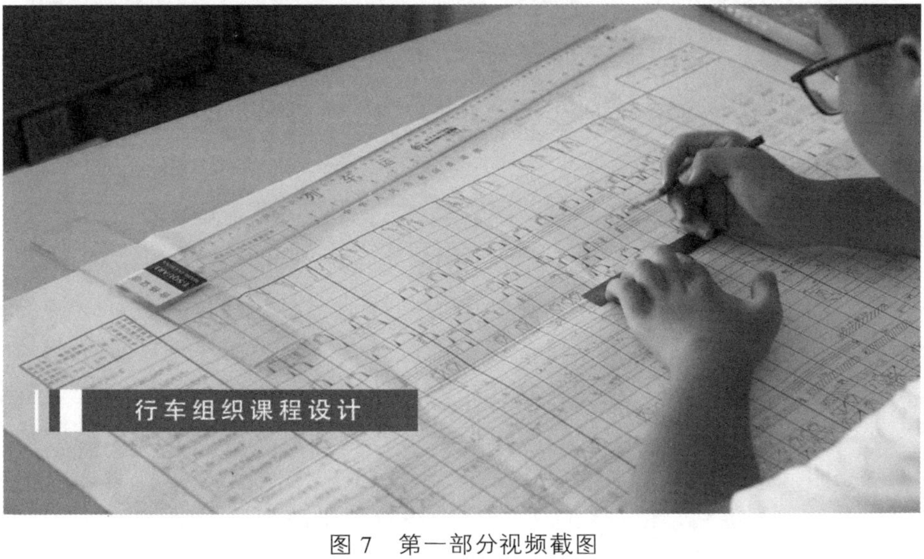

图 7　第一部分视频截图

图 8　第二部分视频截图

图 9　第三部分视频截图

视频的中间选用了学院毕业典礼中一些打动人心的片段。比如主持人宣读毕业典礼开始的场景、宣读授予决定的场景、院长致辞中对毕业生们的殷切嘱托、授学士礼的特写镜头。这些是令毕业生十分激动的镜头，也是毕业生大学四年结束的标志。视频中还包括毕业生在当年 6 月拍摄学士照的片段与 4 月拍摄班级合影的片段。视频的末尾用延时摄影展现了学院合影时毕业生们从上台、站定到合影的全过程，整个视频以学院大合影结尾。

视频发出后受到了毕业生的广泛好评，相较于其他毕业视频，本视频记录了交运学院在进入毕业季之后的点点滴滴，几乎每一个重要事件都有涉及，视频的所有场景都是毕业生亲身经历过的。部分场景使用第一人称视角，更能唤起毕业生的共鸣。本视频取得成功，还有一个原因是这个视频有一定的时间跨度，并且用的全部是真实的场景。在毕业生看完视频后能发出感叹：“嗯！这就是我的毕业季！”

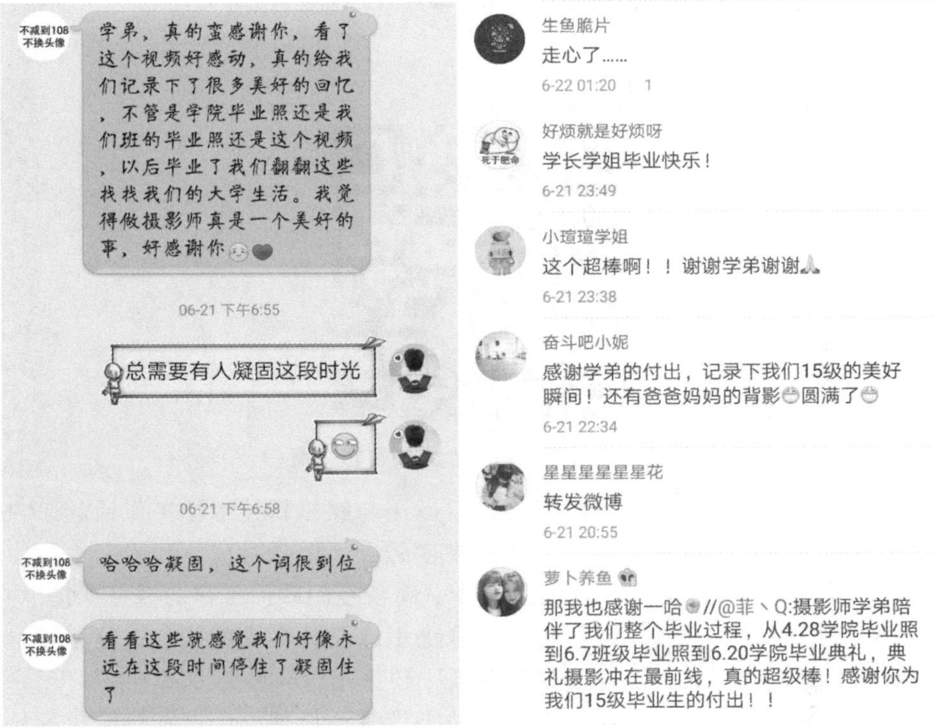

图 10　评论区与聊天框截图

很多人认为大学四年是人生中最美好的四年，毕业季是这段时光的结束。对很多人来说，毕业季是校园与社会的转折点，是人生中最后一段在校园里的时间。摄影是凝固时光的艺术，回忆与情感共鸣是永不落后的主题。一张张照片、一段段视频，记录的都是无法复制的美好时光。作为校园新媒体，应当用图文、视频为毕业生留下点滴值得铭记的瞬间。毕业季的摄影应当打破套路，用心去做、用心去拍。

（作者：西南交通大学　孙士清）

案例 19

官微暖心传情，助力家校联动

▲微信文章《想见孩子？我们帮您拍照！》

全国高校思想政治工作会议指出，要运用新媒体新技术使工作活起来，推动思想政治工作传统优势同信息技术高度融合，增强时代感和吸引力。中共中央、国务院《关于加强和改进新形势下高校思想政治工作的意见》提出："坚持全员全过程全方位育人。"将家校联动引入学校育人网络，构建家校育人共同体是四川师范大学践行"三全育人"教育理念的重要方式。

四川师范大学官方微信深刻领悟习总书记讲话精神，认真践行学校家校联动的育人理念，在2018年军训期间，借助新媒体的互动性、参与性，策划了主题为"一直想见你，终于见到你"的帮拍活动，为家长和学生暖心传情，创新了家校联动做好学生思想政治工作的方式方法，活动传播效果良好。

本次帮拍活动分两个阶段展开，第一阶段是征集阶段，第二个阶段是展示阶段。征集阶段是2018年9月15日至9月17日，四川师范大学官方微信通过一则《想见孩子？我们帮您拍照！》的推文，向新生家长说明了活动的内容和要求，即在评论区向家长们征集对孩子的叮嘱与祝福，留言点赞数前三十的家长将获得拍摄机会。推文一经发出，就得到了新生家长们的热烈反馈，后台收到留言近两百条，阅读量达到一万余次，评论区内容质量高、内容感人、充满正能量。第二个阶段主要通过9月20日的推文《帮拍活动 | 一直很想你 终于见到你》对活动进行总结展示，用图文的结合形式体现了新生对父

母的情感回应。两个阶段相辅相成，内容充实、情感饱满，整个活动在校内师生和家长中形成了良好的关注度和美誉度。

一、活动为什么选择军训这个节点展开？

在官微报道军训期间，微信后台不断收到来自学生父母的留言，很多人向官方微信的小编提出请求，希望能在报道中看到自己孩子的身影。这让官方微信的编辑团队意识到，于学生而言，军训是新生入校后面临的第一个挑战。炎热的天气、思乡的情绪、身体的疲惫与不适应、初来乍到的忐忑不安和新鲜感都在短短两周聚于新生心头。于家长而言，孩子初离家，思念、担忧、难过等情绪需要他们积极去调节。在这段特殊时期里，学校的官方微信实实在在地成了家长与学生的情感纽带。

二、为什么活动会成功？

第一，挖掘需求，及时反馈。新媒体有着传统媒体所不具备的即时互动性，这种互动性并不是单向性的信息发出—接收—反馈的过程，而应该是一个完整的闭环传导，即反馈也有可能成为信息传递过程的第一步。如何敏锐地察觉粉丝的情绪变化和心理需求，及时体现需求、满足需求，将粉丝反馈发展成新的信息需求，是新媒体选题策划的新要求。

第二，把握节奏，发酵情绪。任何一个线上活动的开展都要需要遵循信息传递的规律，把握粉丝的情绪变化节奏。本次活动选在军训中期展开。军训中期是一个合适的时间点，是各种复杂情绪汇集的时刻，此时开展活动更容易打动人心。活动历时五天，是一个相对科学的时间段。活动准备时间太短，不利于累积粉丝的期待情绪；时间太长，情绪会减弱，热点消散，后期传播乏力。从这个案例能够看出，任何活动时间点和持续时长的选择都不是随意为之的，需要建立在对自身粉丝有着高度认知和理解的基础上。活动策划时，有一些问题是不得不问的，例如粉丝的主要构成是什么，粉丝的情绪价值在哪里，活动的爆发点和关注点在哪里，粉丝的期待是什么，注意力持续时间有多长，活动希望带动哪一部分参与等，这些问题都是在活动前期策划中需要去思考的关键点。

一分亲情加一分感恩，造就十分暖心。家长、学生、学校通过官微平台，在虚拟空间进行的这样一次联动，不仅能够让感恩教育入脑入心，也让思想政治教育“亲切”起来。总的来说，这次的线上小活动之所以能够成功，获得一些学校的认可和效仿，核心还是在于通过活动将粉丝的潜在情绪发掘、汇集、发酵，最后点爆成热点。用暖心的举动让粉丝的情绪变现，用活动内容将粉丝的抽象情绪具备具象价值，让冰冷的媒体和网络为家长和学生传情，进一步赋予虚拟化的官微以人格化的特征，这也是这次活动的巨大收获。

（作者：四川师范大学 徐聪林）

案例 20

河北科技大学新媒体运营案例

习近平总书记在主持全媒体时代和媒体融合发展学习时强调，推动媒体融合发展、建设全媒体成为我们面临的一项紧迫课题。要推动媒体融合向纵深发展，为实现中华民族伟大复兴的中国梦提供强大精神力量和舆论支持。

习近平总书记指出，主流媒体必须紧跟时代，大胆运用新技术、新机制、新模式，加快融合发展步伐，实现宣传效果的最大化和最优化。在全国高校思想政治工作会议上，他还指出："思想政治工作必须围绕学生、关照学生、服务学生，不断提高学生思想水平、政治觉悟、道德品质、文化素养，让学生成为德才兼备、全面发展的人才。"

紧扣主题，我校官方微信团队将我校上千余株樱花与我国非物质文化遗产相结合，形成特色校园文化并在校园媒体平台上发布文章，引发全校师生及社会人士的广泛关注与多方面讨论。

一、事件概述

我校栽有上千株樱花，每当樱花开放之时都会有众多师生及社会人士前来观赏。在樱花开放时，我校举办"非遗文化进校园"活动，我校学生表演了井陉拉花、常山战鼓、沧州落子、陈氏太极、龙舞等 12 个"非遗"节目。此活动旨在弘扬传统文化和民族精神，将世界胸怀与民族情怀有机融合，使我校学生能够将民族瑰宝永远传承下去。在活动开展之后，校党委宣传部迅速组织官微团队赶制微信推文，我校官方微信推出《赏樱花，品非遗》《相约科大|"赏樱花　品非遗"攻略已上线》等多篇优质推文。一经推出，反响热烈，"引爆"朋友圈。微信阅览量超过 10 万次，朋友圈分享量达 5 000 余次，点赞量累计 5 000 多次。与此同时，官方微博推出多条相关图文与视频，阅读量累计 100 余万，视频播放量超过 10 万，除此之外，此活动还得到了河北电视台经济生活频道、燕赵晚报、石家庄发布及腾讯大燕网等多家媒体报道。

二、此次活动的经验总结

1. 深入活动找特点

在此次活动过程中，我校媒体小编始终坚守在活动的第一线，从不同角度深入活动，开展工作，从多维度展现活动风采，在微信推文中细致深入地提供活动浏览攻略，方便全体师生和社会人士捕捉科大精彩的活动风貌。QQ和微博平台同时推出高质量图文，得到了大量的点赞、评论以及转发，大大吸引了外界人士来学校驻足观光，是绝好的学校形象展示机会。

2. 分秒必争抢热点

在大数据时代的背景下，热点话题更新迅速，我们新媒体工作者必须即时抓住热点。"非遗"进校园是一年一度的活动，我们应把握好每一年活动的特点。我校党委宣传部组织新媒体运营小编及时通过线上的QQ、抖音、微信、微博还有线下采访等方式了解大家对非物质文化遗产的兴趣点，准确抓住受众群体对非物质文化遗产的了解和对这次活动的感受。这次活动是展现学校形象、引起受众关注、传承非物质文化遗产的绝佳机会，校党委宣传部媒体运营团队抓住这次机会发布图文及视频，可以更好地抓住时机，对活动进行广泛宣传。

3. 感受活动探"非遗"

为大力弘扬中华传统文化，深入开展爱国主义和民族精神教育，自2005年起，我校开始将河北民间优秀的非物质文化遗产引进校园，由在校大学生实现动态传承，达到文化与教育的有机融合，这项活动也成为我校宣传工作的重要部分和关键环节。

三、此次活动的启示

校园活动要展示校园魅力及文化特色，我校"非遗"文化进校园的活动以樱花为载体，有利于我校学生更加深入地了解"非遗"文化，在学校中形成浓重的学习和传承"非遗"文化的氛围。在传播文化的同时也能够树立我校良好的学校文化形象，鼓励学生自主、自觉、自愿地成为传统文化的传承者。这项活动对于我校的发展和进步有着十分积极的促进作用，能够推动学生素质教育的提升和全面发展。

（作者：河北科技大学）

案例 21

抓住“痛点”，让 Photoshop 为你“下大雪”

▲微信文章《看，交大下！雪！啦！》

在内容创作中，抓住“痛点”引起受众共鸣是很重要的。在成都“下雪”便是这样一个“痛”点。有一种说法是，成都人的兴奋程度：地震＜出太阳＜下雪，由此可见，下雪对于在成都生活的人的吸引力。

结合这个点来创作，西南交通大学官方微信于 2017 年 11 月 24 日推出名为《看，交大下！雪！啦！》的原创内容，获得了 2 万以上阅读量的良好传播效果。11 月份，北方寒冬大雪，在南方的小伙伴却只能“望眼欲穿”，因此，我们用 Photoshop 软件（以下简称“PS”）让交大也能够银装素裹。当白雪皑皑遇上交大风景，迸发出的是无穷的创意结晶以及视觉震撼。

创意来源于对生活的感受以及对受众心理的洞察，作为首创此类风格的推文，交大新媒体团队紧贴热点与高关注度的话题，打破传统的事实记述与美文美景的模式。既然同学们想看到成都的雪，我们为什么不能自己创造呢？

高质量图文依托于熟练的技术和扎实的文案功底。正是对于 PS 等软件的熟练应用能力才能使图片展现出自然的后期效果，将灵感付诸实践。清丽的文笔引人入胜，让同学们仿佛置身于冰天雪地中感受冬日交大的美好。

独特的创意、精美的呈现效果，找准痛点、紧跟热点，正是《看，交大下！雪！啦！》引发不俗反响的关键。

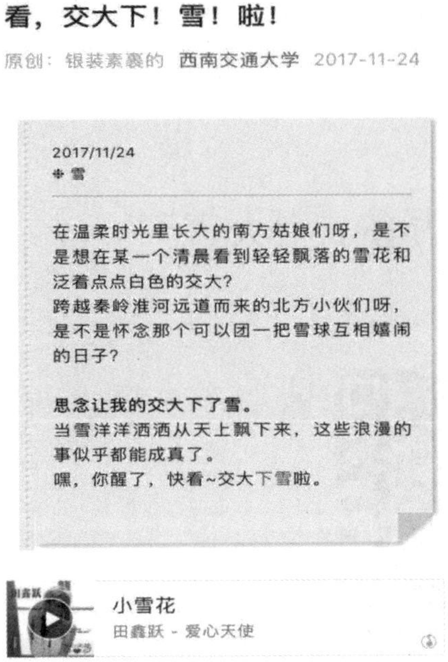

看，交大下！雪！啦！

原创：银装素裹的 西南交通大学 2017-11-24

2017/11/24

雪

在温柔时光里长大的南方姑娘们呀，是不是想在某一个清晨看到轻轻飘落的雪花和泛着点点白色的交大？

跨越秦岭淮河远道而来的北方小伙们呀，是不是怀念那个可以团一把雪球互相嬉闹的日子？

思念让我的交大下了雪。

当雪洋洋洒洒从天上飘下来，这些浪漫的事似乎都能成真了。

嘿，你醒了，快看~交大下雪啦。

小雪花

田鑫跃 - 爱心天使

图 1　微信原文截图 1

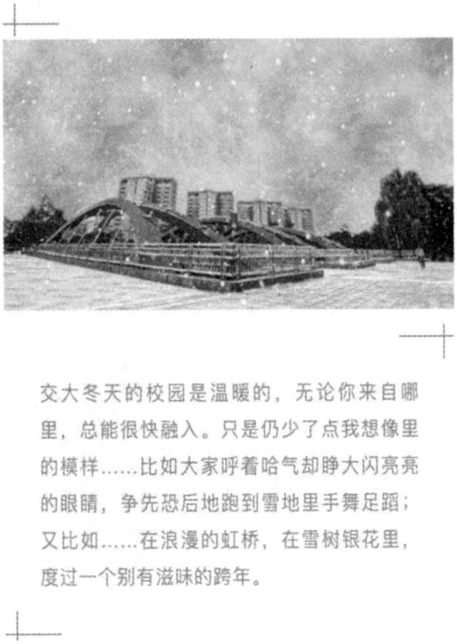

交大冬天的校园是温暖的，无论你来自哪里，总能很快融入。只是仍少了点我想像里的模样……比如大家呼着哈气却睁大闪亮亮的眼睛，争先恐后地跑到雪地里手舞足蹈；又比如……在浪漫的虹桥，在雪树银花里，度过一个别有滋味的跨年。

图 2　微信原文截图 2

（作者：西南交通大学 王伊鸣）

案例 22

结合热点推原创——交大一分钟

▲微信文章《交大一分钟》

为庆祝改革开放四十周年，自 2018 年 10 月 1 日起，人民日报社新媒体中心与中央网信办移动网络管理局合作，联动各地，推出《中国一分钟 · 地方篇》系列微视频。视频以“一分钟”为维度，全方位展现祖国的山河魅力，突出地域特色与风土人情，展示各地方改革开放发展成果。视频一经推出，反响热烈，在社交媒体持续“刷屏”。在此基础上，交大新媒体团队积极捕捉热点，将一分钟的内容“本校化”，聚焦交大，以展示交大生活、传播交大成就、弘扬交大力量为目的，进行原创内容创作。

该篇推文，在形式上以一分钟交大（人）能做什么为线索、以具体数据为依据，在内容上以交大成就为切口、以交大生活为填充，从一分钟的交大速度、一分钟的央视聚焦到一分钟的校园日常点滴，为交大全方位发声！

针对本次策划，有几点经验总结如下。首先，内容选取上紧跟《人民日报》步伐，抓住热点，弘扬主旋律，利用相似的自带“流量”的语体形式吸引受众的关注。在某个范围的热度基础上进行再创作，进而形成新范围内的新热点，这在新媒体传播中是极为重要的一点。继《交大一分钟》发出后，川内高校如四川大学、西南民族大学等也相继发声。其次，着眼于社会大背景，立足学校。推文内容将社会发展与学校资源相连，将学校发展与校园生活挂钩。例如“一分钟，交大人参与设计的复兴号前进 5833 米”讲述了交大的多个科研团队深度参与的高铁建设；“一分钟，清晨的图书馆 33 位同学刷卡进入”展现了交大学子的学习生活。第三，数据翔实。能够引发共鸣、触动受众内心情感的内容一定是真实的。学校层面的数据由专业老师核实后提供，日常生活层面数据经由 5 次考察计算取平均值得出。正是一代代交大人争分夺秒，善用每一分钟，才汇聚起交大 123 年的辉煌与成就。最后，文末以“你在一分钟内能完成什么”为话题，引导读者留言互动，成功引发广泛回复评论，以此增强了高校文化品牌亲和力和粉丝活跃度。本篇作品最终达成了引导大家关注观察身边细节，用欣赏、包容的态度看待世界，进而思考时间的意义的目的。

《交大一分钟》最终阅读量为 15 000 余次，点赞数 514 个，评论数 93 条，转发量 505 次。

图 1　微信原文截图 1

图 2　微信原文截图 2

（作者：西南交通大学　白霖）

案例 23

教授用“甄嬛体”讲高数：身边事与热点碰撞出“热搜”

▲“甄嬛体讲高数”微博原文

高校新媒体的运营，要注意发现身边小事，紧跟热点，将身边小事与热点结合，就能具有超强的影响力，也能制造“热搜”。

2012 年 4 月，随着电视剧《后宫甄嬛传》的热播，“甄嬛体”这一中国网络上的一种说话方式诞生了。这一说话方式因具有“古风”元素、暗含故事背景而被大众效仿，具有极高辨识度，在网络世界极具影响力。2018 年，西南交通大学数学学院教授赵海良使用甄嬛体讲述高数，把看似枯燥的数学语言转化为通俗易懂的“甄嬛体”，学生们都乐于接受。这一事件被官微报道后，“中青网”首先进行跟进报道，随后被“成都热门搜罗”转载报道，创造了第一波热度。后来，“中青网”“人民日报”“成都商报”等平台进行了再次传播，成功将#教授用甄嬛体教高数#顶上微博热搜榜。

最初这一事件仅在朋友圈、QQ 空间等小范围传播，随后西南交通大学官方微博的工作人员无意中看到这条“说说”，发现这一事件具有很高的传播价值。首先，“甄嬛体”作为网络流行文体，本身具有热度和影响力；其次，晦涩难懂的数学语言和“甄嬛体”的结合，使其自身变得有趣又形象，具有新闻性；再次，作为高校官微，受众为在校大学生和研究生，“甄嬛体讲高数”这一事件能引起受众强烈的共鸣，具有良好的传播效应。于是，在 2018 年 5 月 22 日，西南交通大学官方微博平台传播报道这一事件。

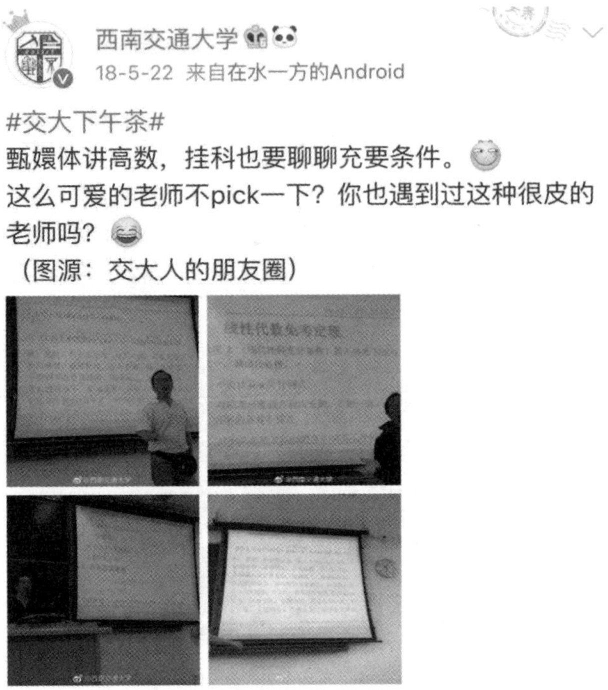

图 1　微博原文截图

该则微博发布后，受到粉丝数量等因素的限制，虽然获得了一些关注度，但没有达到预期的传播效果。随后，“中青网”记者看到了这个事件，和西南交通大学官微小编一样，他也发现了这个事件的新闻价值。中青网记者通过后台私信询问，并请西南交通大学官微作为中间媒介，成功采访到了授课教授赵海良老师。2018 年 5 月 30 日上午 8 时许，中国青年网在网站上发送新闻稿并获得了超过 23 万的阅读量。

获得关注后，本身具有新闻性的事件就具有极强的传播力。当晚，网络知名博主“成都热门搜罗”除转载这则事件外，还开设新话题#教授用甄嬛体教高数#，传播效果良好，讨论 795 次，阅读 150.4 万。次日，人民网再次助推热度，转载中青网网页文章，将热度推向高峰。#教授用甄嬛体教高数#登上热搜榜。

荣登热搜榜的同时，西南交通大学官方微博的工作人员也抓住时机，带上热搜话题发布微博，鼓励广大学子报考西南交通大学，扩大学校影响力。各个平台在转载新闻的同时均@西南交通大学，当天西南交通大学官方微博访问量破 100 万。

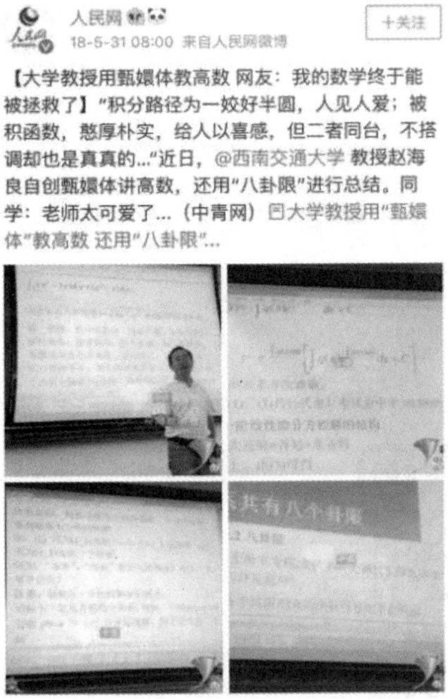

图 2　人民网微博截图

图 3　微博热搜榜排行

这是一个非常成功的新媒体案例，将身边小事与热点相结合，碰撞出火花，创造热搜。在新媒体时代，人人都是传播者。我们既是媒体受众，更是媒介的经营者。这意味着发生在我们身边的小事也许就能够引起大众共鸣，获得极强传播效果。所以说，洞察把握粉丝心理，是每个新媒体运营者的必修课。作为高校官微，我们的定位就是为学生和教职员工服务，寻找身边大小事，扩大学校网络影响力。新媒体环境下，在日常生活中捕捉发现身边事是很多人都会做的，而善于发掘事件内的热点，挖掘其中的可传播价值，利用多方媒介进行传播助推热度，则是运营者需要不断学习的。

（作者：西南交通大学 孙士清）

案例 24

紧扣时代旋律，从有机融入到润物无声
——西南交大首届网络文化节的品牌打造

▲西南交大首届网络文化节发起文章

一、案例背景

2018 年，西南交通大学成功举办第一届网络文化节，先后发起了网络安全知识竞答比赛、优秀校园网络文化作品评选暨展示等活动。这批活动自 5 月发起以来，在校园里引发较大反响，覆盖犀浦、九里、峨眉三个校区，收到 200 余件作品投稿，微信公众号、西南交大新闻网等平台先后发布相关新闻数十篇。

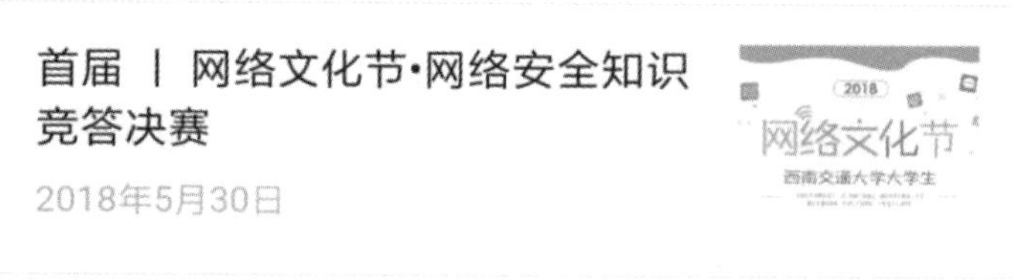

图 1　网络安全知识竞答决赛微信推送

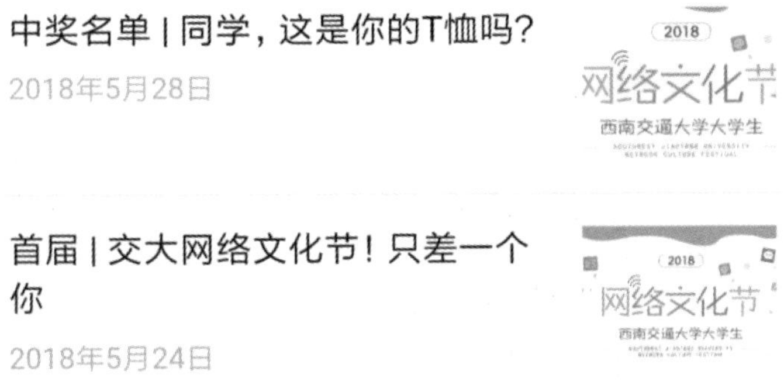

图 2　网络文化节相关微信推送

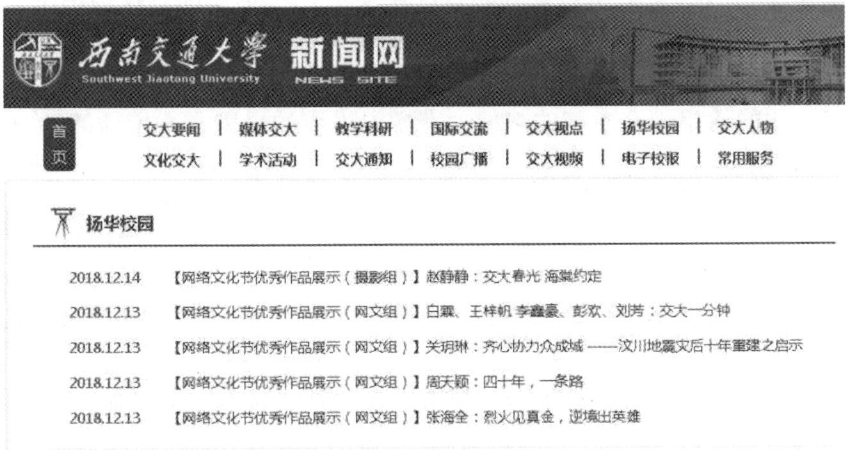

图 3　西南交通大学新闻网上的相关新闻

高校网络文化节响应了“十九大”号召，力图进一步丰富优质网络文化内容供给。作为本次活动策划及开展的主力，隶属于西南交通大学党委宣传部的前沿新科网络文化工作室，依托微信公众号、西南交大新闻网与校园实景布置，线上线下联动，成功构建了一个主旋律的品牌化活动，在保证学生的高参与度的同时，拉近了“党委宣传部”这个平日里严肃的部门与学生的距离，扩大了前沿新科网络文化工作室的校园影响力，更重要的是将思政教育与网络育人有机地融入活动之中，发挥了新媒体平台在学生中的引导力与号召力。从竞赛题目到所征集的作品再到后期的品评推送，微信公众号平台、新闻网与线下进行了创新灵活的矩阵组合，传播了主旋律，弘扬了正能量，为交大学子营造并守护一方网络净土。

二、具体举措

1. 传播优质信息：扣紧时代与学生的心弦

在信息时代，与将人淹没的信息洪流相对应的是信息的冗余与信息质量的低下。随着网络参与主体的增多，网络文化包罗万象却也鱼龙混杂。高校学生作为网络世界中最活跃的群体之一，最先受到影响与冲击。然而当前高校网络文化建设仍处于探索阶段，优质网络文化内容缺乏。据调查，除通俗文化外，在校大学生对优秀文化食粮也有一定的需求，较为重视自身的提高，校园网络文化建设势在必行。

不论是在网络安全知识竞答题目的设置上，还是在优秀校园网络文化作品评选展示中，活动都能从当前在校学生的“痛点”——网上社交安全、玩手机熬夜脱发、师生情感等出发，突出网络优秀文化的价值引领作用，让同学们有表达的欲望、有参与的热情、有学习进步的氛围、有传播的动力。

2. 寓教于乐：思政教育与网络育人有机融合

本次活动的目的不仅仅是办好这一次活动，更是要借助自身平台与热度，引导网络文化发展方向，向学生推广本校优质的网络文化，推广致力于思政教育的各个校内媒体栏目，促进校内新媒体发展，使其更好承担起育人、树人的作用，磨砺“新媒体之器”。

活动对优秀的网络文化平台、网络思政教育项目、网络名师、学生作品，如扬华微语的“鸿哲微谈”栏目、地新传媒的“地学科研圈”话题、形势与政策课程教学平台的“十九大精神学习专区”“交大 kelly 说”等都进行了认可并评奖，肯定其价值与重要性，同时还筛选出优秀且适于传播的一部分作品，以便展开后续网络文化环境的进一步建设。

网络文明常识比赛以竞答的方式举行，借鉴了“一站到底”的比赛模式，借助这一模式在同学间的热度，激发同学们的参赛兴趣。比赛赛程张弛有度，互动性较强，吸引到较多的学生参与，扩大了其影响力。

在活动中，无论是参赛者、评委还是观众都收获感十足。好的平台得到了认可，优秀作品得到了传播，本来或许枯燥乏味的思政教育，通过网络传播矩阵这种富有生命力的形式被呈现并得到了大家的认可。其中蕴含的文明上网、传播网络正能量、全面提升网络文化素养等观念也润物无声地进入同学们心中。

3. 热点营造：线上、线下灵活联动，持续输出

在前期宣传阶段，依托前沿新科网络文化工作的微信公众号平台“交想

悦”和学校新闻网，活动信息在线上得到大规模传播。同时，线下使用巨幅展板宣传造势，利用社交网络的二次传播与线下小礼品（明信片），“网络文化节”的校内热度居高不下。高校新媒体的运营与内容选择是个难题，常常需要追逐着社会甚至是娱乐热度。每当重大事件发生，小编们总是焦头烂额，赶稿到天明，而在网络文化节的宣传与开展中，我们看到了自己制造热点的重要与必要性。校内事是校内人生活的重要方面，将“网络文化节”打造成为一个品牌活动，使它成为一个校内热点以达到宣传目标，避免了应对校外热点时的左支右绌。

持续的内容输出与“给力”的活动后续则让活动落下完满的句号。在西南交通大学首届“网络文化节”闭幕仪式结束后，微信平台与新闻网的重头工作才刚刚开始。活动的余热不能浪费，获奖的人想要对外展示自己与作品，还有许多优秀文化尚未得到有效传播，想要完整地发挥活动的影响力，活动结束后利用大众传播进行宣传必不可少。工作室微信公众号平台“交想悦”与新闻网一齐发声，历时一个多月，对获奖作品进行展示、品评，持续的内容输出绵延不绝，不断向受众传递着正能量的网络文化，让高校新媒体的育人、思政功能得到发挥，同时也使公众号的粉丝量、影响力都有较大的提升。

三、结　语

至此，交大首届网络文化节圆满落下帷幕。在其中，我们看到了新媒体的能量，更看到了多方整合的强大力量，它们让一个活动超越活动本身，成为一种文化品牌。这不仅对主办方、承办方有巨大裨益，更让文化的种子悄然落地生根。而高校思政教育可以通过网络大众传播的途径，结合高校新媒体的投入与配合，用这样诙谐生动、热情洋溢的方式开展。

（作者：西南交通大学 邹岚、王雅娴）

案例 25

连心桥：护城河挡路，校车做“桥”

2018 年，暴雨倾盆泄向成都平原，金堂这座美丽的成都后花园受到前所未有的考验，8 月 30 日，坐落在金堂山下的西南交通大学希望学院校门外主干道因地势低洼，积水严重，积水没过了脚面形成了一条“护城河”。正值早晨第一节课上课前，师生们需要穿过马路进入学校。教学活动受到影响，大家都慌张和焦急得不知道怎么办才好。校车杜师傅在上班路上看到这种情形，淌过积水，主动将原本停车位上的校车驶至积水处，将校车的前后门全部打开，招呼师生从后门上车，前门下车，以校车为“桥”，成功帮助大家避开了积水，安全顺利到达校园，正常开展教学活动。举动虽然小，但却让师生们感到了温暖，大家纷纷为这贴心的举动点赞。

图 1　事件现场图片

西南交通大学希望学院官方新媒体抖音团队的记者第一时间赶到现场，获取一手视频、图片等素材，采访校车杜师傅以及在场师生，将素材进行整理，通过抖音以及微博、官方网站等平台发布。8 月 30 日上午，西南交通大学希望学院官方抖音账号推送的《#暖心希望 校门口淌水，希望校车大巴做“桥”，为上课的希望学子开路》阅读量达 62.7 万；西南交通大学希望学院官方微博发布的《“护城河”挡路，大巴车做“桥”》一文被共青团中央、四川共青团、华西都市报等 22 家国内主流媒体转载，其中四川共青团所转载的文章阅读量超过 34 万。一时成为新闻热点，西南交通大学希望学院校车成了网友心中“别人家的校车”。

西南交通大学希望学院、四川共青团和华西都市报相继对此进行了报道。在评论中，有自豪于生活在这个温暖大家庭的希望学子，有羡慕别人家校车的粉丝网友，还有祝福希望学子在幸福感“爆棚”的校园生活的校友们。雨水的凉意都被这温暖而贴心的举动消散，师生直呼：“杜师傅、好样的！”

图 2　学院校园网主页截图

图 3　学院官方微博主页截图

本事件中，由抖音号“西南交通大学希望学院”推送的抖音视频是初次信息源，随后，由“西南交通大学希望学院”所发布的微博，累计阅读量达 11 万，“四川共青团”整理再发布的微博文章阅读量超过 34 万，“共青团中央”进行转载，引发了河南共青团、汉中共青团、共青团广安市委等 22 家国内主流媒体的高度关注。

本次“抖音+微信+微博”的运营，首先是通过 2018 年比较火爆的抖音平台将现场情况以“视频+音频”的方式推送，第一时间为网友呈现现场情况。利用新媒体立体化、高速度的特性，将现场图片和编辑文字在微博平台进行推送。以平凡人做平凡小事为切入点，将平凡之中的不平凡展现于网友的面前，传播正能量。校车搭建的不仅是帮助师生避开积水的“桥”，更是广大师生与学子、高校与社会间相互信任、相互帮助的沟通之“桥”。

（作者：西南交通大学希望学院 郭瑾皓）

案例 26

人民日报、新华社、央视等媒体聚焦南昌大学“青春告白祖国”系列活动

为庆祝中华人民共和国成立 70 周年，南昌大学把“青春告白祖国”系列活动这堂“必修课”开设成为一堂别开生面的爱国主义“思政大课”。由网易和新浪同步直播，南昌大学官方微博图文直播，官方微信、抖音、今日头条号跟踪宣传。

人民日报、新华社、中央电视台、光明日报、中青网、央广网、中国日报网、学习强国、江西日报、中国江西网、江西头条、江西共青团、新浪、网易、腾讯、梨视频等数十家新闻媒体对活动进行了报道。截至 2019 年 9 月 18 日，活动相关报道的总阅读量达 1200 万，获得了广大教职员工、学生、家长和社会各界人士的广泛关注和高度认可。

图 1　“青春告白祖国”首场宣讲会现场

系列活动之一：2019 年 9 月 3 日上午，南昌大学万名大学生“青春告白

祖国”首场宣讲会在《诵读红色家书 讲述英烈故事》《青春的担当》主题视频宣讲中拉开帷幕。5位宣讲团成员，用参加暑期文明实践志愿行动的所见所思所感告白伟大祖国。500余名学生代表以昂扬的青春面貌庆祝中华人民共和国成立70周年。

系列活动之二：2019年9月12日下午，南昌大学前湖校区室外体育场举行了南昌大学2019级新生开学典礼暨军训汇演。新生们向在场师生展现了他们入学以来的训练成果：战术、刺杀操、军体拳、匕首操、士兵健身操及变幻不断的队列操表演，呈现出由方队组成的“1949——2019”“China——长城”“不忘初心”“牢记使命”“中国共产党党旗”“70”等图案，向中华人民共和国成立70周年献礼，用自己炽热的青春告白祖国。

一、前期准备

南昌大学官微团队技术部、文编部、办公室等部门成员分工合作，其中技术部同学通过观看彩排提前熟悉流程，确保摄影、拍摄动图、制作动图顺利进行，文编部同学提前1天撰写文案，并及时修改，办公室负责协调和通知。

在活动进行的前一天，各平台提前预告，为活动预热、造势，吸引大家到场观看或收看直播，增强活动知晓率和覆盖面，为后期新媒体各平台宣传效果奠定基础。

二、拍摄现场

有效的前期准备使得拍摄同学掌握了拍摄现场的动向，角度最佳、资源共享、效果到位，拍摄后实时传回摄影图片，由后方同学进行动图制作。科学合理的分工提高了工作效率。各宣传平台还充分利用平台资源，收集摄影作品进行展示。

三、实时排版

文编部同学在电脑前随时待命，提前构建好推文框架，方便图文资料到手后在第一时间进行补充，提高效率，保持活动热度。

四、加强联动

保持和媒体的良好互动，及时将活动的效果和相关资源及时推送给相关媒体，并加强外媒宣传的收集整理。在学校平台和相关工作群进行二次宣传和推介，进一步凝聚师生校友的爱校荣校力量。

五、注重反馈

关注网友留言和评论。在各平台发布推文后，立即精选能够引起强烈共鸣和荣誉感的留言，与读者一同分享感动与喜悦。注重不同媒体的反馈。

“青春告白祖国”系列活动是南昌大学庆祝中华人民共和国成立 70 周年的重要活动，对这类重大活动进行报道有助于新媒体团队的能力提升。活动宣传结束后，官微团队及时总结并分享了经验。

六、宣传效果

图 2　部分媒体报道

（作者：南昌大学官微团队）

案例 27

融媒“拳法”：听完《陪你毕业》这首歌，我不想走了

▲微信文章《听完〈陪你毕业〉这首歌，我不想走了》

随着媒体技术的发展，越来越丰富的毕业季宣传作品出现在各大高校的平台中，毕业相册、抖音短视频、平台直播……以校园风光、生活回顾、寄语展示等为主要内容的作品通过不同形式出现在我们眼前。但如何将不同媒介搭配组合，形成能够承载更多信息、更易于引起共情共鸣、更便于传播的融媒作品，是如今高校宣传工作重要突破之关键。

成都理工大学于 2018 年 6 月 7 日在官方微信平台上发布了一则名为《听完〈陪你毕业〉这首歌，我不想走了》的推文，其中《陪你毕业》的视频为成理本校学子对《等你下课》进行重新填词与演唱的歌曲。这首歌结合校园特色，截取大学生活中具有代表性的校园学习生活剖面，应用自编自唱、手绘、图片、视频等多种媒介形态融合方式，从学校教学楼顶端俯瞰校园全景开始进行画面与旋律的延伸，采用移步换景的手法描绘了从初进校门到在享受丰富的校园生活的同时不断成长的“成理生活”学子深情的演唱、35 幅原创手绘校园场景层层递进、40 余句原创歌词句句凝练，皆能触发学生群体对于学生时代的回忆。

视频不只有熟悉的旋律和陪自己度过学生生活的母校风光，也通过歌词传达出学校对于毕业生的关怀与希冀，“入学阶段”与在校门“你朝我温柔地伸出手”的歌词相呼应，陪伴成理学子无数个晨读的“砚湖”与歌词“青春

不忍辜负”融合，为比赛排练的汗水滴在“岭南阁”奏出“置身有你的梦”，在“香樟操场”用耳机与同学分享音乐的片段是“执傲少年磊落，依旧满怀赤诚生活”，在图书馆埋头时听到“于庸常浮生得片刻隽永，有你陪我一掷孤勇”，在教室里的苦读是对“等我书生意气变沉着”的期许……视频选择了校园中的经典坐标与景物串联起毕业生的大学日常生活，可以起到听音生情的作用，生动展示学校“在历史中执着，在言传身教中坚守”的形象，“当我喑哑无言，你轻声道珍重再见”更是由表及里点出了毕业季宣传应有的精神内涵。

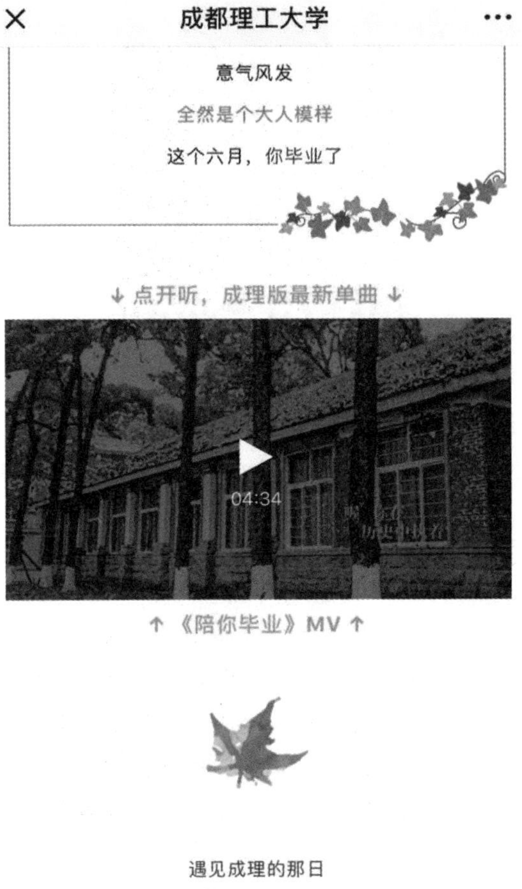

图1　微信推文截图

如何在一个既有的高热度素材基础上，融合学校特色，再创造完成一个拥有优质内容的新媒体作品，并在取得传播效果的同时展示校园文化，这是新媒体团队的一个挑战。

小编选择了经各大平台“刷屏”而获得了极高的传唱度与知名度的《等

你下课》，其极具学生时代生活气息的歌词能够引起学生群体的共鸣。在制作环节，小编团队按绘画设计、视频制作和声乐等分工合作，选取了具有代表性的校园场景的手绘插画，搭配与画面相适应的原创歌词，从画面表现到内涵表达层层递进，将毕业季的落脚点由通常的总结大学生活深化到对母校精神的传承，完成了兼具不同媒介优势的视频作品，借此突破以往高校毕业季题材的窠臼。

截至 2019 年 1 月，《听完〈陪你毕业〉这首歌，我不想走了》微信推文阅读互动量 7 000 余次，视频播放量 1.8 万余次，获得成都理工大学首届（2018 年）新媒体年度表彰最佳媒介融合奖。它也是 2018 届毕业典礼校长寄语中的鲜活案例，不仅为即将毕业的同学带去一份大学生活的生动记忆，同时还让在校学生们感怀美好，珍惜当下时光。此外成理版《告白气球》、成理定制闹铃、成理的声音也通过媒介融合方式获得不错反响。

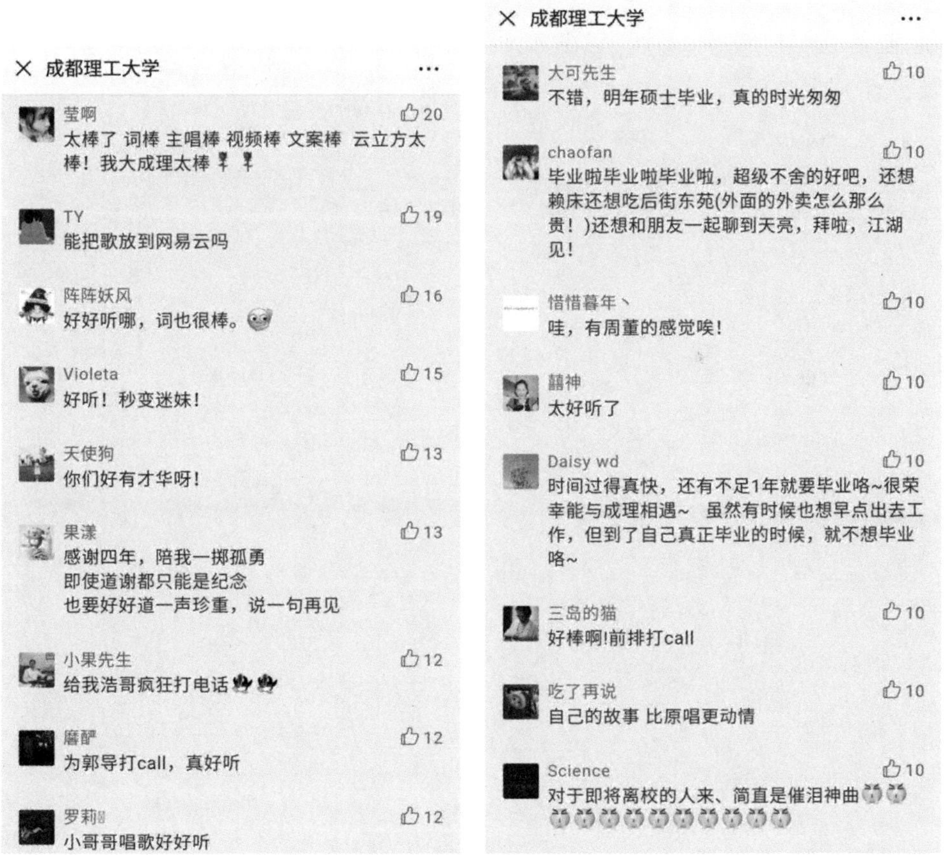

图 2　粉丝留言评论

媒体是内容的载体，在新媒体作品质量普遍上升的趋势下，将现有的媒介资源与当下流行的素材进行创新性融合，也就是所谓的“蹭热点”，能够最大程度发挥出新媒体及时性、交互性、共享性等优势，在优质内容基础上进行媒介联动，形成向外宣传合力。这需要新媒体记者从高校视角进行内容的构思和创作，站在读者的角度，精准分析定位其心理需求，并在恰当时间点推出，满足读者对于自身情感表达的需求。

（作者：成都理工大学 王潇、李楚祎）

案例 28

四川传媒学院聚焦学生视角，发掘校园魅力让新媒体矩阵构建更有温度

高校新闻宣传工作作为高校思想政治工作的重要组成部分。在引导正确的舆论导向、推动校园主流文化建设、引领学校的发展方向、促进学生思想素质提高等方面发挥着极为重要的作用。

四川传媒学院（以下简称“川传”）官方微信公众平台目前已拥有粉丝近15万，全年累计发布消息推送200余条，总阅读量410余万次，覆盖人数292万。在全国高校微信排名中，最佳成绩为全国第二，长期居于六十名左右。连续两年荣获“中国高校官微百强”称号。我们致力于打造“有温度，接地气”的川传新媒体矩阵。2018年年末，四川传媒学院微信公众号团队涌入新鲜血液，重新规划发展方向，让内容更饱满，更贴近学生课堂和课余生活，让官方微信公众号的文章更有生命力。2019年四川传媒学院微信公众号团队已渐入佳境，越来越好。

一、学生视角看川传，发现校园独特之魅力

2018年12月10日，四川传媒学院官方微信发布公众号文章《考生你好，很高兴在川传遇见你》，收获3.1万阅读量，转评无数，吸引全国艺考生、全校师生的阅读和转发。同年同月29日发布《当川传下了一场雪之后，不管南方北方都在做一件事》，结合川传2019年元旦晚会结束后第一场“大雪”的校园热点，推送了学校内来自天南海北学生看到川传初雪的照片，从学生视角出发，表达最真实的情感，与学生有了最深的共鸣。

二、川传军训集结最美的他们，展示最靓军训风采

2019年2月22日川传2019年军训正式启动，官方微信公众号也及时展开了军训相关内容的栏目策划。比如说《川传2019年军训正式启动，谁才是

川传最靓的崽》收获1.3万阅读，吸引家校互动，为军训开幕预热。后期栏目的接力更为精彩：《正能量！军人家长为川传2018级军训学员打CALL》《最美军训照|今天你上墙了吗》《为教官CALL|因为感恩，所以感动，谢谢你》……军训栏目系列聚焦军训学生和教官训练风采，吸引了校内外群众的关注，阅读量均在1万左右。其中“最美军训照”颇受学生关注，四川传媒学院官方微信与官方微博联动，发布话题活动，引起网友关注，吸引众多学生投稿。

图1　微信原文截图1

图2　微信原文截图2

三、从学生入手，以小见大了解川传专业特色

2019年3月14日，官方微信发布了《和艺术生交朋友是一种怎样体验？》，走进川传各专业生活，详细道来各个专业的特色，让人感兴趣，忍不住想细细探究，最终收获1.5万阅读量。同年4月1日发布续集：《和艺术生交朋是这样的感受》，收获1.3万阅读。引起师生在朋友圈讨论，全国关注川传的艺考生纷纷转发。团队还趁热打铁，走进各个专业人的一天，让学生、家长、社会群众了解川传专业是怎样的，如文章《探班播音生日常：就怕条件优秀的人比你还努力》讲述了川传播音生平日上课日常和课堂硬件设施情况。5月7日推出《探班航空系|制服系的日常不只是颜》，将视角放在川传航空系，平日看似“神秘”的专业也被解开面纱，让大家了解到原来这个专业是如此

有魅力。该系列阅读量均在 1 万左右。

四、川传致力打造更优秀的教育平台，不忘初心，牢记使命

2019 年，川传的新媒体矩阵丰富起来。近年来短视频平台兴起，我们也加入了短视频行列，致力于更好地宣传川传风采。我们还关注了哔哩哔哩弹幕视频网站，在 2019 年 9 月初积极发掘校园内优秀视频“up 主”，为推广学校学生优秀作品做出努力。官方微博和官方微信公众号充分发挥带头作用，积极宣传，吸引“流量”。

（作者：四川传媒学院官微团队）

案例 29

微博故事：短视频流量入口

微博故事是微博短视频功能的全新升级，它帮我们发现和分享更真实、新鲜、有趣的生活。它很隐秘，不支持转发、下载和分享到站外，发布 24 小时后内容自动转为私密，仅本人可保存自己的内容。它很有趣，支持强大且有创意的贴图、滤镜等功能。微博故事是一个短视频流量入口，也被称为微博版的“抖音”。

在微博首页的顶部，我们自己和我们关注的人发布的所有内容都被放在各自的头像里，点击即可观看。头像外彩色光圈代表该故事我们未读过或未读完，头像外灰色光圈代表该故事已读过。我的故事栏目永远在首位展示，点击即可查看自己 24 小时内发布的内容。为了保证用户可以看到更多精彩内容，微博会在刷新后将带灰色光圈的故事置后。故事顶部进度条表示故事包含的内容条数及当前播放内容的进度，故事中的内容是自动播放的，图片内容每张停留 3 秒，视频最长 15 秒。

如何切换微博故事？有 2 种模式：① 切换内容：如果我们想快速看到这个人的下条内容，点击屏幕可以快速切换内容；② 切换故事：如果我们想快速看到下个人的故事，滑动屏幕可以快速切换故事。如果我们想留住某个瞬间，长按屏幕可以暂停播放。点击首页左上角的相机图标即可发布“我的故事”。若在 24 小时内没有发布过故事，点击“我的故事”即可发布。另外，在首页向右滑动，也可进入故事相机。长按拍摄按钮，即可开始录制视频，最长可录制 15 秒。点击拍摄按钮，即可拍摄图片。向上滑动即可选择本地图片或视频，但只能选择手机相册里 24 小时内保存的视频。

拍摄完毕后，在后期修饰页面可以添加滤镜、贴纸和文字，给我们的故事增加更多新鲜元素。在屏幕上左右滑动，即可切换滤镜。点击贴纸图标或上滑即可弹出贴纸列表，点击即可选择我们心仪的贴纸。贴纸支持长按拖拽，拖入底部的垃圾箱直接删除，两只手指可以放大缩小或旋转贴纸。点击文字图标或屏幕的任意区域即可添加文字，编辑状态下，文字支持调整大小、修改颜色、选择对齐方式。和贴纸一样，文字也支持长按拖拽，将其拖入底部的垃圾箱即可直接删除，两只手指可以放大缩小或旋转文字。修饰完成后，点击下图中右下角的发布按钮，即可发布到你的微博故事了，但发布的所有内容都会在 24 小时后消失。

微博故事的制作原则，一是音乐取材和视频选择要有创意。当我们打开抖音时，我们就会发现抖音里面有各种题材的短视频。有的人专门拍一些钢琴演奏或者乐器演奏的视频，然后配上不错的文案，生成一个不错的短视频。还有很多人一直在做垂直领域的短视频，所以他们就会通过这种方式来吸引很多的粉丝。还有一些视频本身平平无奇，但配上一段很有意境的音乐，人们就会被音乐带入到这种意境当中去。

二是要抓住对用户的需求和感情寄托。我查看了微博故事的粉丝数据分析，发现喜欢短视频的多是年轻人。现在的年轻人生活在一个物质生活相对比较丰盈的社会，很多人不会为一些物质层面的东西而担心，所以常会考虑一些精神层面的问题，诗和远方就成了这些年轻人讨论的话题。我们在选取微博故事的画面和音乐时均可往这方面靠。可以带普通文字类微博的所有话题包括但不局限于#交大·印记#，与视频有关的所有微博话题均可使用，如视频类食物可用#交大日食记#，采访杰出校友的视频可用#点赞交大人#，手写书法类视频可用#手写交大#等。

随着短视频的发展，也许它会逐渐取代图文模式成为人们日常获取信息的重要媒介。微博故事短视频生产成本低、传播信息碎片化、传播速度快、社交属性强，更符合移动互联网时代粉丝的阅读习惯。未来，微博故事作为短视频流量入口，其内容会是微博运营未来发展的重点。

图 1　视频类流量入口

图 2　故事播放页

图 3　编辑微博故事

（作者：西南交通大学 屈霖）

案例 30

温暖的真相：百余名大学生众筹，只为他……

▲西华师范大学官方微信　　▲西华师范大学官方微博

一、产生背景

他是一位在西华师范大学华凤校区二期路段间坚守了三年的环卫工爷爷。2017 年 5 月 3 日，他在打扫时不慎丢失了手机，向路过的学生询问也并未找到。几位同学了解到情况后，建了一个爱心群，众筹为爷爷买一部新手机。100 多名学生陆续通过网络献爱心，4 个小时筹款 817.24 元，为环卫工爷爷买了一部新手机和一些衣物。他们谎称“手机是做活动赠送的”，老人才收下了手机。

二、主要做法

1. 分工明确，协调统一。事件发生后，新媒体指导老师牵头成立工作组，从确认事件真实性、收集信息、文案写作等方面制订方案。

2. 联合驱动，多维传播。微博接连更新三条博文，微信及时跟进，讲述事件事实，“两微”形成联动机制，使事件持续发酵。

3. 互动交流，多向反馈。通过留言评论积极与受众互动交流，对问题进行答疑解惑。

4. 媒体融合，立体发声。微信、微博、视频、新闻网、报纸、广播深度融合，对该事件进行立体报道。

三、基本成效

1. 阅读量高，传播面广。此条新闻反响热烈，官方微博总阅读量达 21 万，其中，“环卫爷爷的手机回来了”该条微博阅读量达 8.7 万。

2. “大 V”转载，进入热搜榜单。央视新闻、中国新闻网、京华时报等“大 V”发博报道该爱心事件，其中央视新闻连发三条，总阅读量达百万余次，总评论量 1 万余条，被转发上千次，点赞量更是达到 3 万余次。成都商报也发布了头条文章详细报道了本次事件。

3. 树立典范，引发大讨论。南充各高校将其作为思政课、网络与新媒体专业的典型教学案例，并迅速在各高校掀起了“今天的青年是这样的……”的大讨论，弘扬了好风尚，激发了正能量。

四、推广普及

1. 持续升温，后续跟进。宣传报道是一个持续不断的过程，不仅仅要在事件成为热点的时候进行推广，更重要的是在热点过后对该事件的后续跟踪报道。

2. 线上线下，整体联动。整合优势资源，线上网罗讯息，线下二次传播，打造高效传播体系。

3. 及时发声，引领舆论。调动学生及时反馈网络动态，掌握第一手讯息，在重要事件发生时，官方及时发声，成为网络舆论领袖。

4. 对接热点，亮出品牌。有些事件内蕴丰富，具备挖掘与采写价值，这种有利于打造学校良好社会形象的事件尤其要紧抓，对其进行全方位宣传。

五、社会反响

1. 这不仅是“一场持续四个小时的爱心接力”。虽然事情很小，但足以展示当代青年优秀的道德品质、良好的精神面貌，既践行了社会主义核心价值观，又弘扬了中华传统美德。事件报道后引起各界人士热切关注，好评如潮，取得了良好的社会反响。

2. 这里确实是“读书的好地方，选才的好去处”。对“众筹”事件的宣传让社会各界了解到西华师范大学育人的累累硕果，展现了学校文化内涵，人们一致说西华师范大学不愧被誉为“读书的好地方，选才的好去处”。

3. 这真是“一个有温度的官微”。西华师范大学新媒体中心紧跟时代热点，挖掘身边闪光点，如“万斤花菜免费吃”“为你读诗”系列活动、“精神午餐——寄语乡村儿童慈善活动”，被业界同行称作是一个“有温度、有深度、有高度、有广度”的官方新媒体。

图1　央视新闻对此事件的报道

图2　中国新闻网对此事件的报道

图3　微博热搜榜

案例 31

结合热点策划重点：西成高铁系列推送

▲微信图文《好听！交大人献给西成高铁的歌》

2017 年 12 月 6 日，西成高铁全线正式开通运营。自古蜀道难于上青天，从此天堑变通途！西成高铁承载着一代代铁路人的梦想，它跨越了“蜀道难”的障碍，联通成都和西安两座历史文明古城，让“中午吃泡馍，晚上涮火锅”的设想成为现实。西成高铁的开通，亦是宣传西南交通大学轨道交通特色的“东风”，交大新媒体抓住契机，围绕“西成高铁”为中心进行了多角度、多频次、跨时空的系列推送报道。

表 1　微信推送数据统计

推送日期	标题	阅读量
2017-12-05	@西安交大 坐着“首班”西成高铁，我想带你来看最美的成都	1.8 万
2017-12-06	交大力量丨西成高铁首发，听徐飞校长谈交通强国	0.3 万
2018-01-14	穿越秦岭！一位交大人跨越四十年的西成铁路情怀	1.2 万
2018-04-29	好听！交大人献给西成高铁的歌	10 万以上

具体到每一篇推送，又都是围绕“西成高铁”这个中心，以交大、交大人为出发点，内容优质，各具特点。

西成高铁开通前夕，西南交通大学官方微信公众号平台推出了与西安交通大学合作策划的原创内容《@西安交大 坐着“首班”西成高铁，我想带你来看最美的成都～》，图文一经推出阅读量便迅速破万，评论区亦反响热烈。这篇原创内容属于高校新媒体之间平台合作的典型，以西成高铁为引，借势宣传了分别位于西安、成都的两所交通大学。这次合作由两校党委宣传部统筹，内容则由两校官方新媒体共同策划创作，实现了两校在宣传策划上成功的一次互动，也体现了当今高校新媒体之间积极联动、相互促进的态势。

次日，西成高铁正式通车。与驰骋而来的西成高铁相呼应，交大新媒体又推出了当天《每日经济新闻》刊登的关于徐飞校长谈“交通强国”的专访。该专访由西成高铁到中国高铁的发展，进而过渡到新时代交通人才的培养问题，成功宣传了西南交通大学作为中国高铁人才培养和科技研发“重镇”的实力、创造力与影响力。

时隔一个多月，交大新媒体推出了西成高铁系列推送的第三篇——《穿越秦岭！一位交大人跨越四十年的西成铁路情》。西南交大对高铁有着特殊的感情，在轨道交通事业发展过程中，一代代交大人矢志不渝地奋斗，创造出一个又一个工程奇迹，交大人也都有着一种高铁情怀。文章作者贾华强校友以一名西成高铁建设者的身份讲述了自己与西成铁路的不解之缘，展现了作为交大人参与祖国建设的自豪与骄傲。交大新媒体策划这篇推送，从标题到内容都紧紧扣合交大人的铁路情怀，引起了交大人的认同与共鸣，也掀起了朋友圈的一波分享潮流，达到了预期的传播效果。

“长安一壶酒呃，蓉城一叶秋，睡在西市想念君呃，梦见锦里露华浓……飞驰在西成高铁上，刷着朋友圈，早起一城锦江水午后满眼长安花……”优美的歌词，动人的旋律，一首名为《西成高铁》的原创歌曲在网络上广泛流传。这是一首交大人献给西成高铁的歌，歌曲创作团队均为西南交通大学校友、校友亲属。曲作者蒲建龙为西南交大建筑学 91 届校友，编曲武树霄为西南交大校友亲属，词作者为西南交大原党委副书记桂富强，演唱者汪漾为西南交大人文学院音乐系教师。在《西成高铁》发布当天，西南交通大学官方微信平台对歌曲进行了首发推送，阅读量迅速突破 10 万，且热度持续不减。推文的留言区满是聆听者们对歌曲的赞美和身为交大人的自豪，转发者们在为歌曲倾倒的同时，更是为交大对中国高铁建设贡献的科技力量并让高铁文化广泛传播而骄傲。当情怀结合热点、当原创充满温情，优质内容的传播效果自然是水到渠成。

西成高铁系列推送的案例主要体现了新媒体运营的以下特点：

1. 聚焦特色，书写情怀。首先，交大新媒体运用了“学校特色+事件+情怀”的主题模式，以西成高铁为切入点，点动成线对接交大铁路特色，连线成面传播交大人的铁路情怀，最终获得了满足用户情感体验和宣传高校文化品牌的双赢效果。

2. 紧追热点，旋律高扬。正所谓“时势造英雄”，紧跟社会热点，抓住时代关键词是新媒体打造爆款、吸引“流量”的不二法宝。作为本系列推送策划的“C 位”中心，西成高铁一直受到社会各界的关注，具有“自带流量”的高人气。结合时代关键词和社会热点的创作往往能获得很好的传播效果，交大新媒体打造的西成高铁系列推送，准确地沿着关键词定位宣传内容并扣合受众的共鸣点，获得了热烈的反响。

3. 打造系列，集中引爆。在西成高铁开通前夕，西南交大新媒体“借势东风”推出与西安交大两校合作的原创内容引领流量；次日，趁热打铁，紧接着推出以西成高铁谈交通强国的新闻访谈；此后，交大新媒体还从校友文章、原创歌曲等角度进行策划，陆续在“两微”平台推出西成高铁系列文章，做到对热点的集中引爆。

图 1 微信原文截图

（作者：西南交通大学 安然）

案例 32

用心装点西华“室”界：加强宿舍文化建设，发挥文化育人功能

习近平总书记在全国高校思想政治工作会议上强调，办好我国高校，办出世界一流大学，必须牢牢抓住全面提高人才培养能力这个核心点，并以此来带动高校其他工作。“立德”是为了“树人”，而“树人”首先要“立德”。随着学生思想政治教育阵地的变化和延伸，学生宿舍这一大学生思想政治教育育人阵地的育人功能逐步突出。学生宿舍是高校思想政治教育工作的主要阵地之一，打造优秀的宿舍文化对每一位学生成长的必要性和重要性日益突出。

一、事件概述及传播效果

2018 年 12 月初，西华大学第 16 届“美寝大赛”进入尾声，“居酒屋”“维多利亚的秘密”等别具一格的“魅力寝室”从众多“美寝”作品中脱颖而出。学校官方微博于 12 月 6 日发布微博对其进行了宣传，其中，材料学院一男生寝室打造的“最美居酒屋”，受到了人民日报、新华网、新京报、梨视频、腾讯新闻、澎湃新闻、华西都市报等 40 多家知名媒体竞相报道和转载，话题阅读讨论 25 万余次，以“美寝”为主题的“西华风”被全国的高校点赞热议。“居酒屋”寝室更是登上 12 月 9 日微博实时热搜第 18 名，话题讨论量达 40 万余次。

西华大学一直以来重视学生寝室文化建设，“美寝大赛”已延续 17 年，成为同学们寝室文化建设不可缺少的一部分。同学们表示寝室是学生的“第二个家”，通过“美寝大赛”，寝室成员不仅能借此机会装扮寝室，还能通过合作增进了解，交流深化友谊，有利于营造健康和谐的寝室氛围，丰富大学生寝室文化生活。同时，各寝室通过展示风采、分享寝室装扮心得感悟，充分展示了学校学生的良好风貌，在全校师生中有着良好反响。

二、经验总结

在高校文化建设中，宿舍文化对于每一名大学生的影响不可忽视，文明、和谐的宿舍文化与学校的教育教学活动构成良好的育人环境，对培养学生自我管理能力、集体协作精神、建立良好校风学风有着积极的促进作用。如何让不同地域、不同民族、不同生活习惯、不同性格的学生们和谐地生活，如何让他们尽快适应大学的学生生活，形成具有主流价值观的宿舍文化，发挥宿舍文化所应有的教育功能，为此，西华大学在不断探索。

17 年以来，西华大学“美寝大赛”通过让学生自行装饰宿舍，营造温馨舒适的寝室环境，展现丰富多彩的大学生活，推进学生寝室文明建设，加强寝室思想政治教育，从而实现用先进的寝室文化引导学生树立正确的世界观、人生观、价值观。学生在创新创造的过程中，不断增进室友之间的了解认识，在沟通交流中碰撞出灵感的火花，增强团队协作意识，拉近同学之间的亲密度，为 4 年的同窗学习生活打下基础。“美寝大赛”能够延续 17 年之久且得到学生的积极参与，与其背后的重要意义息息相关。

就这次案例来说，学校“美寝大赛”虽说是开展了 17 年之久的全校层面的校园大赛，但如果仅仅只是在学校内进行宣传，其影响力远远不如网络新媒体。在新媒体融合的大背景下，学校利用官方微博微信、易班客户端、学校新闻网、校报多个平台宣传报道，让关注学校的校友粉丝、社会大众了解关注了学校“美寝大赛”的优秀作品，再通过众多主流媒体的转载报道，使得“美寝大赛”得到了更广泛的关注，更多的微博用户看到了“最美居酒屋”，也有更多的人了解西华大学，充分扩大了学校的影响力，增加了学校的曝光度，起到了积极正面的引导作用。学校将积极创新寝室管理模式，推进学风建设，营造积极向上的寝室文化，及时总结经验，打造精品项目，积极创建和谐文明校园。

（作者：西华大学）

案例 33

西南交大街拍墙献礼校庆新媒体案例

▲微博账号“交大街拍墙”

“交大街拍墙”是由老师指导、学生自主组织建立的西南交大新媒体公众号，其主要职能在于分享交大学子日常拍摄的交大三校区美景、人像以及一些创意图片，文案多活泼可爱，清新脱俗，贴近学生的生活。交大街拍墙目前为止已经成为被交大三校区师生普遍认知的街拍公众号。此外，交大街拍墙由学生负责主策划，指导老师负责指导和把关，不定期推出原创博文策划，内容多是与学生息息相关的主题或者学校重大活动。交大街拍墙从建立至今一直秉承着“做一个有温度的公众号”的理念，从后台筛选投稿、运营策划、文案排版编辑到最后成文发送都凝聚了团队老师和同学们的心血以及智慧结晶。本次高校新媒体案例征集大比拼给交大街拍墙运营团队提供了展现团队运营水平、案例编辑能力以及学习别的高校集体或个人案例编写能力的平台，可以使我们在未来街拍墙运营的规划中更上一层楼！接下来就详细介绍一下本次参赛博文案例。

图 1 微博原文截图

本次选取的参赛博文案例是西南交大 123 周年时期交大街拍墙团队构思的创意校庆祝福博文，创作的思路如下：本微博创作时正值交大 123 周年校庆时期。交大街拍墙为庆祝母校生日、提高公众平台的知名度、增加与本校学生的互动，将交大的建筑用 AI 软件制作成一组矢量图，并结合团队摄影师拍下的交大美图，共同制作成了交大的缩写字母“SWJTU”的剪影背景，看似简单的图案背后实则有很深的寓意。首先从图片来源的选择看，八个图片依次选取了学校标志性的建筑，它们分别是：竢实扬华墙、浙亭、飞碟体育馆、二号教学楼和堂吉诃德像、电气馆和虹桥、四教和国家实验室、NEDL 和综合楼；从组合空间构成来看，第一行三张图分别是“壹、贰、叁”，代表交大成立 123 周年，背景水印为交大校训，其余图片组合成“SWJTU”，九图中间为一个由校徽组成的爱心，这九张蕴含着满满心意的图表达了我们对交大的赤诚热爱之心。这一篇博文简单明了，主要是以图片为主，看似简约，其背后实则融入了我们对交大的热爱以及新媒体运营者编写博文的心意与思考。该博文虽然转评赞数量有限，但它是交大街拍墙公共号建立以来阅读量较高、反馈良好、创意最佳的一篇博文。我们选择它来参加本次高校新媒体案例大比拼更为重要的原因是，通过该篇博文反映了我们新媒体团队在构思一篇博文时的所思、所想、所动。我们也在一次次失败中积累教训，不断学习，丰富知识和技能。

“以小见大，以点带面，以少胜多，以独特形式表达心意”正是我们所总结的新媒体平台的运营技巧，通过对这篇博文的打造，我们也对新媒体运营有许多感悟与体验，从内容选择、策划分工、资料搜集与汇总、制作成篇、文案排版编辑到最后在平台发表，每一个步骤都是不可或缺的，内容更是要经过一遍又一遍审核和校对，越是面向公众的内容越是要完整且正确，如何给予公众阅读者一种新颖的观感和体验是我们新媒体博文编辑的一大重点。以这一篇博文为例，我们是想在其中尽可能加入更多新颖的元素去抓住阅读者的眼球，使他们从简约的呈现效果出发体会其中所表达的深远含义。

除该篇博文之外，交大街拍墙其余的微博也都是纯原创策划，街拍墙话题拟定为以下五个长期话题以及部分短期话题：

1. 唐臣四季：西南交大一校两地三校区四季不同景色为发博内容的时候带的话题都是“唐臣四季”，内容贴合街拍墙性质，话题名称又源于学校，能够更好地体现交大街拍墙的性质。

2. Swjtuer Styles：此话题主要用于发送学生在校的一些约拍优秀作品，文案风格贴近图片本身，是交大学生最爱的话题之一。

3. 反转交大：这个话题主要发表的是交大校园内拍摄的一些机位独特或者后期效果有创意的图片，图片以创意点子和新奇观感为主，是交大街拍墙最为“吸睛”的栏目。

4. Swjtu 记实录：生活要有仪式感，图片是生活最佳的记录方式，因而这一个栏目专门发表交大最真实的瞬间，它可以是校庆的精彩一幕，也可以是平凡生活中一个不起眼的小场景，街拍墙的目的是做一个有温度的公众号，这个栏目是此精神最好的体现。

5. 花样年华人像摄影大赛：为了鼓励具有较好摄影技巧的同学积极投稿，展现交大“颜值”，交大街拍墙专门开设该栏目并使之成为一个以月为期的比赛栏目，大家可以将自己拍摄的交大景和交大人投稿给我们，每月评选转评赞数量最高者发送现金红包。加入比赛制度和红包奖励也使得平台运营更加具有知名度和参与度。

除了这五个长期栏目话题之外，交大街拍墙还有一些短期话题，譬如 2019 年春节推出“春节摄影大赛”话题，其初衷是希望在假期里也能分享美图美景给全国各地的交大学子，同时也鼓励大家积极发挥自己的特长，投稿作品。

交大街拍墙从开始建设至今已经将近一年，也陪伴交大和交大学子走过了春夏秋冬，我们度过了艰难的瓶颈期，从没有人关注到现在被普遍了解，团队中的成员也在运营实践中总结了一套属于自己的独特运营方式。我们发现在这个人人都可以做自媒体的时代，想真正运营好一个公众号，就需要拥有自己的特点，并且用这个其他公众号都没有的特点来吸引读者的目光。街拍墙从这一原则出发，大力建设摄影板块，平台发表的内容为交大的风景美图、纪实图片、校园约拍等，这些内容在交大的其他媒体平台是没有专门的板块的，因而交大街拍墙平台就在交大做到了独树一帜，故而引起校内师生的广泛关注。街拍墙的运营还给了我们其他启发：平台运营始终需要坚守初心，不能因为平台越做越大或者粉丝越来越多而失去了对粉丝的关心与回馈，我们始终笃信粉丝同我们犹如鱼水，我们能做得更好的前提是粉丝的支持和信任。以微博为例，博文底下的评论、后台的私信我们都尽可能及时回复；投稿的作品没有违反规定，质量过关就要尽可能地发表，对于一部分质量不太过关的、不能在平台发布的作品，需向投稿者解释清楚情况。唯有如此，才能让“铁粉更铁”，让很多路人慢慢“转粉”。此外，平台的运营也需要坚持，无论反馈多少都应该坚持不断发布优质的作品，虽然短时间内可能不会受到太多关注或者收获所期望的反馈，但是时间长了，“是金子总会发光”，只要专注于内容的质量和把握住频率，自然会有越来越多的人关注我们的平台，一个号就能活起来。

“路漫漫其修远兮，吾将上下而求索。”公众号的运营如同修行，它的成功不是一朝一夕的，而是需要时间的积累和经验的沉淀。我们有信心建立交大街拍墙，也有信心让它发展得更好，虽然现阶段团队内各成员仍不算十分专业，但是进步与提升的空间很大，我们都希望能够通过这次比赛来展现团队目前运营的优势，扬长避短，多学多思考，能为以后平台运营建设学到更多“软硬”技能，能让交大街拍墙未来的发展愈加明朗，被更多人所关注、所热爱！

（作者：西南交通大学 王威、李博博、尹思棋）

案例 34

青春影像，校园微博打造“希望厂牌街拍”

▲西南交通大学希望学院之街拍

习近平总书记在《在同各界优秀青年代表座谈时的讲话》中指出：“广大青年要坚持面向现代化、面向世界、面向未来。”大学生的精神面貌最重要的表现是具有青春的朝气，大学生正处在人生蓬勃发展的时期，青年是祖国的未来，更是社会发展的重要力量。为了展现新时期大学生精神风貌，提升大学生对自我精神面貌的要求，增加学生活力，我校新媒体平台创造性地将近年来兴起的街拍与大学生新面貌相结合。“校园 + 街拍”模式的文章在独树一帜的同时，更是将当代大学生的新精神面貌展现在了公众面前。

一、事件概述

2018 年 10 月 12 日，天气由炎热转向凉爽，西南交通大学希望学院（以下简称“西希”）新闻中心新媒体运营部成员发现校园内同学们穿衣风格夏秋混合，呈现较大不同，且各具特色，展示了青年人的蓬勃朝气。于是在 10 月 12 日进行拍摄并发布了第一组西希街拍。推文一经发出，阅读量超过 29.4 万，同时贵州高校资讯，四川校园菌，校园资讯君等“微博大 V”在推文发出后与我校官微进行了互动。

二、制作此次微博推文的实践探索

1. 新思路、新创造

在互联网大环境下，新思路新创造是维持媒体生存的指标，只有创新方向才能让推文具有生命力。人的衣着一定程度上能反映一个人的精神面貌，因此，希望学院新媒体抓住校园大学生青春活力、各具特色的衣着这一关键点，将街拍和校园这两个主题结合在一起，迸发了新的活力，积极记录，深入挖掘，展现了希望学子作为新时代大学生的昂扬面貌。

2. 打造校园新形象

通常来说，校园形象的主体为校园建筑、校园自然景观和校园荣耀。我们抓住校园街拍新思路，打造校园新形象，将校园主体——学生，作为新形象的一部分，打造人文校园，助力新的校园形象生成。同时将希望精神融入其中，体现出希望学子在新时代对自我精神面貌的要求，表现出希望学子对生活积极向上的精神，紧跟时代的大方向。

三、经验和启示

1. 经验

当代大学生是青年中知识层次较高的群体，承载着社会的较高期望，他们的思想状况和精神风貌为社会所关注，当前高校大学生精神面貌是积极、健康、向上的。从街拍校园的推文的阅读量来看，高达 29.4 万的阅读量表现出的正是大众对大学生精神新面貌的期待。

新角度、新创造、新映象，三个新将校园宣传提到了新的角度和高度。此篇推文在千篇一律的校园推文中抓住了观众的眼球，传播了希望学院“竢实扬华，自强不息”的精神。

2. 启示

在之后的推文策划与方向选择中我们应更多选择新兴事物，思考其与社会倡导方向的结合度。使校园推文能够“引进来，走出去”。不再把官微受众局限于学校师生，要更多面向社会大众，结合社会大方向，传播希望学子与社会步调的结合度，发展希望精神，提升希望魅力。做到像习近平总书记在《在同各界优秀青年代表座谈时的讲话》中所说的：“以青春之我……创建青春之国家，青春之民族!”

（作者：西南交通大学希望学院新媒体）

案例 35

弘扬时代精神，聆听交大声音——西南交通大学扬华 E 媒体中心内容建设篇

▲微博文章《弘扬时代精神，聆听交大声音——西南交通大学扬华 E 媒体中心内容建设篇》

扬华 E 媒体中心隶属于学生工作部，是校内受众最广的思政媒体平台、有着最专业的记者团队，是最有活力的学生组织之一。扬华 E 媒体中心前身为扬华记者站和扬华工作室，“扬华记者站”成立于 2003 年，2014 年 7 月正式更名为“扬华 E 媒体中心”，旨在以激情、理想、责任和团队感，与学生携手共进，书写未来。

一、栏目内容

1. 扬华新闻——热点实况，以文绘史

扬华 E 媒体中心植根于交大，记录这所百年工科校园的一点一滴。扬华记者活跃于校园的各类活动，以专业、权威、迅速为宗旨，用照片和文字记录交大历史。

扬华新闻以扬华素质网为主阵地，自 2018 年 1 月至今，扬华新闻共完成新闻报道近 200 篇，浏览量超过 6 万次。以学校为中心开展工作，报道实时资讯，展示学校形象，服务全校师生，新闻发布及时、规范、准确，新闻稿件按照高标准、严要求撰写。扬华新闻是学校的新闻品牌。

西南交大举行师生文艺晚会为新中国成立70周年献礼

2019-10-01　1461

同享趣味游园，共祝七十华诞

2019-09-30　1207

新生交响音乐会，奏响歌唱祖国的乐章

2019-09-29　1186

我校开展评奖评优资助事务辅导员专题培训会

2019-09-26　709

感恩科学家，逐梦新征程——我校开展第二届感恩中国近现代科学家奖助学金评选工作

2019-09-25　1004

辉煌70年 奋进新时代——2019年“共和国的温暖”暑期资助走访风采录（三）

2019-09-20　518

交大学子用青春报国故事告白伟大祖国

图 1　扬华素质网文章截图 1

西南交通大学2019级本科生迎新工作用“心”又用“新”

来源:党委学生工作部　浏览次数:1314　发布时间:2019-09-07

9月5日、6日，西南交通大学2019级本科生迎新工作在三校区顺利开展。为确保2019级本科新生顺畅高效地完成报到，在学校及各学院迎新点上，全体迎新工作人员精神饱满、礼貌热情，用交大人的精气神迎接全体新生的到来。

图 2　扬华素质网文章截图 2

开学典礼、专场报告、外校来访、各类讲座……各篇新闻报道覆盖范围广泛，以真实客观却不失生动的文笔叙述新闻内容，展现了记者编辑们良好的写作能力及扎实功底。新闻是新闻工作者的血液，扬华新闻的记者们对新闻工作怀着赤子之心，怀揣“新闻不是易碎品，而是艺术品”的信仰，奔走于学校活动的各个现场，敏锐地记录精彩瞬间。

2. 扬华微语——文能妙笔，思予魂铸

“扬华微语”微信平台即时推送校内通知、赛事、活动等，始终以服务师生为目的，紧随师生脚步。开学季制作精品推文帮助学生迅速融入交大，实时报道迎新实况和校园开学典礼现场；毕业季推出关于毕业纪念礼物、毕业照、毕业讲话、毕业微电影等的专题推文；重大事件节点及时事热点事件紧跟主题推送。

（1）扬华人物：灿若星辰交大人

人物访谈：41 篇　累计浏览量：超 10 万次

2018 年，扬华新闻不断改革和创新人物访谈的主题构思与行文内容。“科学家奖助学金获得者”“竢实扬华奖章获得者”“SITP 优秀成果团队”“学霸寝室”等系列人物专访，让一个又一个性格各异却同样鲜活生动的人物来到读者面前，分享他们生活中的酸甜苦辣。掌握分寸、突出重点、构思独特、善于取舍，记者们用文字刻画人物的典型形象，使其具备立体可感等特点，给予读者生动之感，同时他们致力抓住最能表现被采访者性格的细节，凭借深入细致的观察，描绘出了一个个丰满的、有血有肉的人物形象。

在人物访谈的行文过程中，记者们避免了只突出被采访者成绩优异、科创优异等学业方面的成就的写法，而是在采用新颖、有趣的策划的同时有意识地挖掘出被采访者的多样性，以便从多方面展现人物丰富的精神面貌和内心世界。例如，《生命可承受之重》中将责任刻于灵魂之上的刘雪飞、《Hello World》中向着世界呼喊的郑画天、《恰到好处，凡事便成享受》中在不断试错中找准自身定位的张强……人物访谈作为一个窗口、一双眼睛，引领读者去探索人生的千姿百态，从而更好地为自己找寻未来的方向。

（2）扬华街采：万花集思交大声

扬华新闻聚焦时代热点，捕捉真实生活，探寻热点事件背后的魅力与真相，立足于学生角度，发表学生的观点与看法。“军训”“锦鲤”“两会”“夸夸群”等热点话题的选取，更贴合学生的日常生活，让同学们有参与感、体验感。

（3）扬华时窗：回顾预知交大事

在扬华周刊（时窗）方面，扬华新闻不断探索新的发展模式，于 2018 年下半学期推出扬华周刊。通过“扬华时窗”“扬华便利贴”“校园微观察”三个板块，总结点评一周之中校园内外发生的热点新闻事件、摘选本周重要教务通知及趣谈校园热点话题，全方位打造具有鲜明特色的品牌校园媒体，为学生提供简洁、核心、贴心、有趣的本周回顾。

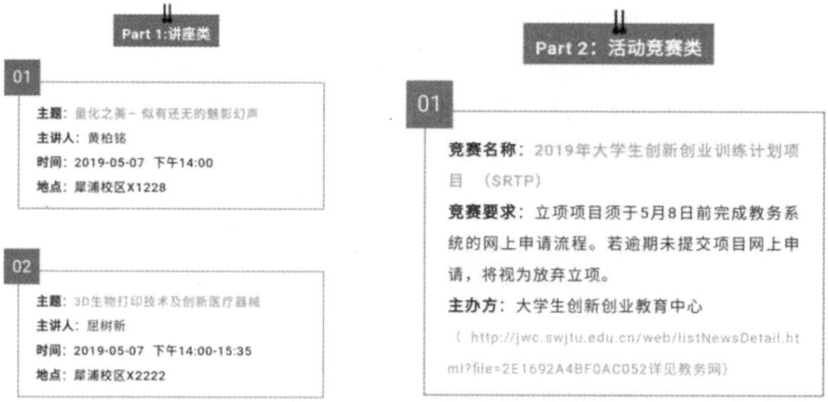

图 3　扬华周刊截图

2019 年上半学期，扬华新闻勇于创新，敢于实践，结合实际情况，经过谨慎的分析与思考，正式将“扬华周刊”改版为“扬华时窗”。“扬华时窗”突出资讯的实时性、实用性，以为广大师生提供最新讲座、竞赛、活动讯息作为首要目标，扩大受众范围，服务师生，力争成为学校与学生之间的信息交流互动及应用中枢。

二、主题策划：倾听时代声音，追逐实时热点

1.“五四”热点限定：顾百年五四之际，忆交大青年豪情

扬华新闻以高水平的文字功底与创意创新能力，广泛地参与非传统新闻相关的文字工作，在五四运动一百周年当日，推出五四精神相关特别策划——《交大青年，请回答 1919》，用漫画的形式细数各个时代的杰出校友及其突出贡献，讲述交大百年校史，谱写了一首壮丽的青春之歌。

2. 开学季“十万加”限定：古语今言引热议，以文传思递新知

2019 年新生发言代表推文《“穿越”了吗？这 00 后工科新生竟在开学典礼上通篇飚文言文！》的阅读量超过 10 万次，被人民日报、新华社、澎湃新闻、中国青年报等多个知名主流媒体转发，并登上新浪微博话题榜热搜，在全网引发热议。

3. 交大限定晚霞：绮霞低映晚晴天，影织散叠醉交大

2019 年 4 月 10 日当天，成都出现难得一见的大片晚霞。我们紧抓热点，通过微信、微博向粉丝征集图片并迅速配文推出，在交大师生朋友圈中“刷屏”，阅读量迅速破万。

4. 改革开放 40 周年限定：改革高铁驶风雨，时光杂货忆情思

顺应改革开放 40 周年纪念的浪潮，扬华设计了相关的推送——开过改革开放四十载的改革高铁，燃起了交大人的爱国心。扬华新闻还组织了“诶实（四十）时光杂货铺”的相关活动。

三、总　结

扬华新闻一直保持自身专业度，高效、准确、客观地传递一手校园新闻，并积极拓展新闻传播渠道。扬华新闻以扬华素质网为主阵地，承担着传递校园信息、营造良好校园舆论氛围和引导主流话语导向的重要任务，始终坚持做贴近师生、贴近校园的，有思想、有内涵、有温度、有情怀的新闻。它主动发现校园的新闻线索、事件和问题，传递校园新闻，宣传校园风采，挖掘校园故事，反映学生心声，立足于全校师生的角度审视新闻的意义和价值，真正做到了讲述好故事，传播好声音，弘扬正能量。

“扬华微语”公众号至今粉丝已有四万五千多位，以西南交大为中心，面向学生、老师、家长以及社会人员推送消息。日常发布的推文主要为校内师生提供的第一手学工信息和校园新闻，辅以关于学生生活及时事热点的原创推文，它们得到校内学生的大量转发及点赞的同时还被人民日报、新华社、中国青年报等多家知名主流媒体转发，最高阅读量突破 10 万次。

（作者：西南交通大学扬华 E 媒体中心 史凝睿、孙睿琰）

案例 36

西南石油大学《龙井湖捞起 2000 多斤大鱼！千余师生一同免费吃鱼喝汤！》热点微信案例介绍

▲微信文章《龙井湖捞起 2000 多斤大鱼！千余师生一同免费吃鱼喝汤！》

世界中从不缺少美，而是缺少发现美的眼睛。对于我们的眼睛，不是缺少美，而是缺少发现。

——奥古斯特·罗丹

在校园生活中，作为校园记者，需要具有发现新闻、创造热点的敏锐度，并且还需及时跟踪、挖掘新闻，高效率地制作以及发布推送新闻。如此，才能更好地建设、传播校园文化。

2018 年 4 月 4 日、5 日，西南石油大学（以下简称“石大”）南充校区后勤服务公司请来专业渔民对龙井湖中生长了多年的大鱼进行了集中捕捞，共捕捞了 2000 余斤，供师生免费品尝。在朋友圈发现这个热点后，西南石油大学官方微信积极准备策划，联系南充校区全媒体中心老师同学在现场进行采访，查找资料寻找龙井湖的历史由来，最终，在 4 月 6 日发布了微信推送。

同时，西南石油大学官方微博进行了同步推送。文章一经发送，引起了网友们的纷纷议论，大家感叹道：“又是‘别人家的大学’！”截至目前，共有 125 个微博用户和 18 个微信平台转发了相关消息。相关阅读量高达 632.2 万，在微博热搜榜上更是排到了第 5。央视新闻、共青团中央学校部、中国青年报、四川日报等各大媒体也对此纷纷报道。

图 1 热搜排行榜截图

图 2 媒体报道截图

在微信内容方面，标题中采用了“2000”“免费”等字眼，既突出了热点事件的重点，又使人眼前一亮，有点击的欲望。

之后，文章一开头抛出两个问题与读者互动，引发读者的好奇心，具有趣味性。文章主体以叙事和采访为主，首先报道了食堂现场的“盛况”，凸显免费吃鱼事件在石大校园里的影响力，之后为广大石大师生和校友介绍了此次免费吃鱼事件的来龙去脉，介绍了龙井湖的“来世今生”，为石大文化进行了宣传，勾起广大师生的石大情怀。

整篇微信推送排版清新淡雅，活泼有趣。使用的模板紧紧围绕文章内容与主题，色调搭配以橙、黄为主，既可以体现现场吃鱼的盛况，使人看了之后有饥饿感，又能配合文章调动读者情绪。

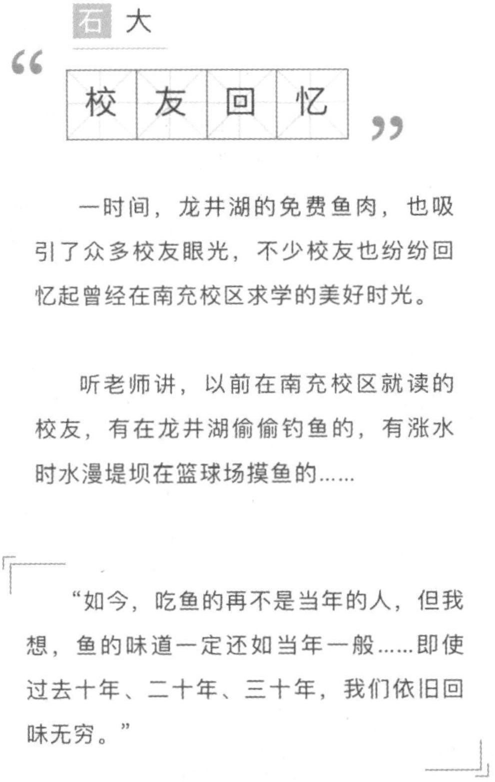

图3　微信文章截图

微信推送中，还加入了对广大离校校友的采访，既表现了石大对校友们的关怀，又体现了石大校友们对石大深深的牵挂，引出校友们心中的石大记忆。正如文章中所说：“如今，吃鱼的再不是当年的人，但我想，鱼的味道一定还如当年一般……即使过去十年、二十年、三十年，我们依旧回味无穷。”龙井湖不仅是一处校园景观，更是一代又一代石大人的青春与美好回忆。此篇推送不仅报道了吃鱼事件，更重要的是引发了广大校友们的共鸣，让大家回忆起了在石大的青葱岁月。

在文章留言区，广大石大校友纷纷抒发自己内心的石大情，讲述那些年与龙井湖、与石大的有趣往事。同时，推送不局限于事件本身，小编还在留言区邀请广大校友在 60 周年校庆之际回母校来看看，参加母校的 60 周年校庆庆典。

西南石油大学《龙井湖捞起 2000 多斤大鱼！千余师生一同免费吃鱼喝汤！》热点内容因校园记者良好的新闻敏锐度和快速挖掘、发现的积极态度最终得到广泛传播。微信推文从受众读者出发，关怀广大校友，引起了广大石大师生的讨论，起到了建设、宣传校园文化的作用。同时在 60 周年校庆之际，此事还引起了广大校友的石大情怀，为 60 周年校庆起到了宣传作用。因此，通过本案例，我们可以得出在新媒体运营中要注意的以下几点：

一、要有良好的新闻敏锐度，善于抓热点、追热点，同时积极对外发声，制造热点；

二、在制作推送时，要注重效率，拓宽文章的深度与广度，不能局限于事件本身；

三、文章的内容要紧紧联系读者、面向读者，为读者服务，要注重在留言区与读者的互动；

四、文章应以内容为主，推送的语言风格、排版需要与内容相符，不能喧宾夺主；

五、做媒体应该做文化，作为校园新媒体，应以读者为出发点，激发读者内心深处的共鸣，起到传播校园文化的作用。

（作者：西南石油大学大学生全媒体中心 李奥华）

案例 37

献礼校庆 123 周年，致敬交大人的新高度！

▲微博话题#交大校友勇攀珠峰#

高校新媒体的运营，要善于挖掘高校的身边人和身边事，以内容为核心，抓住热点，建设有温度、有高校特色的新媒体平台。

在西南交通大学 123 周年校庆之际，83 级校友贾林昌成功登顶珠穆朗玛峰，为母校献上一份独一无二的英雄贺礼！西南交通大学的校旗第一次在高达 8844 米的白雪皑皑的世界之巅，闪亮登场！欣闻贾林昌校友预备登顶珠峰的消息，西南交大官方微博（以下简称“官微”）在第一时间开设了名为#交大校友勇攀珠峰#的微博话题，全程跟进校友资讯，为贾林昌校友祈福加油，并结合校庆热点，宣传在贾林昌校友身上展现出的具有交大特色的“竢实扬华、自强不息”的精神。

一、抓住热点，设置官微话题

正值西南交大 123 周年校庆之际，贾林昌校友攀登珠峰的消息是一份献给学校的重礼。在惊喜和感动之余，西南交大官微工作人员迅速开通了#交大校友勇攀珠峰#的话题，用于相关信息的更新，并发送预热微博，预告此次登峰活动。设置专门的话题，不仅方便大家对校友攀登珠峰情况的浏览，也有利于官微进行信息归纳，累积话题热度。

二、全程跟进，积极更新，全方位展现交大人风采

在贾林昌校友攀登珠峰的过程中，西南交通大学官微工作人员积极更新校友发回的图片资料和相关信息，记录校友攀登珠峰的行程和所见、所闻、所想、所做，数据量非常喜人。结合校庆的热点，巧妙联系#交大 123 周年校庆#话题，呼吁交大人向贾林昌校友献上衷心的期许和祝福。#交大校友勇攀珠峰#话题的微博内容来源丰富，除了转载《竢实扬华峨眉时期》快报内容，还包括贾林昌校友允许公开发出的日记和朋友圈内容。微博发布形式也多种多样，除去常规的图文模式之外，西南交大官微还使用了头条文章等方式。在校友登顶之际，西南交大官微发布了一般来自贾林昌校友在珠峰发回的电话音频，全方位展现了贾林昌校友不畏艰险的品质和为母校生日献礼的赤子真心。

图 1　话题微博

贾林昌校友登顶成功后，于 5 月 26 日上午受邀返校做“勇攀高峰，敢为人先”登顶珠峰分享会。西南交大官微全程跟进登顶珠峰后续事宜，并举办转发抽奖活动，送出校友签名照，扩大影响力。

图 2　后续事宜相关微博

三、点赞交大人，致敬交大人新高度

在更新贾林昌校友攀登珠峰事迹的过程中，西南交大官微作为官方平台，代表贾林昌校友收获了许多来自交大人的、对贾林昌校友的衷心祝福和美好期许，为贾林昌校友的攀登征程带来心灵上的温暖和陪伴。贾林昌校友不仅是在挑战自己的人生新高度，也是代表全体交大人在创造母校的历史新高度。他的事迹既令交大人与有荣焉，也催人奋进，激励更多交大人征服崎岖、开创坦途。截至目前，#交大校友勇攀珠峰#话题已经累积了将近 60 万阅读量，彰显了以贾林昌为代表的交大人风采的同时，也为交大 123 周年校庆添上了光辉璀璨的一笔。

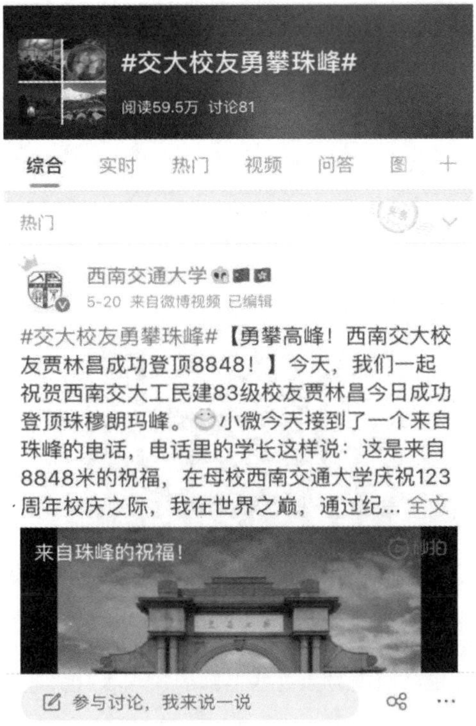

图 3 微博传播效果

挖掘交大人的优秀事迹，讲好交大人的光荣故事，做有特色有温度的高校新媒体平台，一直是西南交大官微所秉承的宗旨。通过此次内容建设，我们不仅宣传了贾林昌校友身上展现出的交大人勇攀高峰的人格魅力，也弘扬了“竢实扬华、自强不息”的交大精神。

在新媒体时代，碎片化信息泛滥，人们容易流于肤浅，为物质所惑，而忘记了最本真的美好。作为高校官微，积极发掘校友的光辉故事，不仅能引起本校师生、教职工的共鸣，也能宣传高校的核心精神，帮助高校树立积极正面的形象。

善于发掘好人好故事，发现身边人、身边事的新闻价值，寻找到身边故事的新闻价值，增强传播效果，是高校媒体建设特色媒体平台的核心内容之一，也是新浪微博“随时随地，发现新鲜事”所独具的平台特色。坚持内容为王，不仅是新媒体平台能够生命不息的关键之一，也是运营者需要秉承的宗旨和不断学习精进的技能。

（作者：西南交通大学 吴彦熹）

案例 38

校媒体引爆希望校庆“快闪”

▲微信文章《西南交大这些老师的快闪太让人吃惊了！》

一、事件概述

2019 年 6 月 16 日是西南交通大学希望学院建立十周年，为迎接校庆、为校庆造势，6 月 13 日中午，西南交通大学牵手贝贝合唱团和希望学院学子们联合组织文艺快闪活动。师生们热情激昂的歌声、优雅动人的演奏、青春洋溢的舞蹈，吸引了众多下课的同学。大家纷纷放慢了脚步，聚集在西南交通大学希望学院校门口。活动现场热闹非凡，学院党委宣传部组织官方微信、微博和抖音团队对活动进行视频录像、照片拍摄、现场采访，并于 14 日推送出《西南交大这些老师的快闪太让人吃惊了！》的文章。文章一经发出，立即成为热点话题，朋友圈的师生们纷纷转发，校友们纷纷为母校送来祝福，并表示以快闪的形式为学校庆生十分新颖、有趣。最终该篇微信推送获得 4634 次阅读量。

图 1　微信文章的数据截图

二、此次微信推文的制作心得

1. 争分夺秒，抢占先机

如今的新媒体环境，“快”是最重要的抢热点的方式。快闪活动发生时正是同学们下课午休的时间。活动举办时，党委宣传部提前策划组织摄影团队、摄像团队、记者团队对活动现场进行实时拍摄记录和观众采访，并在第一时间剪辑制作出现场的完整视频。同时制作趣味动图和抓拍精修照片，将“快闪”现场还原。此篇推送抓住了学生最想看快闪活动现场内容的时机，因此获得了很高的话题讨论度。

图 2　抢占先机，第一时间推出完整剪辑的现场视频

2. 标题醒目，引人注目

本篇推送《西南交大这些老师的快闪太让人吃惊了！》的标题十分醒目，引起读者猜想，让人想了解此快闪活动，使得整篇推送点击率增加。

图 3　标题充满吸引力

3. 活动精彩，内容丰富

首先，本次活动选择牵手贝贝合唱团，为本篇推送增加了内容上的亮点。其次，本篇推送共分为四个部分，分别为：① 牵手贝贝合唱团；② 活动现场精彩还原；③ 幕后人员采访；④ 现场花絮。通过视频、图片、动图等多样的形式展现活动现场的热闹气氛。

4. 结合校庆，提升学生关注度，升华主题

主题是文章的灵魂，内容的深度决定着宣传效果。校庆之际，校园活动的氛围、现场师生的表现，充分展现了师生们积极、热情、向上的精神，升华了主题。同时，这也是一次极佳的学校形象展示机会，进一步扩大了校庆宣传的覆盖面。网友们纷纷表示："为希望人点赞""为合唱团点赞""祝母校生日快乐"！

（作者：西南交通大学希望学院新媒体）

案例 39

校庆倒计时 100 天
——24 组新老照片对比，带你穿越 60 载

▲微信文章《校庆倒计时 100 天——24 组新老照片对比，带你穿越 60 载》

栉风沐雨满甲子，砥砺前行谱新章。西南石油大学（以下简称“石大”）60 周年校庆到来之际，学校官方宣传平台做了校庆倒计时系列的微信选题策划。校庆倒计时 100 天推送内容最终被确定为用照片展现石大 60 载峥嵘岁月。

那么，用怎样的形式去表现 60 年的变化呢？是讲述一段 60 年的故事？做一条时间轴？还是新老照片对比？经过激烈的讨论，我们确定了具体的形式——通过 H5 的形式将新老照片进行对比，并加入弹幕让校友们讲述自己的故事，这样既能表现出石大的经历与变化，同时又能引起共鸣。但这也就意味着对新老照片的相关度的要求较高。研究照片展现方法时，大家讨论如何运用对比技术让读者的感受更加真切，最终决定用时间轴移动变幻的方式展现六十年时光，再加上图片颜色的强烈对比，为读者带来视觉上的冲击。

制作过程中，我们从图片、技术、音频、推文四个方面开始进行准备工作。我们收集了大量的旧照片进行筛选，大部分照片是取景于南充校区的。为了更好地展现新旧照片的对比，我们带着模特和设备从成都去南充完成了拍摄，对旧照片的场景做到最大程度的模仿。编辑们还通过网络和咨询前辈来学习 H5 技术，整个创作团队和参与人员达到了百余人，得到了多个部门的支持。

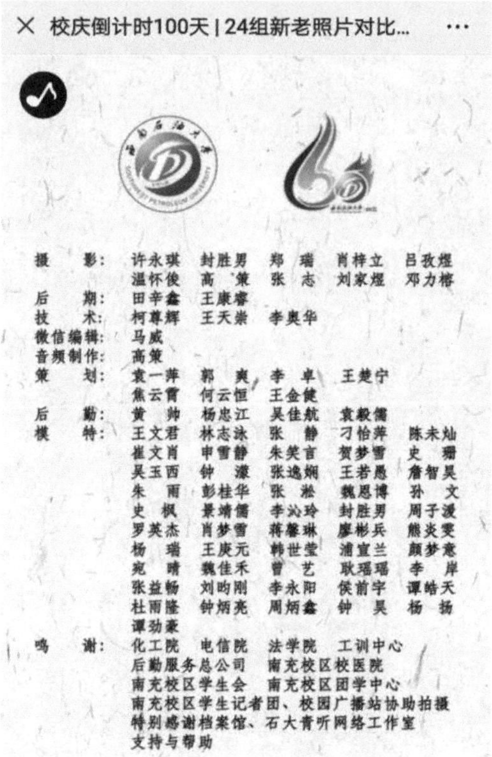

图 1　参与人员截图

微信推文短小精悍，运用简练的文字，选取了对比度较高的几组图片，迅速把读者带入回顾 60 载岁月的情境中。图片搭配文字，贴近校园生活，使文章一气呵成，顺理成章地引出了 H5 的内容以及文末的互动环节。文字富有诗意，蕴涵着时代的沧桑感，提升了文章的整体韵味。

图 2　H5 封面截图

H5 中选取了 24 组有代表性的新旧照片，有学习场景、课外活动、机关团队和环境建筑等内容，可上下滑动分割线同时查看新旧两张图片。我们还配上了自己原创的纯音乐，曲调舒缓悠扬，让读者赏心悦目的同时，回忆起与石大的点点滴滴，体会到石大的深情。

H5 末尾，我们选取转载量尾数为“60”的读者送出定制礼品，吸引广大读者转发传播。我们还开通了留言功能，不少读者留言表达了自己对母校的情感。

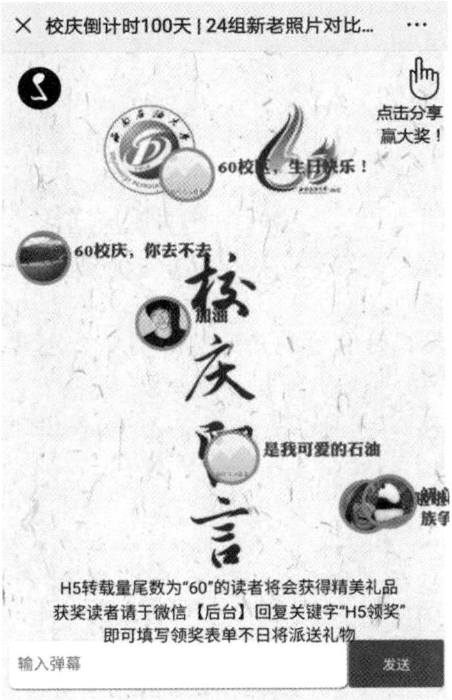

图 3　H5 留言区截图

在微博平台我们也进行了传播，并且与多家媒体进行了互动。这种发图为主的微博对图片的要求就比较高，文案则可以相对简单。在倒计时 100 天这个特殊的日子，这一系列照片勾起了校友们对母校的思念和对大学生活的回忆。

《校庆倒计时 100 天|24 组新老照片对比，带你穿越 60 载》这篇推文并没有采用传统的呈现方式，而是将石大的发展变化蕴含在图片中，运用当下较流行的传播方式——H5 带给读者一种视听享受。在甲子校庆倒计时的节点，它不仅勾起石大人的思念和追忆，也展现了石大 60 年来的变化，带领读者穿

越过往和现在的时空，烘托了校庆的氛围，吸引校友们祝福学校不断发展，大步向前。

通过本案例，我们了解了情怀与创新始终是媒体运营的重点。因此，我们总结出以下几点经验：

一、想要写出引发共鸣的文章，就要站在读者的角度考虑他们的需求，真正与读者有着共同的体验，才能把情感表现得真挚；

二、新媒体运营要学会不断创新，突破传统的排版模式，用不同的方式去表现情感，带给读者不一样的享受；

三、要注重与读者之间的交流，在文章中设置一些互动的环节，拉近与读者的距离，带动氛围；

四、多与其他媒体交流合作，借鉴学习，让自己的内容变得更加丰富、更加多元化；

五、新媒体讲究图文并茂，好的图片能抓住读者的眼球，好的文字能抓住读者的心，除了这些基本要求，还应该多结合音乐、视频等方法，丰富文章的内容；

六、新媒体运营不只是简单的新闻热点传播，还涉及沟通交流、后勤储备等，在媒体传播背后的后勤运作也要做好保障。

（作者：西南石油大学新媒体中心 马威、王天崇）

案例 40

新闻性 · 趣味性 · 育人性
——《云览一月》栏目建设的思考

云运宣传中心（以下简称“云运”）创办于2013年，取意为“孕于云端，承于交运”，是西南交通大学交通运输与物流学院唯一的官方媒体组织，也是西南交通大学最早品牌化运营的新媒体平台之一。作为交大最早一批新媒体之路的探索者，历经 6 年磨砺，云运在不断尝试与创新中，积淀了新媒体平台建设的宝贵经验。

自十九大以来，习近平总书记提出加强网络媒体的建设，加强网络媒体的传播力和影响力，新媒体发展也日益注重推送内容与形式的多元化。云运宣传中心在媒体平台内容建设的方面，也紧跟时代脚步，积极响应十九大号召，迈出了网络育人的关键一步。

图 1 《云览一月》十月新闻总览封面截图

《云览一月》便是因此而生的一个精品栏目，它以视频的形式在云运的微信公众号上推送。节目中，年轻的播报人正襟危坐，将近期的新闻大事件娓娓道来。广大受众可以借此了解校园内与学生息息相关的事件，也可以知悉专业最前沿的信息，可以掌握最热门的社会热点，也可以感受到浓厚的思政教育与学习氛围。

目前学生们大部分对于国内时事、本专业的发展趋势甚至发生在身边的、校内的大小事件漠然处之，一方面是由于同学们精力有限，对新闻时事的关注不足；另一方面，新闻事件传播方式缺乏吸引学生群体关注的趣味性。新闻在同学们心中刻板、枯燥的既有印象，不仅使大家错失许多实用信息，限制了大家的思维与眼界，也一定程度上造成青年一代社会责任感的缺失。云运宣传中心作为高校新媒体的一员，高度重视青年人网络教育的现状，肩负起服务育人的使命，模仿《焦点访谈》形式，围绕校园生活，创新性地推出了《云览一月》栏目。打破新媒体平台新闻传播的既有形式，以视频为载体，补足了传统新闻受限于文字传播的短板，大大增强其传播力，使《云览一月》兼具新闻性、趣味性与育人性，并成为云运宣传中心的品牌特色。

一、新闻性

《云览一月》栏目严格把关新闻来源，新闻均来自共青团中央、中国新闻网、西南交通大学官网等具有权威性的官方网站，并认真评判每则新闻的重要性与相关性，以我校学生为重心，拣选出最具价值、最值得关注的新闻进行推送。其内容注重全面性与多样性，注重与学生的相关性，包含学校发展、科研动向、专业前沿、传统文化、党政思想等多方面。丰富之余，《云览一月》也注重内容精简，它摒弃长篇大论，把握新闻主体，捕捉事件的重点，用精炼简洁的语言还原新闻事件本身，最大程度简化同学们获取有效信息的过程。

如果说框架与内容是根基，呈现形式则是《云览一月》的点睛之笔。为激发广大师生对于新闻的兴趣，提高新闻的可读性，栏目采用了新闻播报的方式，播报人口述每一期的精选内容，从现场录制到后期剪辑制作，融合精致并有吸引力的特效，以短视频的形式推送，提高新闻播报的质感。

二、趣味性

云运新推出的卡通形象“萌宠小云”也在第三期推送中亮相，这个拟人化的卡通形象是每一个云运人的化身，她替云运宣传中心的每一位学生媒体人发声。在新闻播报环节之后，“小云”对每期主题展开议论与总结，同学们在视频中看到的小云是活泼可爱的，她以温柔灵巧的声音对播报内容和讨论话题侃侃而谈，传达云运对相关事件、相关人物、相关现象的观点与思考。她身为学生发言人积极引导正确理念，传递出云运身为媒体组织对于网络育人的决心与用心。

“小云”的加入，使新闻以一种更温和、灵动的方式为同学们所接受，也使云运以一种更亲密、柔软的姿态融入学生群体中。她像一个轻言细语的朋友，和所有受众站在同一位置，自由地分享与议论，或抒情道意、或共勉共励，她的出现不仅提升了视频的趣味性，也体现出云运对于人性化新闻播报的追求。

三、育人性

《云览一月》也不只有播报，还用点评讲解的形式，将新闻本身的价值以及学生媒体人对其独到的解读，汇聚在每一小段视频之中。有对“中国特色”和“新时代”的自我思考，有从伟人逝去看永恒的精神，有对港珠澳大桥中交大人的奉献的敬意，也有借学生干部“官威”事件对自身组织文化的自省……有思想、有立场、有温度的见解，《云览一月》使扁平的新闻“活”了起来，真正体现出高校媒体的社会责任感。

图 2 《云览一月》节目截图

在对往期内容与形式进行反思与革新的过程中，《云览一月》汲取以往经验，去其糟粕，取其精华，在 2019 年第一学期重新出发，融合更多样化的元素，采取更新颖的形式，开辟更独到的角度。目前正在制作的第三期《云览一月》，采用了模拟焦点访谈的形式，围绕“中国制造”的主题，笑看青岛啤酒惊艳国际时尚，展望《流浪地球》开辟科幻新地，叹服川藏铁路创造工程奇迹，傲然于华为鲲鹏领航科技展翅高飞……日后我们也将延续此种模式，从不同方面搜集新闻素材，根据现象对某一话题进行分析与解读，并加入场外连线的环节，将街访的形式与现场播报相结合，线上线下、相辅相成，使新闻播报更加立体化。

《云览一月》的特色在于它发出了“自己”的声音，不止于单纯的新闻搬运，不只是新闻的复读机，而是站在学生媒体的角度发声。这也源于组织内部的精细策划与运营。每一则新闻的选择、每一个话题的提炼、每一个观点的形成，都融入了栏目制作者的思考，对新闻事件的解析和学生自我独立的理解，都经过反复打磨、字斟句酌，力求体现新闻的真实性、教育性、思政性，传达出云运作为高校媒体的社会责任感，同时向广大师生乃至社会大众，传递极富正能量的价值观。

《云览一月》栏目策划至今，仍在持续不断地完善与发展，在创作中思考，在思考中进步。从初试牛刀到渐入佳境，《云览一月》现在的定位是实用性明显、趣味性强、传播度广、技术性高、思政性突出的新闻栏目。现阶段取得的效果十分明显，三期总浏览量达 1837 次，初具规模。后期还将不断推广，与外校合作，运用视频播报形式诠释校园新闻动态，让更多人听见校园媒体的声音，打造为师生期盼的优质栏目，不断丰富校园文化内涵，营造创新性的思政育人氛围。

（作者：西南交通大学交通运输与物流学院云运宣传中心）

案例 41

学霸寝室：在日常大学生活中寻找榜样力量

▲微信文章《“国际”寝室？香樟 518！》

2018 年 6 月毕业季，成都理工大学官方新媒体发布《“国际”寝室？香樟 518！》，此文章一经推出，短时间内阅读量达 1 万次，视频浏览量达 1.4 万余次，同学们纷纷在评论区火速留言：“大片儿即视感”“不想毕业”“我们寝室也很优秀，快来采访”“向学姐们学习”等。

寝室，是学生在大学里的一个“家”。该推文选取大学生活中重要的剖面——寝室生活，作为创作主体，既能够唤起毕业同学对校园生活的回忆，又便于塑造成理学子在大学学习生活中的榜样。

“学霸寝室”是成理毕业季宣传的保留项目，每年选择拍摄对象时，拍摄团队会从学习成绩、毕业发展、寝室关系等方面综合考虑。经过反复对比，2018 年我们的拍摄对象确定为外国语学院翻

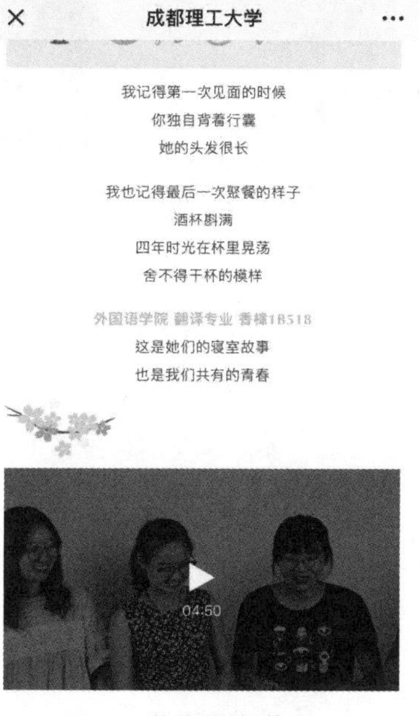

图 1　微信推文截图 1

译专业香樟 518 寝室。此视频分为三个部分，第一部分以几位毕业生的英语自我介绍开始，更好地体现其翻译专业生身份。第二部分对寝室内各人所扮演的“角色”进行问答，如谁是寝室主心骨、谁是寝室劳动力等，以此向粉丝传达寝室生活细节，以塑造更立体化、生活化的形象。第三部分为用剧本方式浓缩演绎大学四年时光，从大一刚到学校报道向保安叔叔询问寝室园区的位置，到一起庆祝第一个 19 岁生日；从一起在寝室熬夜学习，到在校园穿着学士服留影……无数个鲜活的生活画面让观众觉得仿佛她们就住在隔壁。

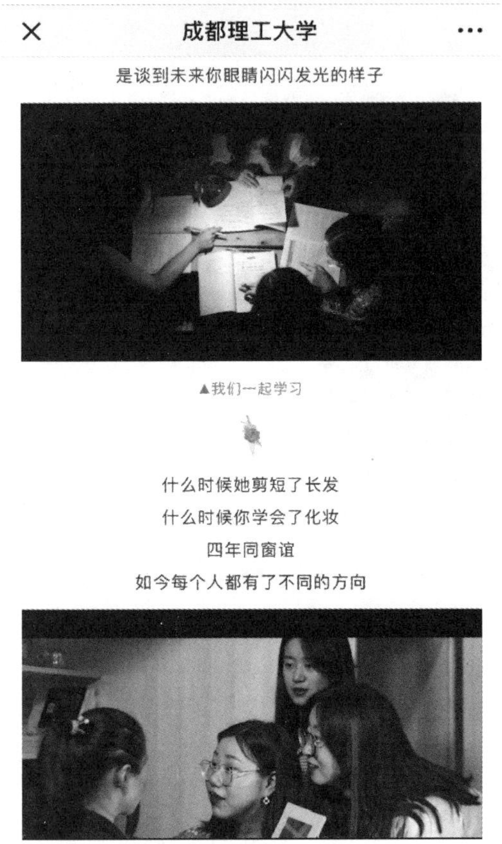

图 2　微信推文截图 2

本视频用熟悉的大学生活环节、节奏将“粉丝”带入“共情”状态，并在他们成长过程中的关键选择上给予潜移默化的正向引导，以期在所产生的良好结果上引起“共鸣”，最终完成“榜样力量”的传递。寝室生活是大学十分重要的一部分，相互促进的学习生活、团结友爱的寝室氛围一直是同学、老师和家长所期待的。相比学校老师对这点的反复强调，用新媒体形式的视频对同学们潜移默化的引导更为有效。选取优秀寝室典型进行展示，也是对学校软实力的一种宣传，“学霸寝室”也成为校友、学生家长、高三毕业生等社会各界人士了解成理的另一个途径。

案例 42

校园正能量传递：一枚党徽、一封励志信，这位“学姐”好有心

在 2018 年开学季，西南交通大学希望学院 2018 级新生罗娇莹在寝室衣柜发现了一封信，信里是来自毕业学姐的叮嘱：“多去参加一些社团活动吧，这会让你快乐起来。”“不要懒惰，不要嫌弃。”“把党徽放在这里，希望你能成为党员，成为优秀毕业生！”来自毕业生的一封“致后辈的一封信”，满满的一页字、精美的信封、鲜艳的党徽，饱含学姐对新生的大学生活的建议和希冀。学姐通过分享亲身经历，让新生备受鼓舞。西南交通大学希望学院发现这一热点后，迅速与该名大一新生取得联系、进行采访并写出此次事件的新闻报道，引发@共青团中央和@四川共青团的重点关注，@共青团中央推送了《#开学季#这封“学姐”的信，送给每个即将开学的你们》的微博推文，@四川共青团将《一枚党徽、一封励志信，这位“学姐”好有心》的推文置顶，使此新闻得到极大面积的关注和转发。这是高校新媒体结合平台优势发现话题、助推热点的典型案例。

图 1　信封封面及信中内容

“学姐”的这一纸之言给即将开启新生活的“后辈”带来启迪和影响，架起开学迎新季和毕业季这两个拥有别样情感的阶段之间的桥梁，引发同学们极大共鸣，更受到@中共团中央、@四川共青团、@共青团青白江区委、@共

青团金堂县委、@太原共青团、@泸州青年、@雅安青年等近 30 多家媒体的转发与宣传。

图 2　事件转发

在这个案例中，西南交通大学希望学院在开学季节点，准确把握热点，抓住受众关注点，针对广大新生在即将入学时对大学生活的期待和迷茫，宣传学姐的一封暖心的信，将毕业对大学生活的收获、希冀、遗憾进行分享，传递出的不舍之情不仅引发已经毕业的学生的共鸣，更是对新生入学的极大鼓舞和指引，收到了良好的传播效果。该新闻在微博的传播，更引发了广泛关注。

（作者：西南交通大学希望学院新媒体）

案例 43

西安交通大学：以“融媒体+”构建“爱国奋斗新时代建功立业正当时”西迁精神主题宣传工作案例

▲H5 产品《我是新传人！第××张交大西迁乘车证已生成！》

▲微信文章：《西安交大，为世界之光！为世界之光》 ▲微信文章：《西安交大，为祖国歌唱！》

2018 年新年前夕，习近平总书记对西安交通大学 15 位老教授来信做出重要指示，并通过 2018 年新年贺词再次肯定“西迁精神”，指出“幸福都是奋斗出来的”。2019 年 9 月，中宣部等授予西安交通大学“西迁人”爱国奋斗先进群体新时代“最美奋斗者”称号。

西安交通大学以“融媒体+”宣传方式开展“爱国奋斗新时代 建功立业正当时”西迁精神宣传报道。截至目前，共开发 6 个新媒体产品、推出 18 类西迁主题校园文化创意产品、开设26个专题栏目、发布2 100余篇报道、总阅读量超过5 100万人次，构建了强内容、多类别、广覆盖的西迁精神宣传格局，让西迁精神宣传工作“动起来”“活起来”“火起来”，引领师生、校友、社会人士凝心聚气、同频共振、爱国奋斗。

一、系列、专题、全景的新媒体报道“有亮点”

一年来，西安交通大学在官方微信、微博、今日头条等五大新媒体平台推出系列、专题、全景化西迁精神主题报道。其中，微信平台推出《西安交大，为世界之光！为世界之光！》视频互动文章，阅读量达31万次；微博平台推出“西迁日历”等18个话题，通过高清直播、短视频直播等方式直播“西迁人”爱国奋斗先进事迹报告会等活动共30余次。

图1 微博话题《西迁日历》

二、科技、互动、潮流的新媒体产品“有创意”

西安交通大学立足“前沿科技+思想宣传”，发挥新技术能力与优势，开发具有新颖性、创意性、互动性的新媒体产品，总阅读量、使用量超过50万人次。其中，基于人工智能技术（AI）的新媒体H5产品《我是新传人！第××张交大西迁乘车证已生成！》利用人脸识别技术，实现用户上传个人照片即生成用户专属的交大西迁乘车证；开发“西迁达人赛”答题闯关微信小程序，实现用户答题闯关、获取电子证书及全球排行榜等功能。为期一周的第一期活动总访问量超过13万人次，访问峰值达到每分钟超过300人。

三、暖心、有趣、生动的新媒体文创产品“有活力”

西安交通大学开发西迁精神“线上产品+实体产品”，打通新媒体传播“最后一公里”。原创设计 18 类西迁主题校园文化创意产品，让爱国奋斗宣传教育工作春风化雨、润物无声。基于增强现实技术（AR）的“西迁乘车证 U 盘”获得“2018 国际创业大赛高校文创项目大赛商业新星奖”“首届大学生动漫文创嘉年华高校文创项目路演大赛最具商业价值奖”等。

（作者：西安交通大学 张玥）

案例 44

闪亮停电雨夜：因事而化，校园新媒体助推“西政精神”

▲微信文章《昨夜，西政人自强不“熄”》

习近平总书记在全国高校思想政治工作会议上指出：“思想政治工作从根本上说是做人的工作，必须围绕学生、关照学生、服务学生，不断提高学生思想水平、政治觉悟、道德品质、文化素养，让学生成为德才兼备、全面发展的人才。”这为高校开展思想政治工作指明了方向。西南政法大学（以下简称“西政”）牢牢把握这一工作方向，抓住停电雨夜这一契机，总结此次事件中师生的反应，在校园新媒体平台上发布网络推文，弘扬社会主义核心价值观，传播西政精神，引发师生校友和众多网友的大规模关注、讨论和共鸣，收到了良好的思想政治教育成效。

一、事件概述

2018 年 3 月 29 日晚 19 时许，由于校外高压电缆故障，西政校园大面积停电。学校党委宣传部迅速组织官微团队连夜赶制推文，于 30 日 6:30 在学校官方微博、官方微信同步发出《昨夜，西政人自强不“熄”》。推文一经发出，立即引爆朋友圈。众多网友称看了之后“泪目”，评论数超出微信前台所能展示的最大条数。微信浏览量突破 10 万次，朋友圈分享 6506 次，点赞数为 2273。

官方微博阅读量 3.1 万。同时，该条推文引起新华社、华龙网等国家级、市级媒体关注，新华社客户端在重庆频道头条发布《停电之后，他们这样自强不“熄”》，浏览量突破 50 万。华龙网发布《西政突发停电：师生“淡定”上课、“自强不熄”火了朋友圈》。

二、制作此次网络推文的实践探索

1. 争分夺秒、抢抓“爆点”

在新媒体环境下，领“先”者胜。学校夜里大面积停电实属罕见，更何况停电发生时教学、讲座、自习都在进行中。党委宣传部敏锐地抓住这个新闻点，组织官微团队迅速通过 QQ、微博、微信、电话等各种线上线下方式搜集师生们在面对停电时的反应。结果令人欣慰，教学、讲座、自习都没有因为停电终止。此外，还涌现出许多感人事迹。这样的内容很容易引起受众高度关注。因此，这是一次绝佳的思想政治教育机会，也是一次绝好的学校形象展示机会。当晚，官微团队精干力量争分夺秒，连夜赶制推文，迅速发布，抓住了传播的最佳时机，“引爆”朋友圈。多位网友在评论中为官微团队的反应速度“点赞”。

2. 主题升华、突出“燃点”

主题是文章的灵魂，内涵丰富、深刻的推文更能提升宣传、教育的效果。停电雨夜学校领导、师生员工的表现充分展现了大家的责任感和良好的教风、学风。但如果仅仅以责任感、教风、学风作为主题，对主题的挖掘就停留在浅层次。如何把这些特质串联起来，丰富此次推送的内涵，升华主题呢？在 60 多年的发展历程中，西政人筚路蓝缕，“心系天下、自强不息、和衷共济、严谨求实”的“西政精神”早已内化于心，成为西政人的共识和内心的追求。此次停电雨夜中西政人的表现，非常切合“西政精神”的主题。所以我们将特质提炼为“精神”，突出西政人的自强、自律、镇定、友爱，升华了主题。事实证明，这一升华也很好地抓住了“燃点”，引起了网友内心的强烈共鸣。网友评论：“这条推送有点‘燃’”“这是我们西政人内心的坚守”“为西政精神点赞”，也有不少家长留言表示理解了自己的孩子为何执着于报考西政。

3. 凝聚情感、潜藏“泪点”

“以情感人”，最易引发共鸣，产生良好的宣传效果。在推文的最后一部分，我们专门制作了一个版块“温情点亮黑夜”，描述了老师们打开车灯，为同学们照亮前行路；职能部处工作人员、辅导员不断安抚学生；宿管站在门口，点亮蜡烛为学生照明；学生在宿舍吹萨克斯、弹吉他等场景。此外，在推文前面部分的描述中，也不动声色地嵌入了一些场景，如“讲座在继续”部分提到“在场的老师都站在两侧听完了讲座，把座位留给了同学们”，再加上停电雨夜老师们对课堂的坚守、学生们对自习的坚持，这些温情时刻很好地凝聚了情感、打动了人心。在评论中，不仅不少学校的师生、工作人员、学生家长说“看哭了”，也有校外网友表示：“作为一个外校的，看完这篇推送也差点泪目。”

4. 雕琢细节、成就“特点”

“细节决定成败”，在这条推文的制作过程中，我们虽然一直在抢抓速度，但丝毫没有放弃对细节的雕琢。一是在标题的选用上，首先是巧妙地运用要表达的主题“自强不息”的谐音自强不“熄”，表现西政人在因停电而“熄灯”后奋斗却没有止息。其次，加入时间元素“昨夜”，激发受众阅读兴趣；最后，使用陈述式主谓短句，更加利于传播。二是在文字的编撰上，巧妙地在文章的首尾这两个重要部分化用校长在2015届毕业典礼暨授位仪式上的致辞《西政人当自强不息》，如文末：“西政人相信：自强不息是坚持的力量，任凭条件的变化、时光的冲刷，依然能聚合成巨大动能，所向披靡。”富有感召力的文字画龙点睛、直击人心。三是在版式的选用上，我们摒弃华丽复杂的版式，用多张大图的形式以最大限度地呈现图片效果，很好地抓住了受众的兴趣点，形成了强烈的视觉冲击，达到了最好的表达效果。

三、经验和启示

1. 思想政治教育要聚焦“三全育人”

高校要遵循教书育人规律、遵循学生成长规律、遵循思想政治工作规律，努力实现全程、全员、全方位“三全”育人的大思政工作格局，着力培养德智体美全面发展的社会主义建设者和接班人以及担当民族复兴大任的时代新人。在停电雨夜，教师坚持课堂教学，学生坚持自习；教职员工主动打开车灯为学生照亮前行的路；职能部门工作人员争分夺秒抢修线路；辅导员随时告知进展，不断安抚学生；宿管手持蜡烛，站在门口为学生照亮回寝的路……这些充分体现了“全员育人”的精神。而利用停电雨夜的契机，推送富有正能量的文章，达到了思想政治教育效果，也是“全过程育人”的一次成功尝试。利用校园新媒体平台这一载体，营造良好的校园文化氛围，将思想政治教育寓于其中，是“全方位育人”的重要体现。

2. 思想政治教育要有亲和力、感染力

习近平总书记强调，提升思想政治教育亲和力和针对性，满足学生成长发展需求和期待，是新形势下提高高校思想政治工作实效性的关键。本次推文选取的是发生在师生周围的身边事，此次推文中感人的人物与场景，充满号召力、影响力、激昂向上的文字，都能产生强烈的感染力、凝聚力。在众多网友的评论中，“泪目”“感动”“骄傲”“暖心”等字眼，就是强烈的感染力充分发挥思政教育实效的体现。

（作者：西南政法大学 吴洁）

案例 45

迎新季官博只做一件事：推销自己
——西南交通大学官博#高校种草大赛#话题运营

这个夏天，微博最火的活动一定就是微博校园与人民日报一起举办的#高校种草大赛#。

随着暑期招新迎新季的到来，各大高校也意识到抓住本次大赛宣传推广本校的重要机会。那么如何在此阶段更好发挥高校自媒体平台的宣传吸粉功能？如何更好地展现本校鲜明特色，增强粉丝与官方微博互动的意愿，树立高校的良好形象呢？其实，迎新季只需做一件事——“推销”自己。

西南交通大学官方微博（以下简称“官博”）在本次大赛中表现突出，话题上线以来官博阅读量超过 740 万。为了展示出西南交通大学的实力，官博小编从校园宣传语、校园风景、校园美食、校园人物等方面策划、搜集、整理素材，不遗余力地展现出我校的特色。

一、高校宣传语

志在凯旋战征途，
愿将此身试熔炉。
就餐准时是希冀，
填空全对为祝福。
西蜀名校院士现，
南川宝地才人出。
交通竢实扬华梦，
大风巨浪又何如！

在 2019 级高考考生高考成绩即将公布之际，官博结合当下流行的“椰树”海报风格，运用藏头诗，配以幽默风趣、更贴近官博粉丝心灵的广告词，让此条微博更具生动性、活泼性，充分展现了西南交通大学官博招生宣传的热情，激发了粉丝的阅读兴趣，拉近了与“潜在粉丝”们的心理距离，从而起到一种良好的互动氛围与效果。

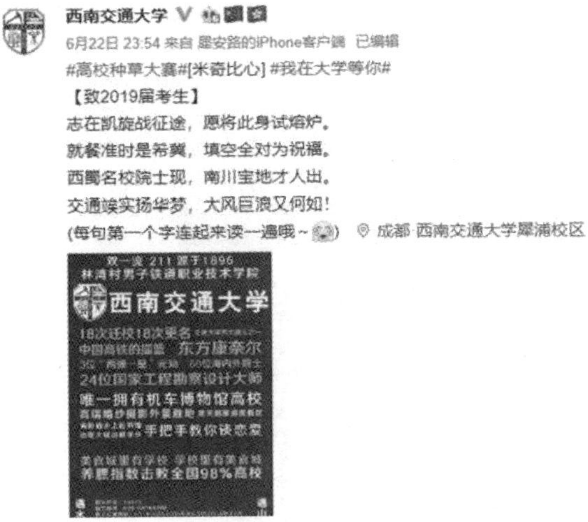

图 1　西南交通大学微博截图 1

二、校园美景

西南交通大学拥有一校两地三校区，校园风景美如画。

峨眉山麓，府南河旁，九里风清犀浦明月朗。犀浦的姹紫嫣红，九里的湖光水色，峨眉的 5A 级风光。“我在犀浦赏花，窥得花如雪；你在峨眉品霞，观得霞似金。”三个校区虽然被距离隔开，却依然有很多相似的地方，当我们目光汇合，则三种美色合成了一种绝色。同一纸通知书、同一个交大梦，官博选用三校区具有代表性的绝美风光，目的就是想让新生从四面八方前来报道之前，感受三校区美景，让他们印象深刻、难以忘怀，不悔入交大。

三、校园美食

民以食为天，美食是每个人生活中不可或缺的一部分。食堂是“亲吻”交大的第一站。食堂永远为大家提供最洁净的饮食环境、最健康划算的饮食搭配和最完善的服务。无论新老交大人身在何方，将去何往，带不走的牵挂始终有这么一份“交大味道”。很多同学感叹，很多食堂菜品都没有品尝过，自己是吃了一个“假”的食堂。所以官博推出“交大性价比最高的食堂美食”策划，收集学长学姐中肯意见，向新生们强烈推荐人气高、味道美、评价好的几款美食。现场购买、试吃、拍照，同时标记每道菜品的价格，让食堂美食一目了然，很是诱人。“给我一个孩子，还您一个胖子！”这不仅让新生对交大生活充满期待，同时也加强了家长们对学校的信赖与认同感。

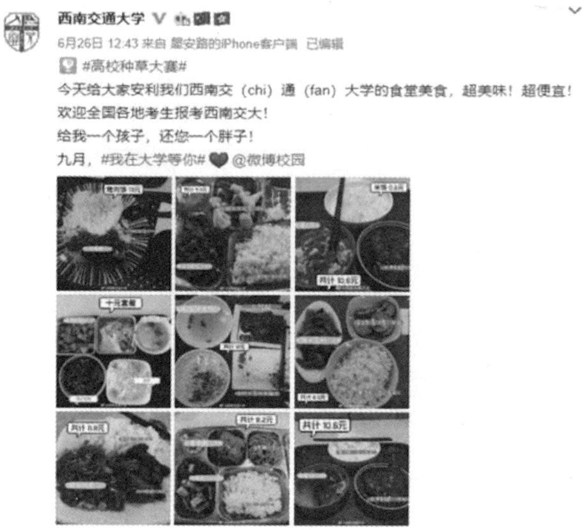

图 2　西南交通大学微博截图 2

四、校园人物

“大家好，我们是西南‘颜值’大学！”

与以往不同的是，西南交通大学官博在暑期迎新季的宣传中并没有选择聚焦于教学求学过程中交大涌现出的迎难而上不断奋进的优秀典范，而是将切入点放在了校园的“男神女神”身上。通常来说，新生们对优秀学长学姐的“颜值”的好奇心与关注度颇高。一方面，官博想推翻“理工科学校的女生不会化妆”“成天被学习折磨”刻板印象，营造出一种极美的画面——“熹微的光落到你的脸上，微风亲吻你的秀发，你在整理发丝，而我在确认脉搏”。另一方面，官博也想告诉男生们，在交大不论你是在球场恣意奔跑、在图书馆潜心阅读、还是在实验室专注研究，拥有一颗上进、求知、真诚的少年之心，定能活出青春最帅气的模样。

五、创意动图

“看过来看过来！欢迎报考我们四川·竢实扬华·自强不息·大学！来这里，一校两地三校区，5000 亩校园风景如画；来这里，你选择的是治学严谨、文化浓郁，设施条件全、风景靓美食香；选这里，你选不了吃亏，选不到后悔！风里雨里，我在西南交大等你！”

图 3　西南交通大学微博截图 3

“大家好，我们是西南‘火锅’大学！”

西南交大不仅有着登顶热搜的网红通识课，“涮着火锅就把学分修了”，而且校内校外火锅店数不胜数。该组图将“西南交通大学欢迎你”与各式各样火锅动图结合，生动形象，极具创新性、诱惑力。此条方案收到了很好的效果，引起了大家对成都、对交大的美好憧憬。

六、街　访

“来看 Swjtuers 花式夸交大，你读懂其中的套路了吗？快接受这一发‘安利种草’吧！”

官博采用街访形式，在学校里采访了一些来自各个年级的同学们，对交大的衣食住行、学习生活以及他们的未来规划进行了采访，用街访这种形式，真实可感地带领新生进一步了解交大的具体情况，让新生更信赖交大。

新媒体时代下，官博需要在最优时机下学会“推销”自己，这不仅能拉近与粉丝的情感距离，还能在此阶段更好发挥高校自媒体平台的宣传功能，更好地展现本校鲜明特色，树立高校的良好形象。所以，迎新季的官博只需做一件事——推销自己。这不是一种过度娱乐化的行为，而是真正“走心”、真正从新生角度出发的妙策。

（作者：西南交通大学 王靖宇）

案例 46

东北大学：用心呵护字节旋律，用意体味字节音符

2017 年 11 月 1 日，一支名为《世界再大，大不过一盘番茄炒蛋》的广告突然在朋友圈“刷屏”，转发的朋友们纷纷表示：“看到飙泪，不知不觉就泪目了。”故事内容是一位出国在外的留学生，想在同学面前露一手，于是向大洋彼岸的母亲求助，最后留学生做出了满意的番茄炒蛋。然而留学生忽略了中美两地的时间差，实际上留学生的母亲是在深夜为儿子教学。这篇文章令人深深感动，一时间轰动了网络。

是的，细微的点睛之笔会在不经意之间进入每一个人的心窝。这就是新媒体时代的魅力所在，用心呵护新媒体时代跳入眼球的每一段字节旋律，用意体味新媒体时代走入心里的那些字节音符，原来，心意会转化为暖暖的心情。这，就是运营新媒体的“应有状态”。

一、齐“心”协力，凝聚新媒体运营理念

多元媒体交融，人人都是“麦克风”的融媒体时代，东北大学（以下简称“东大”）新媒体团队的首要任务就是解放思想、开拓创新，凝聚新媒体运营主题和思路——广兼精、新搭旧、内联外、微搏大。

1. 广兼精

这主要是针对新媒体粉丝管理而言。东大新媒体坚持从大处着眼，在广泛凝聚粉丝的基础上，再细分受众，根据分众构成及特点，策划制作推送不同内容，满足不同层次用户的信息需求。

2. 新搭旧

这主要是针对新媒体和传统媒体融合发展而言。媒介融合不是简单的内容搬家式的“物理聚合”，而是要激发 1+1>2 的“化学效应”。因此，东大新媒体通过整合学校现有媒体资源，包括报纸、电视、广播、网站、微博、微信、移动客户端等，打造全新的融媒体平台，实现内容的多渠道传播，建立

“一材多用”的新局面。既规避传统媒体传播速度慢的弊端，也解决了新媒体报道深度不够的短板，从而达到快捷方便、深度互动的宣传效果。

3. 内联外

这主要是针对运营模式而言。东大新媒体以服务学校发展为根本，内聚人心，外塑形象。对内尽可能多地将校内不同层次的新媒体集聚到一起，形成矩阵；对外尽量多地与各类主流新媒体保持良性互动，共同策划选题、举办活动、互推内容、互利共赢。

4. 微搏大

这主要是针对运营效果而言。东大新媒体结合新媒体信息传播的滚动式、细碎化、情绪型等特点，将宏观话题做微、将主流内容做亲，提升内容的亲和度，提高粉丝的体验感，达到传播校园好声音，传播社会正能量的目的。

二、入“情”入理，提升新媒体核心竞争力

入情入理，理念指导行动，在实际工作中，东大新媒体不断摸索，改革创新，形成了专属的工作方式方法，主要体现在以下五个方面：项目管理，量化考核；内容为王，形式为皇；树立品牌，整合推广；创意领航，团队支撑；服务师生，专注文化。

1. 项目管理，量化考核

东大新媒体的工作模式是项目制的运营模式。所谓项目制，就是以项目的策划与实施的全过程为工作核心，以项目预期目标的实际完成情况为考核内容，根据考核结果对项目负责人及项目团队予以评价和奖惩的一种管理模式。东大新媒体会根据项目组的实际工作情况给予评价和奖励，奖励主要分为阶段性奖励和年终奖励。

2. 内容为王，形式为皇

无论是报、社、台，还是网、端、微，内容永远是根本，融合发展必须坚持内容为王，以内容优势赢得发展优势。新媒体工作室实行工作例会制度，每周召开例会，讨论策划下一周选题及具体制作内容。在确定主题内容的基础之上，进一步确定展现形式。形式方面追求动静结合的多媒体化制作效果，善用图文、图表、音频、视频等多媒体传播方式，以多样化的形式开展宣传，实现从可读到可视、从静态到动态的升级融合。

3. 树立品牌，整合推广

品牌建设要在粉丝心目中树立独一无二的地位，赢得受众对相关信息和服务的高度认可和充分依赖。东大新媒体注重品牌建设，通过树立品牌，打造文化新标杆，不断扩大东北大学优秀校园文化的渗透力、覆盖面和辐射度。东大新媒体已确立官微标识和微形象“东东”“贝贝”，并广泛应用于各类相关宣传活动中。东大新媒体还通过庆祝生日，不断推进其在粉丝心中的独特地位。

4. 创意领航，团队支撑

创意是新媒体运营的灵魂。实现高的阅读量和广的传播度，唯有创意领航，才能赢得传播。因此，东大新媒体工作室的核心工作就是想创意。同时，创意的落地需要团队的支撑，文本、图片、音频、视频的编辑、校对、审核、发布是环环相扣的，流程化的运营是团队支撑的结果。

5. 服务师生，专注文化

东北大学新媒体将服务师生需求与文化传播相结合，设计了诸多方便实用又彰显文化特色的平台项目。初识东大、聚焦东大、校史微馆、文化沈阳、生活服务信息查询等功能栏目，深得订阅用户的喜爱。

三、真心诚“意”，新媒体建设实现“弯道超车”

东北大学新媒体在运营微博、微信、头条号等新媒体平台的过程中，真诚“走心”，起步虽晚，但宣传效果突出，实现了“弯道超车”。东大官方微信现已拥有粉丝 18 万，年发布图文数量 290 余条，图文年阅读人数累计 370 余万。官方微博拥有粉丝 21.8 万，年发布图文数量 5 000 余条，总转发次数 11 万余次，总评论数超 7 万，全年阅读量约 1.5 亿。东北大学头条号年发布内容 719 条，头条号指数 626，总推荐 1 406 万次，总评论 1 365 次，总阅读 121 万次。虽然东大新媒体的粉丝量并不大，但是粉丝的质量非常高，黏性特别强，在高校新媒体排名中整体实力均比较靠前。

融媒体时代，高校官方新媒体既要进行思想融合、技术升级、内容创新，更要对学校旧有的宣传思想工作运行机制和管理体制进行调整和重构，破除制约融媒体时代高校宣传思想工作发展的体制机制障碍，为融合发展提供坚实保障和有力支撑，实现华丽转身。

2013 年，东北大学官方微博荣获 2013 年度教育官方微博影响力奖；2014

年，东北大学官方微信荣获 2014 年度教育系统官方微信创新奖；2015 年，东北大学官方微博荣获“2015 全国最具影响力教育官微”；2016 年，东北大学荣获 2015 年度教育系统新媒体综合力十强、“中国大学最具影响力新媒体十强”；东北大学官方微信获“全国高校优秀网络栏目”奖，官方微博获“全国高校优秀网络栏目”提名奖；东北大学荣获今日头条“高校新媒体先锋”称号；东北大学官方微信获教育部中国大学生在线 2016 年度“全国高校优秀网络栏目”。东北大学官方微博获教育部中国大学生在线 2016 年度“全国高校优秀网络栏目”提名奖。2017 年，东北大学荣获 2016 年度教育政务新媒体领先奖。在 2017 年教育部直属高校新媒体排名中，东北大学官方微信和官方微博均排名第九，新媒体综合排名第九，荣获 2017 年度教育政务新媒体优秀奖。2018 年，东北大学荣获新媒体优秀奖。

（作者：东北大学 李家祥）

案例 47

成中医版《知否知否》：用温暖与情怀打造爆款

▲成都中医药大学版《知否知否》

成都中医药大学（以下简称“成中医”）新媒体中心隶属于学校党委宣传部，是一个由专业老师领导、学生辅助，师生共同管理的校级组织，其下有微博部、微信部、抖音部和如也摄影工作室四大部门。作为学校官方资讯发布的第一平台，新媒体中心凭借对资讯的精准报道、生动多变的展示方式与和善近人的沟通态度，赢得了全校同学的尊重与喜爱。

六月，是离别的季节。时光如白驹过隙，大学生活终将散场。作为一个具有人文情怀的校级媒体平台，新媒体中心能深切感受到毕业生们对母校的眷恋与不舍。出于对这份感情的珍惜与理解，近几年来，新媒体中心坚持在毕业季为毕业生们写歌，把离别愁绪写进歌里，唱给大家听。从 2018 年《声声慢》的“霜寒衣承泣，迎春又一季”到 2019 年《知否知否》的“试问杏林人，皆道岐黄不朽”，新媒体中心创作的毕业歌作品获得了老师同学们的一致好评。特别是今年，成中医版《知否知否》有幸被人民日报“翻牌”，意外“出圈”。直击人心的歌词、动听悦耳的旋律引出了人们的离别愁绪，引起了校内外的热烈讨论。

一、创作理念

6 月底，离别季节，成中医的校园里，放起了这样一首歌——《成中医版知否知否》。

“涌泉风满襟袖，绿枝愈显温柔。世纪钟楼水静流，映入你眼眸。”

“一册本草读透，医学圣堂守候。漫步诉尽别离愁，是分舍时候。”

“试问杏林人，皆道岐黄不朽……”

成中医版《知否知否》改编自 2019 年的大热歌曲《知否知否》，原歌优美中又夹杂着忧愁的韵律很适合用来被改编成毕业歌曲。如果说，优秀的原曲为成中医版《知否知否》的“爆红”打下了基础，那极具古风韵律且写实的歌词更是直击人心的关键。

“涌泉湖”“世纪钟楼”“百部桥”等学校经典景点被写进歌里，让毕业生们回忆起了自己匆匆已过的大学生活。涌泉湖水波轻荡，世纪钟楼静立湖中央，百部桥旁绿枝低垂……熟悉的景色在眼中、脑中一遍遍闪现，勾起一腔离愁。

作为一所医药类大学，成中医以中医药专业见长。学校希望不管毕业生们去往何方，即使前方道路再艰难，也能在别人“试问杏林人”的时候，道一句“岐黄不朽”。

6 月 17 日，毕业晚会，成中医版《知否知否》首发。极富古韵的旋律与歌词吸引了全部毕业生的注意。

6 月 22 日，成中医四大官方媒体平台——官方微博、微信、QQ 和抖音统一发布了成中医版《知否知否》，四大平台联动发布，立刻点燃了同学们的热情。

二、强烈共鸣

成中医版《知否知否》一经发布，就获得了如潮的好评。毕业生们大呼感动，低年级的同学们也感慨万千，祝福学长学姐一路珍重的同时，也愈发珍惜自己的大学时光。

离愁的季节与别离的歌，勾起万千感慨涌上心头，千万句话到了嘴边，却还是那几句不舍与珍重。众多毕业生纷纷留言，开始回忆自己的大学生活。从铺满银杏的一环路讲到绿枝温柔的百部桥；从和善温柔的寝室阿姨讲到眷恋不舍的同寝同学。别离的愁绪因为歌而不断发酵。大家都想起，只有离开母校的那一刻，才能真正意识到母校是那么的好。

新媒体中心把离愁写进歌里，再把歌唱给所有人听。只是希望在离开学校以后，成中医的毕业生们会时常回忆起，那个温柔美丽的校园、那段匆匆却美好的时光和那些为他们写歌的人。

三、“引爆”网络

成中医版《知否知否》一经发布，就大获好评，官方微博、微信和抖音平台均收到许多积极的反馈，官方微信阅读量 2.4 万，官方微博阅读量 89.8 万。

图 1　成中医版《知否知否》好评如潮

6 月 24 日，下午 3 点，人民日报转发了成中医版《知否知否》，此视频得到了更广泛的关注，阅读量 441 万。

图 2　人民日报转发成中医版《知否知否》

紧接着，人民网、共青团中央、紫光阁、环球时报等官方微博账号先后转发成中医版《知否知否》，歌曲“大爆”，各地共青团、官方号紧跟步伐，先后转发成中医版《知否知否》，引发了校外各界人士的积极讨论！

歌曲把所有人都带回了六月的离愁季节，在这个毕业的季节里，新媒体中心将离别的歌唱给了成中医的师生们听，也成功唱给了全国的人听！

今朝觅汝携手
始觉同窗依旧
试问杏林人
皆道岐黄不朽
知否，知否
相伴暮昏晨昼

7 月 6 日，在第二届中国中医药新媒体中心传播峰会暨中医药全媒体发展研讨会上，成中医版《知否知否》荣获“2018-2019 年度中医药行业新媒体传播优秀案例第三名”，成中医版《知否知否》的改编，句句意蕴深厚，获得了无数同学的喜爱及官方机构的“点赞”。

图 3 成中医版《知否知否》获奖

四、总　结

成都中医药大学新媒体中心，一直致力于打造一个有情怀、有温度的媒体平台。本次成中医版《知否知否》的爆火，也得益于中心平日里的兢兢业业与毕业季时对毕业生们心情的细腻观察。对很多人来说，毕业季是大学生活的终点，也是社会生活的起点。这段转折的时光，值得每一个人去铭记，去回忆，去珍藏。

成中医版《知否知否》的创作理念也是如此，去帮毕业生们回忆、记录他们的青葱年少时光。同时，也希望每个成中医人都能成为一个温柔而又坚强的人。少年人，长歌伴行，不畏前方！

（作者：成都中医药大学新媒体中心）

平台运营篇

是传播更是交流，架起双向交互的桥梁

新的媒介形式为我们提供了新的沟通方式，传播不再是单向的灌输，而有了互相交流的渠道。交流与互动是平台受众好感度提升的重要途径，一键直达式的便捷服务也是新媒体新平台的一大意义。加强平台建设，提供受众所需的便捷服务；转换传播者视角，架起双向沟通的对话桥梁。

案例 48

小事碰撞大火花　官微运营有妙招

▲西南交通大学官方微博

我们现在正处于新媒体时代，碎片化阅读成为人们最常有的阅读状态，具有极强交互性与即时性、海量性与共享性、个性化与社群化特点的微博应运而生。微博成为当代网民的必备软件，也是网民搜索身边新鲜事的“引擎”。在新媒体时代下，微博的传播力更广、更大，它已经突破原来的单纯的“媒体＋社交”的平台定位，成为一个以用户兴趣、开放关系、移动使用为特色的媒体平台。作为官微运营者，我们需要学会“蹭热度”，要有发现身边新鲜事的能力。利用微博平台的优势来打造良好学校形象。

作为高校新媒体，我们首要关注校内新鲜事，力争传播与学生群体息息相关的内容，做到官博贴近受众，引发情感共鸣。麦克卢汉说过：“媒介即讯息。”媒体作为人体的延伸，新媒体时代下传播信息的方式也发生变化，官微需随机应变，全方位、高效率发布内容。作为学校的发声器，官博要做的不仅是宣传学校形象，更要针对数量庞大的校内受众出产优质内容。

有可能是走在路上随手一拍的风景，有可能是课堂上一张有趣带有“槽点”的幻灯片，有可能只是在朋友圈翻到同学发了校内趣事——只要能引起大家的共鸣，都可以成为我们微博的素材。在发布时，文案着重于对事件本身带有话题度的点进行渲染，才能具备良好传播力。

但同时，作为学校官博，要守好娱乐度，不能过于娱乐化，影响学校形象。新鲜事的宣传不能像“爆料”一样，应以正面宣传为主，展现大学生充实多样的趣味学习生活。

一、把握热点，拥有巧“蹭”热搜的能力

热点的把握极具时效性，需要我们在最短时间内进行策划。蹭热点也不能生搬硬套，要与学校紧密结合。以前段时间很火的“捏脸”为例，我们将在网络中流行的 ZEPETO 软件和交大风景结合，做出捏脸人游交大的策划，获得极强传播力，该条微博浏览量破万。

图 1　捏脸人游交大策划截图

此外，热点事件并不是每天都会发生的。微博热搜榜是我们每天获取新信息的来源之一。每分钟更新一次的微博热搜话题，有很多是与我校大学生生活息息相关的。我们可以借助话题热度，带上热搜话题，提高官博的曝光率与互动性。

二、明确定位，官博互动共促传播

我们在运营官博平台时，也要考虑到受众的定位。经过调查与采访，我们发现受众想看到一个更具人情味的交大形象。同时，微博平台较其他平台而言，更具有互动性，可以用加强互动的方法来提高人情味，增强受众黏性。

首先，打造“CP 形象”，将官博形象拟人化。与同处成都的西南财经大

学合作进行互动，增强官博亲和度，将官博打造成一个有血有肉的品牌形象。

图 2　七夕节系列策划

图 3　校庆及节日策划

所有关于“CP 运营”的微博，转评赞数据均破百，这显示拟人化官博形象是一个正确的选择。

其次，增强互动，提高受众归属感。“铁粉”身份认证能够增强受众归属感，校庆专属头像也有利于打造全方位品牌形象。

作为官博，在与受众的互动中增强他们对于学校、对于官博的归属感是十分必要的。身份认证是最快速获得认同感的捷径，通过标识、专属头像等为受众贴上专属标签，能让受众更具忠诚度，持续关注官博运营。

这是非常成功的新媒体平台运营案例。从小事入手，从热点抓起，树立拟人化品牌形象增强亲和度，逐层加深，增强官博在受众心中的辨识度。作为高校官微，我们的定位就是为学生和教职员工服务，寻找身边大小事，扩大学校网络影响力。怎样把握好贴近受众与保持高校官博权威之间的度，还需要运营者们在实践过程中不断摸索参透。

（作者：西南交通大学 姚卉）

案例 49

聚合共荣，打造有温度、有态度、有深度的新媒体团队——西南交通大学交通运输与物流学院云运宣传中心

▲西南交通大学“云运 Yunyoo”官方微信公众号

新媒体正面临着“去中心，又处处是中心”的变化，校园媒体将更加重视与师生的交流过程。新媒体时代每一个传播主体都可以成为一个网络节点，每个节点间的互动交流都会形成对信息影响力的扩张传播效应。

云运宣传中心（以下简称“云运”）自 2013 年成立以来，持续朝着打造校园媒体品牌化的方向发展。目前围绕“云”系列创办的平台、栏目、品牌形象日渐成长，面对院级媒体组织易产生的问题，紧紧抓住“有温度、有态度、有深度”这一核心导向不断进步。目前，已形成立体式品牌化院级校园媒体团队。

一、有温度——聚合联动多部门，构建精神共同体

云运宣传中心在团队建设中注重增强团队成员参与意识。每一期栏目的推出都需经历集中主题策划、讨论展现形式、线上线下收集信息、文档有声化、音频视频后期加工及成品推广等环节，每一个环节都集合了各个部门、各个层级的力量。力图创造更多的机会增强成员的参与感和部门之间的相互了解。

长此以往，既可以加强组织成员的沟通和互动，也可以增进彼此的友谊，有效缓解了媒体组织各部门相对独立的情况。同时，对于组织成员自身而言，收获了更多难忘的回忆，提高了对组织的归属感。

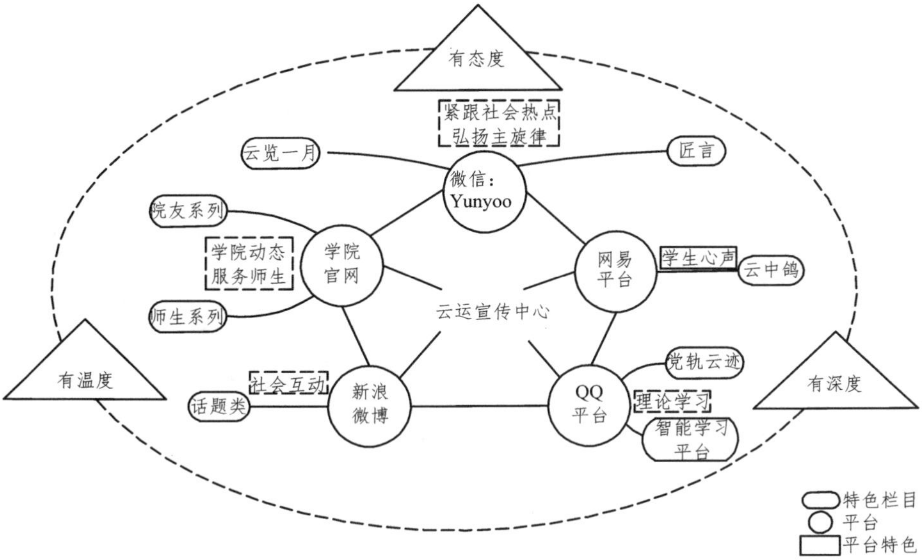

图 1　云运宣传中心立体化媒体团队建设

在组织外部的建设中，以传统媒体为基础阵地，微信、微博、网易云电台等多平台聚合发展，传统媒体现代化、现代媒体矩阵化，共建“精神共同体”，优势互补、共同繁荣。云运还积极与“西南交通大学”官微和其他院级媒体合作。2018 年 11 月，云运宣传中心和交大官微合作了“爱上双人舞——两性交往与相处的艺术”课程专访，从同学们感兴趣的选修课着手，进一步探究其深刻内涵，引起了网友的热议，登上微博热搜，吸引了各大主流媒体的争相报道。云运与其他新媒体平台的合作优势互补，共建“精神共同体”，友好合作，互相学习，为打造立体式网络思政教育体系，强化校园新闻思政工作的互动机制奠定良好基础。

二、有态度——强化团队思政意识，大力弘扬主旋律

牢固树立团队成员阵地意识、守土有责的态度，以此充分激发团队成员创新意识，让形式多样、生动活泼、贴近学生生活的栏目融合思想性、知识性、趣味性和艺术性于一体，更好地起到在校园中积极传播正能量、弘扬主旋律的作用。云运宣传中心紧密围绕校园思政教育服务师生的宗旨，打造多平台

"思想同心圆"，不断强化新媒体团队的政治理论素养，更好地引导学员师生。

图 2 "爱上双人舞——两性交往与相处的艺术"课程专访引热议

1. 查缺补漏，扎实政治理论根基

云运在加强自身政治理论学习的同时，延伸至平台建设，开设“党轨云迹”栏目，传播习近平总书记讲话中的重要语句，将深入贯彻党的思想落实在日常点滴中。在内容选择上涉猎广泛，让同学们借助移动平台、利用琐碎时间了解主流思想，树立正确观念。

目前，该形式获得了广泛认同。栏目突出“互联网+党建”，利用新媒体平台的碎片化特点，围绕“强党建、入心耳、促和谐”的定位，积极传播新时代新思想。以短促有力的语言，树思政教育鲜明旗帜。活用新媒体，为润物无声的网络思政教育增添强劲战斗力，真正做到“校园生活点滴多，思政教育无距离”，将党建时刻融入学生日常生活中的方方面面。

此外，围绕党建知识学习推出“每日党建”平台，通过智能问答方式帮助学生利用碎片化时间学习党团知识。将理论与实际有机结合，引导大学生在校园生活中紧密围绕国家发展方向，践行自己力所能及的事情，也在思想上积极向党靠拢。

2. 以点带面，扩大品牌效用延伸

围绕大学生日常心理健康疏导、融合中华优秀传统文化，开设网易电台“云中鸽”，用声音从同龄人角度将道理娓娓道来，温暖人心。第六期的《新春特辑》围绕过年轶事，将中国传统文化历史与大学生寒假生活相结合，在弘扬优秀传统文化的同时，注重对学生假期生活的思想引领，培养学生树立乐观积极的生活态度。

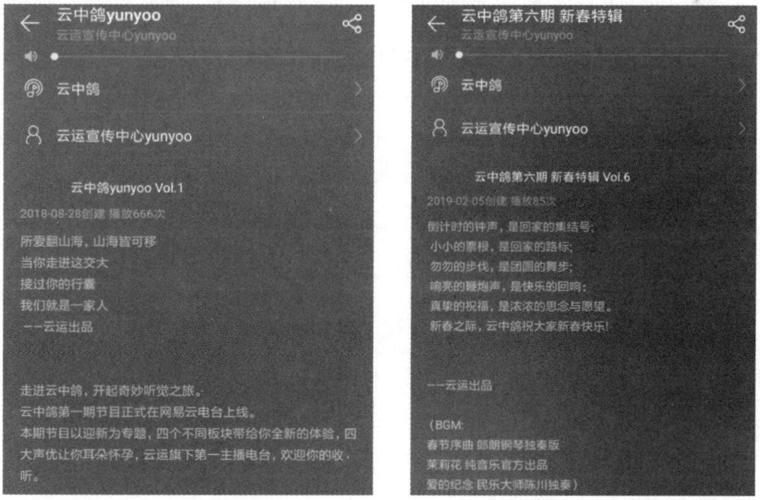

图 3 《云中鸽》新春特辑

“匠言”栏目，以工匠之心，筑栏目之魂，关注社会校园热点事件，抒发云运观点。从备受热议的《人间世 2》讨论到排雷英雄杜富国的事迹宣传，既体现作为当代大学生热切关注社会发展的温度，又突出校园媒体人弘扬正能量的态度。

创办《云览一月》新闻播报栏目，主题化新闻编排，采校园街访汇学子心声，融合当代青年评论，引领新时代新青年新作为。追求新闻客观性的同时，贴合学生心理，实现校园新闻与思政教育的良性互动。在最新一期栏目中，《云览一月》围绕“创新”主题展开讨论，结合习总书记系列讲话精神、学校创新发展成果，运用街访连线形式，丰富栏目内容，体现新时代、新青年对国家、社会发展的关注与态度。

三、有深度——提升社会责任感，借传媒之力弘志愿精神

2018 年 8 月，云运宣传中心“云情运卿”社会实践队接过志愿的接力棒，再次奔赴马边彝族自治县，开展了为期一周的关爱留守儿童爱心支教活动和少数民族教育现状调研活动。云运虽为校园媒体，但已经将目光投向社会，逐渐承担起社会新闻人的重担。到 2019 年，云运已经连续三年参加大学生暑期“三下乡”活动，并获得全国大中专学生志愿者暑期“三下乡”优秀实践队、远洋“探海者”第九届全国大学生社会实践奖、连续三年获得西南交通大学暑期“三下乡”优秀实践队，且宣传内容受到了团中央学校部的认可。通过强化社会责任意识，云运传承交大精神、传播公益理念，走出校园、走向社会、走到祖国和人民最需要的地方，助力我国精准扶贫政策，在社会中充分发挥校园媒体人的力量，将云运宣传中心团队打造成为一支社会责任感强、有担当的新时代媒体团队。

云运将党团学习融入日常建设，树立良好的思想政治标杆。顺应全媒体的发展趋势，积极培养现代化智能技术人才，搭建机器人平台，突出强化媒体智能化发展；通过推送内容的生活化、思想化、深度化提高媒体组织人员的新闻素养；利用现有多平台的优势，全方位、多角度集中宣传，融合发展，勇于革新，实现了校园媒体的“全程”“全息”“全员”和“全效”，达到媒体融合的理想状态。云运宣传中心以立德树人为根本任务，积极迈向社会，拓宽视野、提高新闻素养和责任意识，用优秀作品鼓舞人心，为推动交运学院新媒体发展，打造晴朗网络阵地，提升立德树人效果而不懈努力。

（作者：西南交通大学运输与物流学院云运宣传中心）

案例 50

西南交通大学交通运输与物流学院云运宣传中心新媒体平台建设案例

▲微信公众号：云运 Yunyoo

交大云运Yunyoo

扫描上面的二维码，关注我吧

▲官方微博：交大云运 Yunyoo

云运宣传中心yunyoo

扫一扫二维码，加我TIM。

▲QQ 公众号：云运宣传中心 yunyoo

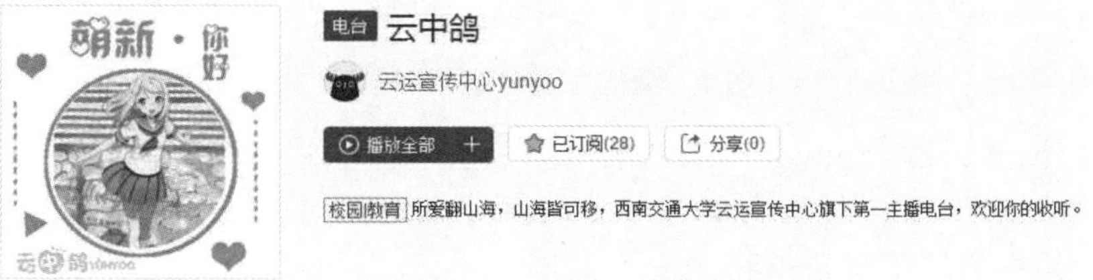

▲网易云音乐官方号

在近几年智能化、信息化时代的冲击下，西南交通大学交通运输与物流学院云运宣传中心把握住传统媒体与新媒体融合发展的契机，推陈出新，发展成为如今四大平台齐头并进的全媒体中心。云运的每一步，都走得踏实而坚定——2013 年 1 月，云运官方微信、微博相继开通，搭建起学生、学院与社会交流的桥梁；2017 年 7 月，云运官方 QQ 公众号上线，走近校园生活、展现专业风采、服务广大师生；2018 年 8 月，“云中鸽”网易云电台上线，主张“用声音传递生活正能量、引领思政新风向”。在新媒体平台建设的各个方面，云运都打造了独具特色的“交运品牌”。

微信平台“云运 Yunyoo”是云运主打的运营平台，立足于立德树人的基本思想，以开放、交流、融合、创新的理念全方位投身网络育人工作。服务性是“云运 Yunyoo”创立与发展之基础，正是锁定目标群体，精准推送，才能培养起一批稳固的订阅者，拥有 13 700 余名粉丝。作为一个校园媒体平台，“云运 Yunyoo”公众号以推送及时有效的新闻报道为第一要务，对接学院官方网站，传播学生生活、学院建设、学术科创等方面的新鲜资讯，服务于广大师生。其服务性也体现在公众号窗口的菜单栏上，菜单栏设有“学科竞赛”“四六级查询”“第二课堂”“教务直达”的快捷通道，便利学生的日常生活。

图 1　微信公众号菜单栏截图

此外，“云运 Yunyoo”策划推出的一系列特色栏目丰富了平台的个性化色彩。始创于 2014 年 6 月的《云运画报》，迈出了自制专栏第一步，织光绘影，用相机记录下身边值得纪念的点滴，并以细腻的笔触将藏于光影之后的情思娓娓道来，一上线便广受好评，《云运画报》后经历改良与完善，成为如今的《云光运影》。早期的精品推文还包括《云运歌时》，2016 年 9 月暖心上线的这档栏目如今已是公众号上常青的经典内容，用歌声讲述故事，用情怀打动人心，受到广大青年学生的喜爱。2017 年 9 月，街访杂谈系列推文《千千云事》上线，并自 2018 年 9 月后成为固定栏目，聚焦于校园生活或热点时事，倾听当代大学生的想法，品位现实百态。2018 年 10 月后，微信平台相继推出了《云览一月》和《匠言》，前者以播报的方式讲述新闻，浅谈社会时事，倡导思政学习，并制作成易于传播的短视频，以此全新的新闻形式亮相于一众高校新媒体间，广受好评，并斩获西南交通大学网络文化节“优秀网络精品专栏”奖项；后者则是从校园媒体人的角度出发，就热议话题深入探讨，发出青年之声，着重挖掘新闻的深度，体现思想的温度。

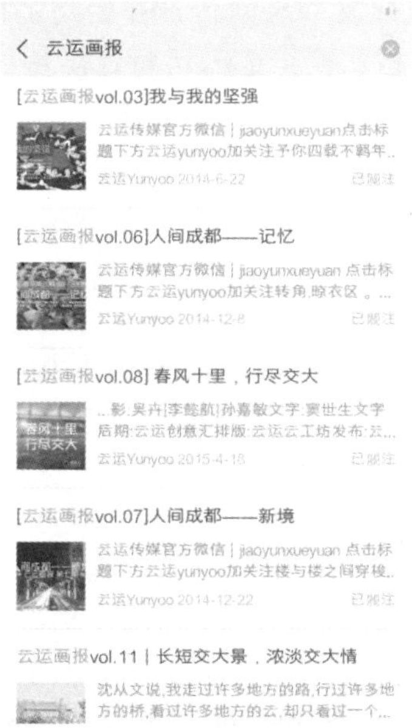

图 2　公众号部分栏目截图

图 3　《云览一月》栏目截图

除此之外，“云运 Yunyoo”也以专访见长，进行了一系列专题报道，以迎新季、团学代会、国奖风采、免研人物等为主题，采访优秀人物，引领见贤思齐的优良风气。2018 年云运策划采访 27 篇，阅读量累积近 6 000 次。还与西南交通大学官微合作采访了“爱上双人舞”选修课，在微博、微信平台同步推出，引发了媒体界、高校界的广泛关注。“开选修课教学生谈恋爱”直达微博热搜榜第 40 位，并且被包括共青团中央、环球时报、新浪新闻、人民日报、光明日报、中国新闻网在内的 20 余家国内主流媒体转载报道，话题讨论量突破 3 200 次，阅读量近 900 万。

“云运 Yunyoo”既在常规新闻的发布上保证自身专业性，打造出官方媒体的品牌，更在多方位的内容建设上投入大量精力，策划精品栏目，定期推送优质内容，在摸索中进行改革与创新，并始终坚持以学生为本，开设了一众订阅者们喜闻乐见的专栏，凝聚成云运特色。

相较于微信平台，QQ 平台与微博平台侧重于日常信息的发布以及近距离与粉丝交流互动，并保持每日更新，及时推送与学生息息相关的重要信息，更注重“服务学生”这一根本理念。两个平台互相联动，并作为后备力量辅助微信平台的宣传，因其更易于融入学生的生活而吸引了巨大的流量。其中，年轻的 QQ 官方号“云运宣传中心 Yunyoo”表现亮眼，上线一年多便累积了 7 万次访问的浏览量。除日常的互动与分享外，云运宣传中心 Yunyoo 也开设了固定专栏，如迅速传达校园资讯和第一手消息的#云播报#、普及党建思想和思政教育的#党轨云迹#、分享电影的文娱栏目#云卷云舒#，嵌入同学们生活的方方面面。

基于对全新媒体形式的不断探索，云运创立了网易云电台“云中鸽”，为校园媒体提供了新的传播媒介和表现形式，结合关键时间节点，融合特色传统文化，贴近校园生活。每一期电台围绕固定话题展开讨论，以秘密树洞、暖心夜读、心事分享等方式，用声音诉说同学们的心声，更有利于引起听众的共鸣。“云中鸽”电台现已上线 7 期节目，收听量达到 1 500 余次，并呈持续上升趋势。

6 年来，云运基于传统媒体的发展优势，将工作的重点拓展到新媒体领域，使传统媒体与新媒体相融，为新闻等传统项目提供了新的传播媒介和表现形式，形成了“传统媒体和新媒体相辅相成”的平台格局，构建新旧媒体联动机制，以传统媒体为基础，打造传统媒体现代化、现代媒体矩阵化的传媒格局，云运走的每一步踏实而坚定。

媒体的大船仍在远航，云运的探索也未曾停止。前路漫漫，无论风平浪静抑或疾风骤雨，云运初心不忘，向创造者致敬，为后继者领航。

（作者：西南交通大学 舒丹、张雅睿）

案例 51

西南交通大学交通运输与物流学院云运宣传中心平台建设案例——QQ 公众号建设

云运宣传中心yunyoo
扫一扫二维码，加我QQ。

▲云运宣传中心 QQ 公众号二维码

新时代下，新媒体阵营战线拉长，各类社交软件、论坛、短视频等纷纷加入战场，新兴势力兴起。其中，QQ 已经成为新一代大学生网上聊天互动的常用工具，年轻人能随时随地通过 QQ 获取大量信息，QQ 空间的超高浏览量意味着学生群体已成为十分庞大的流量来源。随着 2015 年 QQ 开通官方账号的功能，越来越多运营者（包括但不限于媒体组织）盯准了这个机会，加入了 QQ 平台的新媒体阵营。

云运宣传中心作为交通运输与物流学院的官方媒体，看准了 QQ 平台推广的精准性与持续性这一特点，趁其势头正旺，及时抓住机遇，于 2017 年 7 月开通了“云运宣传中心 yunyoo”官方公众号，建立起 QQ 运营平台，作为学院与学生之间沟通的又一桥梁。

云运以 QQ 空间发布的动态为传播信息的载体，以服务性为第一要义，及时在空间内传达学院相关消息、校内新闻资讯并分享校园内的即时动向与活动。除日常服务外，云运也会定期发布与专业学习、科研竞赛、考研保研、党政学习相关的信息。它不仅迅速地传播重要消息，也潜移默化地影响着同学们的生活与学习的点滴。“云运宣传中心 yunyoo”并不仅仅是一个信息媒介，更像每一位同学的朋友，它以“小云”的形象与学生互动沟通，在这样一个自由的社交平台上，运营者可以随时随地与同学们进行线上交流，解答同学们的疑问。运营者使用俏皮活泼的语言风格，分享的内容也更加贴近年轻人的喜好，发布的动态常常引起一定范围内的讨论，所以能真正走入学生群体之中，为广大同学所接受。

图 1　云运宣传中心 QQ 空间主页截图

“云运宣传中心 yunyoo”公众号推送的内容具备“快餐式”文化即时性的特点，善于利用精简凝练的图文快速传播信息，让学生利用碎片时间吸收易接受、好消化的有效信息，并逐渐习惯于公众号的日常提醒、话题讨论、知识分享等内容，提升学生群体对“云运宣传中心 yunyoo”的依赖性。基于这一特点，公众号开设了四大固定栏目——《云运歌时》《云播报》《党轨云迹》和《云卷云抒》。重要信息、通知、新闻等都收纳在《云播报》中，如停水停电、天气预报、科研竞赛等；《云运歌时》是与微信公众号同名的栏目，更注重分享的日常性，每周一更，以歌曲分享为主，将丰富细腻的故事集合成简短的文案，贴合学生群体的情感；同样作为文艺分享类的栏目还有《云卷云抒》，每周推荐一部正能量电影；《党轨云迹》作为公众号的重点栏目，核心是政治思想教育，传递习总书记讲话精神，将正确党政思想和价值观通过“小云”之口传递给同学们，提升同学们的思想境界与学习意识。

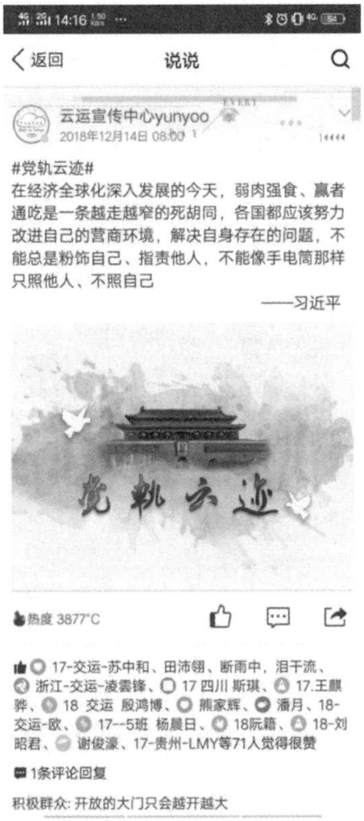

图 2　空间说说截图

“小云”的形象是一个普通大学生，会时不时地分享生活中的“小幸福”，也会在失眠的深夜给大家灌“心灵鸡汤”，还会经常和同学们天马行空地讨论各种话题，比起“官方组织”这样的角色，更适合定位为朋友。除了空间动态，“小云”也活跃在各大学生群中，为同学们解决各类问题，所有人都可以给“小云”留言或私聊“小云”，享受在线答疑解惑的服务，“小云”这个虚拟的形象，通过 QQ 平台真实地融入学生生活的方方面面。

QQ 公众号还开发了“机器人”功能，用户在群聊天中@云运宣传中心 yunyoo，再加上想说的话，就可和“小云”沟通。沟通的内容主要有三方面：其一为自动聊天，在聊天的自动回复中，“小云”是一位古灵精怪的机器人，回复内容具有自己独特的话语风格；其二为定向问答，在娱乐性的基础上，“小云”也补充了“点歌”“查询天气”等功能，将服务贯彻到底，兼顾便捷与趣味性；其三为入党助手。“小云”还担起了“学习助手”这一角色，启动这一功能后，“小云”会化身考官，在聊天框内提供学习内容选择和提问的服务，还能智能地判断正误并给出正确解答，让同学们能够利用 QQ 平台在线做题。在智能化成为发展趋势的今天，云运的 QQ 公众号率先做出尝试，提升了云运新媒体平台的服务性，让同学们无时无刻都能享受到智能与高效的服务。

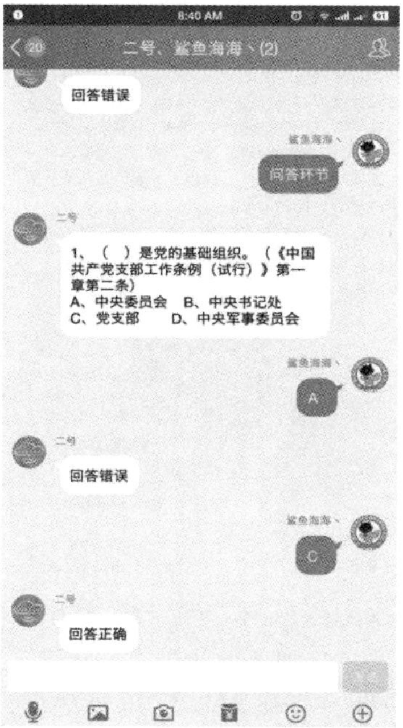

图 3 QQ 后台聊天界面截图

当今时代，和新媒体打交道依然是年轻人生活的常态，新媒体以各种形式、各种渠道传播信息，无形中影响着人们的行为与思考方式。以 QQ 为主的一众社交平台占据了高地，比起传统平台有更强的互动性。所以云运将 QQ 公众号作为一个更加生活化的平台，走出了一条更加“接地气”的路。而 QQ 公众号现已有了一定规模，可对微信平台的内容进行辅助宣传，双管齐下，深化推广效果。

（作者：西南交通大学 舒丹、邓安娜）

案例 52

评论性、交互性、文化性
——基于大学生自媒体“交想悦”平台的分析

▲ “交想悦”微信公众号

前沿新科工作室是一支隶属于西南交通大学党委宣传部（新闻中心）的精英团队，是西南交通大学新媒体联盟第一届、第二届理事单位。工作室以“主动发声、化危为机、精细管理”为网络文化工作理念，坚持“坚守、担当、务实、创新”的网络文化建设共识，积极推进社会主义核心价值观体系融入校园网络文化。

“交想悦”作为工作室的官方微信平台，打破了以往学生组织微信平台的传播模式及内容，主打思辨、观察型栏目，旨在培养大学生的价值观，引领网络正能量，唱响网络主旋律。其栏目特色有以下三点。

一、以评论“引”，实现价值引领

为了配合“交想悦”的平台名称，工作室成员创造出了“香蕉君”这一形象。这种拟物化的名称，有趣活泼，能够缩短自身与大学生之间的距离，便于大学生接受。同时，结合“香蕉君”，我们积极推出具有自身特点的栏目，例如《香蕉评论》《香蕉观察》等，这类栏目以校园事件、社会热点为主题，由学生自主撰写，以小见大，从贴近学生生活的身边事入手，对同学们进行网络文化引导。正是该类评论栏目的存在，使得平台带有强烈的评论特色。“交想悦”不只是一个简单的微信的宣传平台，更是一个有思想、有内涵的高层次信息传播平台。

图1　香蕉君形象

信息论创始人香农在描述电子通信的“香农-韦弗模式”中提到了“信息噪音”这个概念，即信息传递的干扰因素，包括物理噪音、生理噪音、心理噪音、语义噪音等，该理论在现今的传播过程中一样适用：信息传播过程中，传、受双方一定会受到信息噪音的干扰，使得一些正确的信息变质，或是受者接收了错误的信息，造成不好的影响。世界是传者，学生是受者，而“交想悦”作为一个外界对交大学子的“信息中转站”，理应担负起“把关人”的作用（“把关人”的概念由传播学四大奠基人之一库尔特·卢因提出，指对信息进行筛选和过滤的人。他决定信息传递的时机，对整个传播过程进行监控，并根据情况的变化调整把关策略），过滤掉不好的信息，对学生进行正面引导，引领网络正能量。《香蕉观察》《香蕉评论》这类评论型栏目即起到了此种作用，既传达了学生们的声音，又对同学们进行了观念上的引领；既满足了学生需求，又使校园文化向着文明健康的方向发展。

二、交融互动，共同唱响网络正能量

除了《香蕉观察》《香蕉评论》这两大评论栏目，“交想悦”还推出了《早安胶囊》《周六下午茶》等内容轻松并贴近学校热点的栏目。《早安胶囊》一般于周一早晨发布，是一日、一周之始，内容以清新的诗歌、散文为主，例如《早安胶囊|祝你好运》等，通过大量优美的诗歌、散文等文艺特色鲜明的作品，为周一注入新鲜活力。《周六下午茶》则选择了学生较清闲的周六下午，以轻松愉悦的方式，讨论同学们关心的话题，例如《周六下午茶|我猜你从未见过这样的追星》。这两个栏目的主题都从学生近期讨论的热点中产生，会收集大家的观点并在推文中匿名展示，找到大多数学生的关注点，以轻松的话

题、亲切的语言，与同学们线上互动、相互交流。这样也能在不经意间对同学们产生正面引导。

“交想悦”成立初期，恰逢交大“120 双甲子校庆”，工作室紧抓热点，积极响应学校校庆宣传工作，主动推出数篇以校庆为主题的内容，包括《倒计时 30 天|一键生成专属头像，校庆就要美美哒》《迎接 120 校庆|10 道题 10 秒钟，测出你的交大基因》等，其中《倒计时 30 天|一键生成专属头像，校庆就要美美哒》作为众多推文中的重头戏，以 H5 形式呈现，以转发抽奖的形式鼓励各校友在微信群、QQ 群中传播，更加体现了“交想悦”平台的交互性。该条推文总浏览量达 5.3 万，总浏览人数达 1.5 万，吸引了广大在校本科生、研究生及毕业校友的参与，有效展现、宣传了我校形象、联系了校友感情，获得了广大师生校友的一致好评，达到学校与“交想悦”的双赢。

三、文化载体，彰显学生文化生命力

“交想悦”不仅在文字栏目上有所创新，更在工作室成员的精心设计下推出了“交大日签”栏目，以二十四节气为主题，学生自主设计图案、编写文案并制作成明信片样式，既为交大学子提供了普及节气知识的平台，又在师生之中对平台自身进行了宣传，得到了较高的评价。

图 2 交大日签

同时，工作室在 2018 年承办了西南交大第一届网络文化节，众多学生投稿参赛，累计收到 200 余件作品。“交想悦”作为网络文化节的官方宣传平台，于 2018 年末推出“网络文化节优秀作品展”栏目，对优秀作品进行一系列的宣传与推广，交大学子通过“交想悦”即可阅读第一届网络文化节的优秀作品，学习到众多关于网络文化和网络安全等方面的知识。

快餐文化盛行的时代，“交想悦”通过打造学生自己的文化，与碎片化的“快餐文化”抗争，彰显学生群体的生命力和文化张力。

除了前文提到的众多固定栏目外，“交想悦”还会不定时推送一些原创评论文章，例如《90 后脱发危机|当我们在谈论脱发时，我们在谈论什么》《爸妈，别再给我转发微信文章了》《电竞游戏|嘿，今晚开黑吗？》《双十一，要 money 还是要 mommy？》《当九九重阳遇上百变圣诞，你的 pick 是？》等，整合大众观点，同时合理权衡，为同学们做出正确引导。

综上所述，工作室成员的不断努力进一步提高了“交想悦”在学生群体中的影响力，使其成为在学生群体中具有话语权的媒体平台，如今已成功成为一个深受学生信赖的网络文化建设平台。

（作者：西南交通大学党委宣传部新闻中心）

案例 53

#火车那些事#学校交通特色与新媒体平台的融合

▲微博话题 #火车那些事#

#火车那些事#是西南交通大学专门用于发布轨道交通相关内容的微博话题。话题于 2017 年创建，目前已有 1500 余条讨论，阅读量将近 500 万，内容包括轨道交通相关资讯、铁路美景、“硬核”科普、铁路趣事等。话题建立的初衷是想做一个具有交大特色的微博话题，122 年来，学校发端于铁路、发展于轨道、兴盛于高铁，文轨车书，作育英才，竢实扬华，交通天下。选择火车作为交大特色话题是再合适不过的。

与交大学子出行密切相关的轨道交通信息，是话题最初建立时的主要内容，一般以文字加九张图的方式呈现，采用精简的语言介绍近期发生或是将要发生的轨道交通事件。话题中发布的轨道交通相关资讯以与交大相关的为主。例如在 2017 年 6 月底，距离交大最近的快铁站——犀浦站的列车将进行调整，调整将在很大程度上影响到交大的学生出行。官微在核实消息后的第一时间发布相关微博。在火车票预售期进行调整的时候，我们依旧在第一时间在话题中发布相关微博（如图 1），并且在文案的结尾稍加调侃，使通知不再单调（如图 2），为交大学子带来最新的出行咨询，最大程度上让同学们了解身边的交通情况。

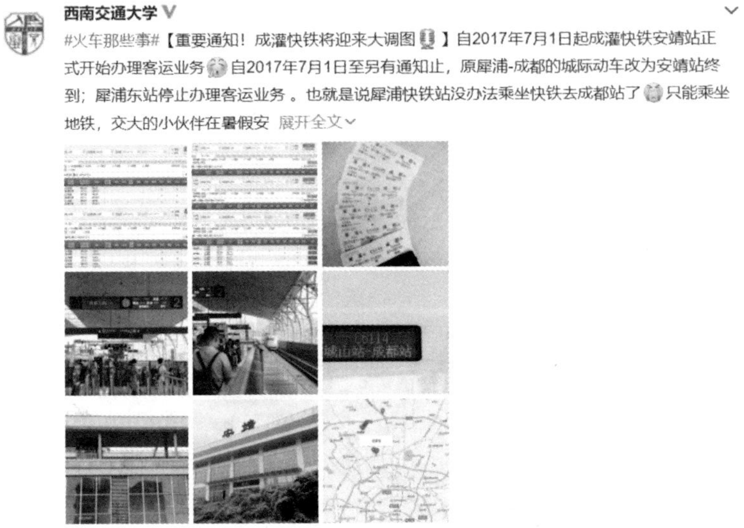

图 1　成灌快铁调图相关微博

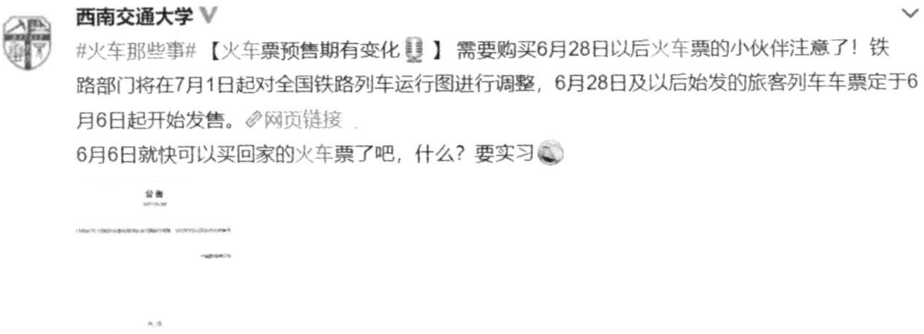

图 2　预售期调整相关微博

铁路美景是话题的另一主要内容，主要展现中国铁路的壮美风景。微博中所选图片均由西南交通大学新媒体中心摄影团队拍摄，意在让交大同学、校友以及对轨道交通有兴趣的网友更多地了解中国铁路文化，凸显交大的轨道交通特色。在用图片展现铁路美景的同时，文案部分也会加上对该铁路的简要介绍，使微博的阅读者不仅仅欣赏铁路风景，还能更加了解铁路（如图 3）。

西南交通大学因铁路闻名，必须保证文案部分的严谨。话题中所有在文案中出现的数据都是有证可考的。例如在成昆铁路铁马大桥的介绍文案中有这样一句："位于越西站昆明方向的铁马特大桥始建于 1967 年，全长 882.65 米，纵坡 15.2‰，有两个反向曲线，共有薄壁空心墩 23 个，其中桥墩最高达 51.5 米。"（如图 4）这段文字的来源为成昆铁路工程总结系列丛书的桥梁与隧道篇，数据十分真实。

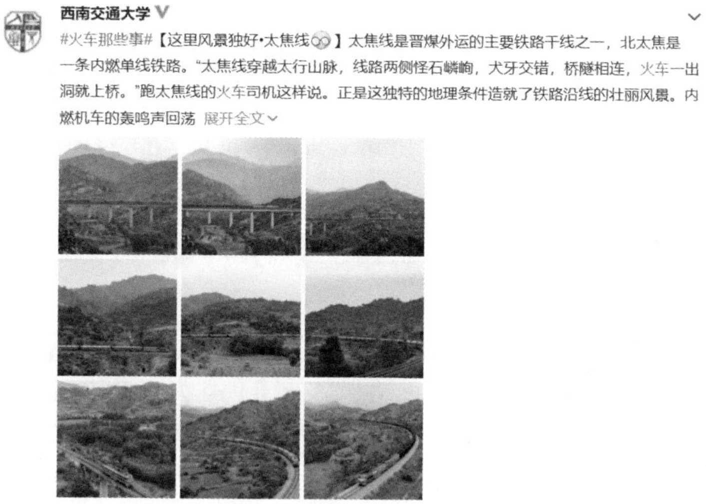

图 3　太焦铁路风景相关微博

图 4　成昆铁路相关微博

"硬核"科普类的内容是不可或缺的。在话题的实际运营过程中，运营团队采用联系专业老师、相关社团与借鉴官方发布内容等多种形式，对轨道交通的基本知识进行科普，同时也回答与轨道交通相关的问题（如图 5）。解决非专业读者的疑惑，同时提高本校的影响力。相关内容多采用学生编写、专业教师审核的方式。通过微博平台与学生社团向在校学生征集相关稿件，让更多相关专业的"大神"发挥自己的特长，让更多的同学参与到话题当中。

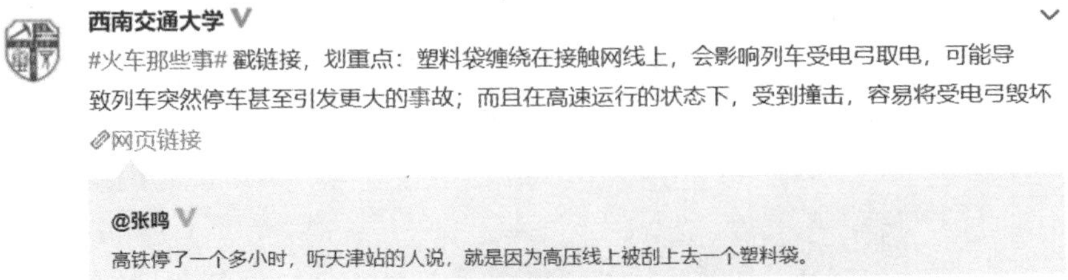

图 5　利用专业知识解答相关问题微博截图

积极与热点、实事相结合发布内容。与铁路相关的实时热点是一定需要抓住的，同时社会上的部分热门话题，也可以与铁路相联系。在 2018 年 10 月，#用意念吃一次火锅# 风靡了网络，运营团队在发现热点后，第一时间策划出“用意念开一次火车”，借鉴热点话题中的“意念”的方式，用第一人称视角向网友科普开火车之前火车司机所做的准备工作、出退勤内容等，在最后用“行话”交代了火车司机的辛苦与不易，同时引出了西南交大是“高铁司机的摇篮”，对交大进行宣传。

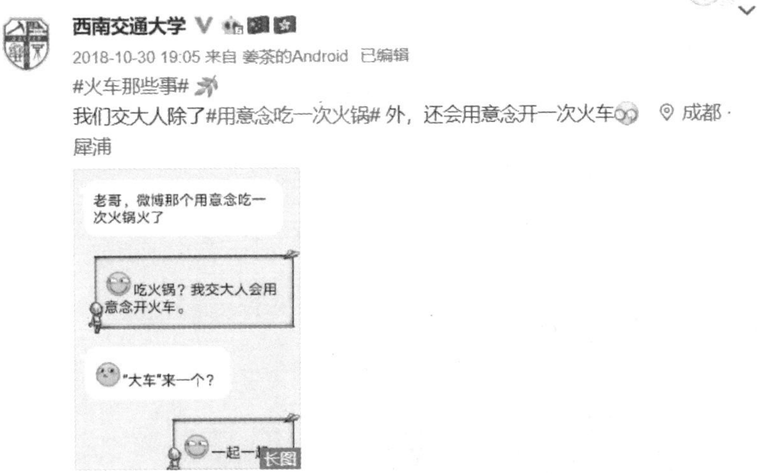

图 6　用意念开一次火车微博截图

内容很“活”是本话题的一大特点。科普及咨询类内容居多的话题很容易让人觉得枯燥乏味。运营者在日常发布的同时，也积极寻找趣味性内容和学生群体中的“梗”，让话题活起来，让更多同学参与到话题当中。例如，“火车北站”是成都人对成都火车站的通俗叫法，因为 12306 网站上只有“成都站”与“成都东站”，所以在开学季很多新生。不知道应该去哪里乘坐火车。在此时西南交通大学官微发布了有关“成都北站”的相关微博，用诙谐幽默的语言介绍了“真正的成都北站是编组站，而我们乘坐火车要去‘俗话说’

的火车北站，也就是成都站”这一实际情况，外地同学恍然大悟。此条微博也被部分成都人转发，取得了较好的效果。

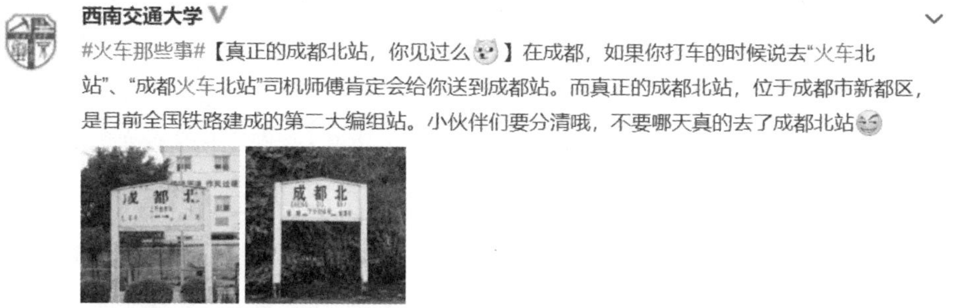

图 7　成都北站相关微博截图

发布轨道交通最新的成就以及学校在轨道交通相关的新闻是话题运营团队一直坚持的。交大始终坚持行业特色，毫不动摇地坚持把为交通强国培养人才作为核心使命。在宣传方面也要跟上。春节期间，中央电视台中文国际频道播出的《了不起的高铁》在西南交通大学牵引动力国家重点实验室取景。运营团队马上在话题中更新了相关微博，第二天该微博的点赞量达到 100 多次，此条微博增加了同学们的归属感与荣誉感。

2018 年 8 月京津城际“复兴号”列车实现每小时 350 千米速度运营。针对这一重大事件，话题运营者团队不仅仅在铁路总公司发布这一消息后及时发布新闻，还在 8 月 8 日亲自登上第一列时速 350 千米的“复兴号”动车组列车，采集新闻素材，做到第一时间发布。在报道时，为了能够更好地展现列车的速度，团队选择了短视频的方式。为了保证视频的发布速度，团队提前制作好了视频的主体框架。在发布当天仅进行了部分的素材替换与简单调整，在列车到站 1 小时内就将视频发布出去，保证了时效性。

图 8　短视频截图

在高校的微博运营中，特色是一定要抓住的，失去了特色就不能代表学校进行更好的宣传。“火车那些事”话题以为交大学子出行服务提供最近资讯、提高同学们对轨道交通的认识、发扬交大轨道交通特色为目标，竭力向打造最有交大特色的话题而努力，更好地服务于交通强国战略，为将交大建设为“轨道交通领域世界第一的大学”贡献自己的力量。

（作者：西南交通大学 孙士清）

案例 54

“不负青春，不负你”：微博校园以及@四川教育线上运营案例分析

微博作为最受年轻人欢迎的网络社交平台之一，在发布消息、引流讨论，运营话题等方面是当代传播领域最重要的平台之一。2010 年，微博校园正式成立，现已成为最具执行力的校园市场整合运营平台和最具价值的大学生实践成长平台。“微博校园・四川渠道”平台立足西南，覆盖全川大部分高校，在扩大高校新媒体影响力、促进微博校园优质用户更好发展的同时，也促进了微博与高校文化的相互交融，推动了互联网时代下新媒体人才的发展。

@四川教育 是四川省教育厅在微博端的发声口和输出口，拥有着 26 万线上粉丝，日常发布四川教育信息、宣传川内高校风采、关注学生日常生活、开阔学生眼界，是四川教育类线上账号的佼佼者。

一、强强合作，紧抓社会热点

高考是全国人民关心的话题，微博校园・四川渠道平台非常看重这一新媒体运营环境，依托微博校园主站的热点话题“高考季”“毕业季”，微博校园・四川渠道平台联合@四川教育 发起了“高考季&毕业季”的线上活动，进行了“扬帆起远航，不负青春梦”“高校学子送祝福，我在四川高校等着你”“高考百问绕心中，名师团队解疑惑”“毕业照挑战”等活动，在线上为 2019 年四川高考学子进行“应援”，呼吁并引导用户为自己或者身边参加高考的人加油助威，同时也关注并记录毕业生的点点滴滴，为毕业生留住青春、保存记忆。

二、线上联动，汇聚高校声音

四川渠道号召川内数十所高校联合录制“高考加油”视频，为高考学子加油助威。视频发布之后，四川高校线上新媒体矩阵纷纷转发，制造线上仪

式感，提升了高考学子和家长对川内学校及四川的好感度。

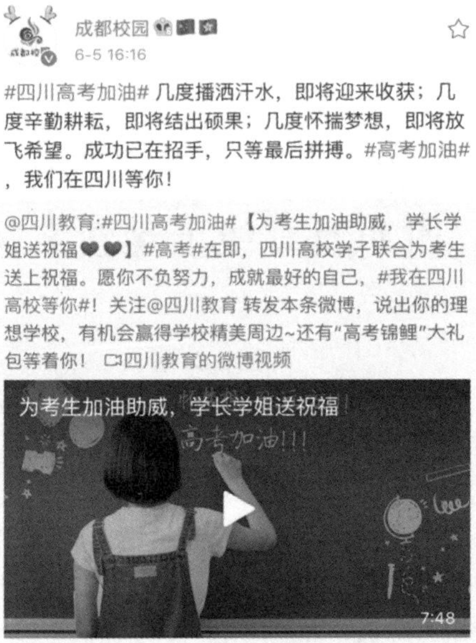

图 1　@四川教育微博截图

三、换位思考，全面服务高考考生

考虑到查分当天唯一的查分通道可能拥堵，为方便考生查询高考分数和录取情况，四川渠道平台与@四川教育制作了微博端查分通道，提供多个平台供考生查询信息，大大提高了查询效率。为了让考生和家长更好地了解高考政策和志愿填报技巧，四川渠道平台与@四川教育还进行了“365 天，360 度，用心伴你升学路”的活动，在微博上同步发布四川广播电视台科教频道播出的《高考 360》栏目，为考生提供权威及时的高考信息，全程服务考生和家长。

四、引流聚合，创造线上运营佳绩

为聚合讨论，此次活动创建了 #四川高考加油# 的微博话题，引导用户带话题参与讨论，截至 2019 年 9 月 1 日此话题阅读量 2532 万、讨论量 4050。此次活动积极响应微博主站话题和产品，引导用户使用主站产品，提高用户活跃度和增强粉丝黏性。在微博校园高考季线上活动复盘中，@四川教育被评为“#高考加油#团”十大政务官微。

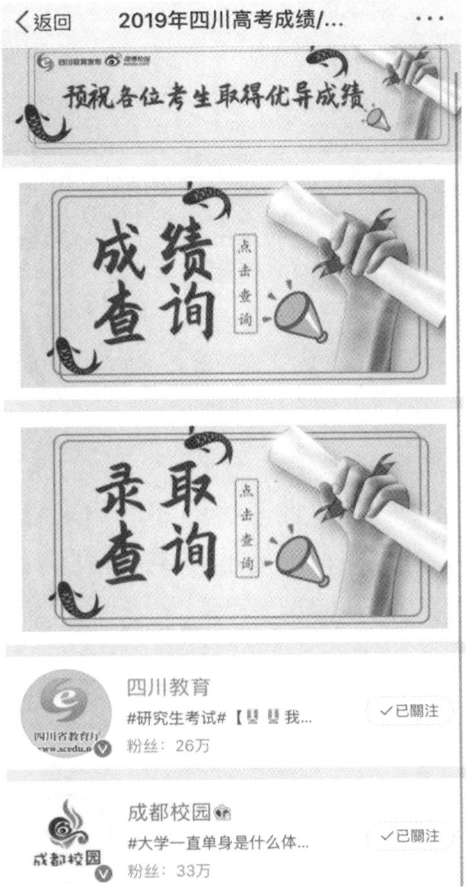

图 2　成都校园与四川教育微博截图

与此同时，微博校园平台和@四川教育还进行了#四川高校毕业季#线上活动，全网征集有趣毕业照、毕业视频，寻找这个夏天“最靓、最有创意、最有意思的仔”。区域话题#四川高校毕业季#截至 2019 年 9 月 1 日，阅读量 371 万，讨论量 1008，展现了四川高校毕业生的风采，记录了毕业生对母校和大学时光的依依不舍。

此次线上活动，扩大了@四川教育线上舆论阵地，提高了其在教育领域的专业性和亲切感，收获了学生及家长的信任和关注，也体现了微博校园·四川渠道线上新媒体矩阵的凝聚力和执行力，微博校园·四川渠道在提高四川高校影响力的同时，盘活了粉丝，为粉丝提供高考资讯，以“平铺式”的方法，把高考信息清楚地展现在考生和家长眼前。这是一次信息接收者和信息传播者的交互性活动，对于宣传四川高校、展现四川高校的学子风采和建立四川高校新媒体矩阵，有着里程碑式的意义。

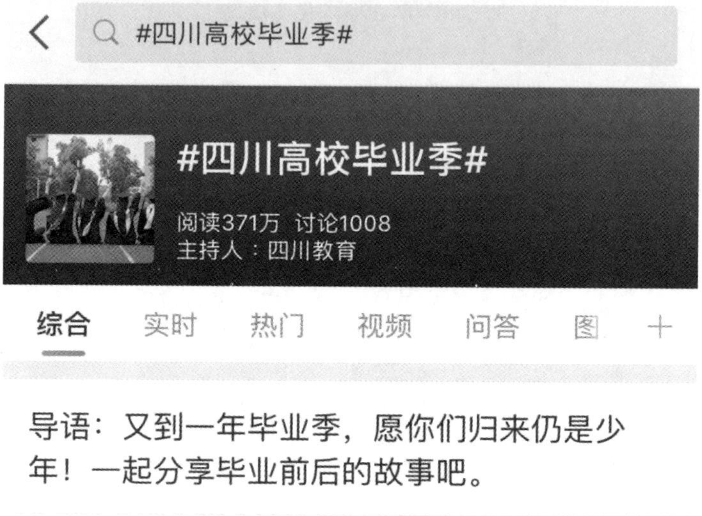

图 3　传播效果截图

（作者：四川大学锦城学院 孙珂、罗渭川）

案例 55

“六抓”促“六化”：合肥工业大学加强校园新媒体建设管理

高校新媒体是媒体融合发展背景下高校宣传思想工作的重要阵地，是立德树人、以文化人的重要载体，也是服务师生的重要平台。当前，管好建好高校新媒体，提升主流舆论在青年中的传播力、引导力、影响力、公信力，防范化解意识形态领域重大风险，提升师生的网络文明素养，传递网络正能量，弘扬时代主旋律，是摆在我们面前的一个重要而紧迫的课题。

一、项目主题和思路

近年来，合肥工业大学深入学习贯彻习近平新时代中国特色社会主义思想，全面贯彻落实全国教育大会、全国高校思政会、学校思想政治理论教师座谈会和全国网信工作会精神，高度重视校园新媒体工作，坚持一手抓管理、一手抓繁荣的工作原则，积极探索高校新媒体建设，通过抓顶层设计、抓严格管理、抓机制创新、抓精准策划、抓保障支撑、抓舆情应对，逐步形成了“六抓”的工作模式，促进校园新媒体蓬勃发展，维护良好的校园网络传播秩序。该做法也被中共安徽省委网信办作为工作经验在全省进行推广，并上报中宣部和中央网信办。

二、实施方法和过程

1. 抓顶层设计，促工作“体系化”

学校从顶层设计入手，加强组织领导，明确工作职责，建立健全“归口管理+分级管理”工作体系。党委宣传部是新媒体归口管理部门，负责总体工作统筹和协调推进，各学院和职能部门以及各级学生组织设立的新媒体分为不同等级，分别由相应组织和部门建设管理，明确各基层党组织书记或部门主要负责人为第一责任人，新媒体管理人员为直接责任人，通过责任体系的建立，有效实现了工作条块结合，达到“一管到底”“不留死角”。

2. 抓机制完善，促管理“全程化”

学校紧盯新媒体账号开设、发布等关键环节，加强流程管理，从严审核把关。所有账号开设、变更，必须按照“三规定”（规定时限、规定格式、规定内容）要求提出备案。以单位名义设立的新媒体，必须经由所在单位或上级部门审批同意后，方可命名运营。各单位对所负责新媒体建立工作台账，实行清单式管理，每年集中年审年检，掌握运行状态。严格执行“先审后发”制度，明确审核主体、审核流程。对出现违规内容的新媒体账号，将视情况采取约谈、整改、关停等措施，并按规定追究相关人员责任。

3. 抓延伸拓展，促阵地“集成化”

学校坚持“严监管、促自律”相结合，专门发起成立合肥工业大学新媒体联盟，将校园各类官方新媒体纳入统一平台，制定联盟章程，创新工作机制，促进共建共治。合肥工业大学新媒体联盟形成了“一盘棋”“一张网”“一条心”的工作格局。制定考核标准，完善表彰体系，定期召开工作推进会、年度总结会，建立“每月有榜单、每年有表彰”的校园新媒体工作考核激励机制，调动各单位的主动性和积极性。

4. 抓精准策划，促定位“分众化”

作为教育政务新媒体，学校能够深刻把握垂直领域分众化传播规律，明确学校新媒体“服务师生校友、传播校园文化、体现大学责任、树立网络形象”的职能定位，积极开展内容创编和职能拓展。紧扣党和国家重大宣传主题，围绕学校重点工作，抓住校园重要节点，瞄准政策解读与回应，通过图解、动画、音频、视频、H5 等形式，推出了一系列优秀活动策划和传播作品，提升平台影响力和品牌度。

5. 抓保障支撑，促发展“专业化”

学校切实加大投入力度，确保相关工作开展“有场地、有人员、有经费、有设备”。依托信息化建设与发展中心，切实加强网络安全和信息安全防范。坚持以队伍建设为抓手，注重从学校思想政治工作骨干、专业教师和优秀学生中选拔人才，按照“主管教师+学生团队”模式，建设高水平专兼职新媒体工作队伍。突出学生团队成员遴选把关，按照“学生自荐、辅导员推荐，用人单位测评，主管部门确认”的流程进行选人用人。学校定期开展实战演练，经常性举办新媒体训练营，邀请相关领域实践专家讲解新媒体管理运营方法技巧。

6. 抓舆情应对，促防控“常态化”

学校积极打造“1+1+N”（校党委直接领导、宣传部具体负责、校内各单位齐抓共管）的舆情工作机制，发挥新媒体与舆情中心、大学生思想动态分析研究中心和大数据分析中心的作用，做好常态化舆情信息监测、研判和处置。健全突发事件应对机制，建立 11 个安全防范体系，切实做好突发事件舆论引导，努力营造和谐稳定的校园舆论氛围。

三、主要成效和经验

近年来，学校先后荣获“中国教育政务新媒体优秀奖”“中国大学官微百强”和“全国最具成长性高校官方微博”等荣誉称号，融媒体作品获得中国教育好新闻三等奖、中国高校校报好新闻一等奖、安徽省主题微视频大赛一等奖等。相关作品多次被《人民日报》、中央电视台、中国青年报等主流媒体采用，相关工作得到教育部和安徽省委领导同志肯定。

四、下一步加强和改进的计划

1. 进一步拧紧责任“螺丝”

学校将进一步严格落实网络意识形态工作责任制，理清责任体系，明确职责分工，形成统筹协调、分工协作、齐抓共管的工作格局。党委宣传部门是新媒体归口管理部门，负责统筹协调推进等工作。同时，按照“分级管理”的原则，各部门、各单位要承担本部门、本单位所属新媒体的建设管理工作。要将新媒体工作摆上重要议事日程，与其他业务工作紧密结合，做到同规划、同部署、同推进。各级党组织对新媒体工作负有主体责任，党组织书记是“第一责任人”，在对各类新媒体账号、各种工作群组进行统一备案、分级管理的基础上，探索实现动态管理，及时、全面掌握运营情况。学校党委积极发挥考核“指挥棒”作用，将新媒体管理建设工作纳入意识形态工作责任制检查考核、党建工作责任制考核等内容，加强监督检查，层层传达压力。

2. 进一步形成整体合力

进一步找准工作切入点和着力点，创新机制、优化方法、开拓途径，促进资源整合共享，加强工作交流互动，打造新的传播能力和多样化传播渠道。

探索构建多维立体媒体矩阵，围绕重大主题、重要事件、关键节点，推动活动共办、平台共通、频率共振，着力壮大主流舆论声音，牢牢把握舆论斗争主动权、话语权。

3. 进一步坚持“内容为王”

提升“互联网+”的思维，用大学生喜闻乐见的方式，深耕信息内容，提升品质，提高关注度和影响力。加强选题策划，围绕学校的重要时间节点和师生的关心点主动策划，精心设置议题，做到既有宏大叙事，又能讲好故事。加强手段创新，注重内容“包装”，积极利用图文、图表、音视频、动画等轻松活泼的形式，打造更多“刷屏爆款”。加强互动，倾听交流，整合服务功能，拓展应用场景，不断“接地气”和“聚人气”。

4. 进一步筑牢安全屏障

进一步建立健全安全管理制度、保密审查制度和应急预案，提高高校新媒体安全防护能力。切实加强对新媒体账号密码和使用终端的安全管理，做到专人专号，防范盗号泄密风险。加强网络舆情监测预警和应急处置，构建完善的多渠道、多层面、多手段的网络舆情监测体系，及时掌握师生思想动态，第一时间发现处置不良信息。加强和相关部门协调联动，建立重大舆情沟通协调机制，及时报处，联防联控，共同做好突发事件舆论引导工作。

5. 进一步建好人才队伍

按照“专兼结合、师生结合”的原则，精心打造新媒体人才队伍。按照“起步—孵化—成长—垂直领域达人”成长模式，开展新媒体人才培养，并通过“师带徒”模式，实现人才队伍良性循环发展。遴选政治素质过硬、热爱宣传工作的优秀学生代表加入新媒体队伍，加大政策理论和业务培训力度，增强“四个意识”，提升专业素养。进一步完善奖惩工作机制，有效调动团队积极性主动性。

推动高校新媒体健康有序发展，既是政治责任，也是战略任务，需要各高校、各部门携起手来，共同探索，因势而谋，顺势而为。合肥工业大学将继续推动工作理念、方法、手段、机制创新，充分发挥高校新媒体在宣传引导、思政育人、服务凝聚方面的重要作用，为营造清朗网络空间、构建网上网下同心圆做出新的、更大的贡献。

案例 56

1024“小微节”线下活动聚人气

交大新媒体的品牌化运营是高校新媒体网络传播的创新性成功试验，交大新媒体通过对自身平台的 SWOT 分析、新媒体环境的整体形势分析、粉丝群体的洞察等给予平台精准的定位，进行明确的内容策划和平台发展规划，打造西南交通大学新媒体的品牌在受众印象中独特的身份标识。积极盘活粉丝，通过线下品牌活动塑造美誉度。

图 1　1024 小微节宣传图

交大新媒体通过能给粉丝带来乐趣或利益的定期活动、话题的设置，吸引粉丝在线上及线下积极参加互动，从而盘活粉丝，增加粉丝粘性。交大新媒体将每年的 10 月 24 日设为西南交通大学新媒体中心品牌日（也是“小微”的生日）。如今交大新媒体已经进入第五个年头，已成功打造了“风筝节”“手绘节”“趣味抓娃娃”等一系列有趣又有意义的线下活动，带给师生充分的参与感，获得阵阵好评。线上活动如“交大小微有礼”“西南交大风筝节”“小微圣诞节送苹果”“我在西南交大等你”“晒录取通知书”“十佳校园新媒体”

“新媒体创新之星”等，既强化了关系网中的弱关系，也增强了各平台间的交流互通，从而逐步扩大品牌活动的影响力，在活跃粉丝参与度的同时又推广了平台，是形成较好口碑传播的有效途径。

图 2　1024 小微节活动现场图

交大新媒体不断开发制作一系列周边文化产品，如“萌翻交大”系列的专属表情包、钥匙扣、手机壳、火车侠公仔、专属头像、系列手机屏等创意文化产品。文化产品拉近了平台与粉丝之间的距离，增强了交大新媒体在粉丝心目中的立体感和鲜活度。交大新媒体线上小游戏的开发，进一步实现新媒体从“看我玩”到“一起玩”的转变。如在交大 120 周年校庆之际，交大新媒体借鉴“支付宝”集福的思路开发的线上产品，通过集齐“竢”“实”“扬”“华”四个字来换取相应的纪念品和返校车票来调动粉丝互动。师生校友在线回复“抢车票”总计 1 万余次，参与的过程中大家重温了竢实扬华精神，回味了交大历史。本次活动通过互送车票增进同窗友谊，成了师生校友讨论的热点，进一步展现了交大新媒体的品牌活力和互动力，提升了交大新媒体的品牌美誉度。

（作者：西南交通大学　王伊鸣）

案例 57

打造交大媒体“思政中央厨房”
——西南交通大学扬华 E 媒体中心平台建设篇

新媒体作为高校思政工作的主阵地之一，对高校形象宣传与舆论引导起着关键性的作用。了解受众需求，抓住受众关注点，策划优质内容，将创新蕴于思政教育工作当中，成为时下高校新媒体发展的重中之重。扬华 E 媒体中心利用“两微多端”的运作模式，以微信、微博为主，其他客户端如哔哩哔哩、抖音、头条为辅，进行多方位、多层次的宣传，以扩大品牌影响力。

一、微信公众平台——“扬华微语”

1. 平台定位：“交大思政中央厨房”

“扬华微语”是西南交通大学党委学生工作部下属的校级学生宣传组织“扬华 E 媒体中心”运营的西南交通大学党委学生工作部官方微信平台，其定位为交大网络思政平台。

受众方面，公众号主要面向交大各级学子及教职工人员。公众号职能包括开展网络思政教育、及时提供最新最权威的学工资讯、在线解答各类学工问题等。“扬华微语”力争成为交大思政中央厨房，发掘一款款思政“爆品”，起到良好的思政引领作用。

2. 现有内容与栏目——“立足思政，做好新闻”

“扬华微语”公众号自 2014 年上线以来，历经 5 年发展，公众号栏目发生多次变动。

现保留固定栏目及内容主要包括：

（1）扬华周刊 | 交大每周新闻速览；

（2）人物专访（近代科学家奖助学金获得者、竢实扬华奖章获得者等）；

（3）聚焦优秀 SITP[①]项目（如国庆快闪、习语青声）；

① SITP：大学生思想政治素质训练计划。

（4）扬华素质网及思政题材内容推送；

（5）校内各类校级学工庆典活动，优秀人物或事迹报道等；

（6）结合热点、响应国家大事要事的相关主题宣传（如纪念改革开放四十周年策划）。

图 1　微信公众号截图 1

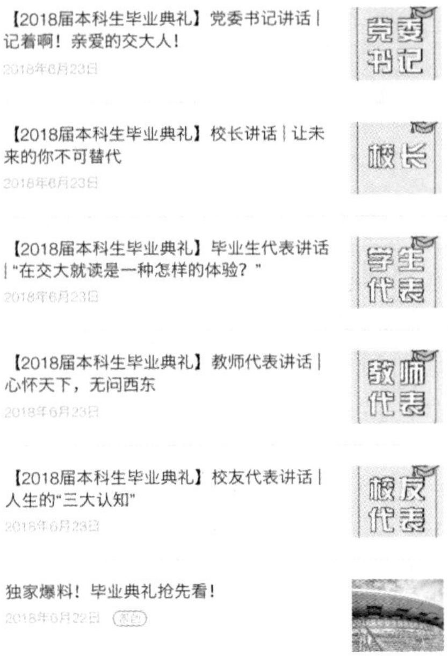

图 2　微信公众号截图 2

"扬华微语"身为一个校级思政平台，始终坚持正确的价值观导向，坚持不懈地弘扬社会主义核心价值观，引导广大师生做社会主义核心价值观的坚定信仰者、积极传播者、模范践行者。曾"打造"出《"小生这厢有礼了"——00后西南交大工科新生致辞通篇飚文言》《三全育人之西南交通大学家校同心伴手礼》等"思政爆款推送"被人民日报，新华社高校思政网转发，原创文章阅读量超过 10 万，转发总阅读量过百万。

除思政工作之外，扬华新闻作为"扬华微语"的另一个特色，在一众新媒体平台中独树一帜。从最早的扬华记者站开始，历经近十六年的发展，一代代扬华新闻人的沉淀与积累，扬华新闻逐渐有了自己的新闻价值观和新闻态度。校级庆典活动的台前幕后、交大最高荣誉"竢实扬华"奖章获得者的真实一面、最新学校政策全面解析等，都让扬华新闻逐渐在交大师生心中树立了权威、及时、客观等形象，提高了"扬华微语"平台的用户信赖和依赖程度。同时也促进了思政教育的发展。

3. 平台运营方向——“源于学生，为了学生”

“扬华微语”是交大最早成立的一批校园公众号之一，扬华 E 媒体中心也是交大最早成立的校园媒体组织。在一届届“扬华人”的“更新换代”中，我们一次次站在更高的起点上从学长学姐手中接过它，微语不知道已经走了多远，但“风吹路远，不忘初心”的扬华精神却从未走远。虽然“扬华微语”经历了不断的组织调整和栏目变化，但我们“源于学生，先于学生”的初心却始终不变。

源于学生：我们立足于交大学子，成员来自交大学子，报道宣传素材收集自交大学子，新闻信息也矢志不渝地服务于交大学子。不论是扬华新闻还是学工信息，我们始终为交大学子们提供与其切身利益紧密相关的校园一手信息。保证每篇推送和报道的权威性与及时性，让每条消息及时到达需要它的人手中。

先于学生：作为党委学生工作部下属的学生宣传组织和交大思政平台。扬华微语始终坚持学生思想的引领，在一位位不同指导老师的指引下，我们始终坚持正确的价值观导向，坚持输出有想法、有深度、有角度的文章和报道。同时通过对“竢实扬华”奖章获得者和其他优秀学生及团体的详尽报道，发挥榜样效应，带动更多学子努力实现自己的目标。最后“扬华微语”还和其他校级学生组织积极举办和宣传学校各类思政活动，坚持不懈培育优良校风和学风，在提高学生思想水平、政治觉悟、道德品质、文化素养等方面不断努力，在每位交大学生走向德才兼备、全面发展的道路中尽自己的一份力。

4. 平台建设——菜单栏及公众号功能

“扬华微语”菜单栏包括“扬华日常”“扬华风物”与“安全微伴”三栏。

“扬华日常”栏下可以方便学生访问扬华素质网首页了解最新讯息，“扬华招新”功能便于广大学子和我们联系和互动，“文章搜索”方便大家对以前的推送进行搜索。

“扬华风物”包括学工部日常活动的快捷入口（征信知识竞赛等），“读书社区”和“我要分享”旨在建立一个读书社区，方便大家进行线上的书籍交流分享。

在微信推送整体向图片化和视频化发展的大趋势下，“扬华微语”加强和扬华美工部的合作，制作了许多新奇有趣、阅读起来较为轻松的长图化推送，推动大家分享，吸引粉丝。在推送的整体风格、字色字号方面，“扬华微语”也做了一定的统一。每篇固定的头尾图、便于阅读的行与字间距、动图的应用等都一定程度上保证了微信推送文章的阅读量。

5. 案例分析

以“10W+”推文《穿越了吧？这 00 后工科生竟在开学典礼上通篇飙文言文》为例来分析我们的推文经历。

扬华微语作为学校每年开学典礼的固定报道媒体，从新生发言人的选拔通知到开学典礼的彩排再到整个开学典礼的全过程，每年都详尽报道。2018 年 8 月，在 2018 级新生开学典礼上，18 级土木专业陈同学作为新生发言代表，在发言时全篇采用文言文的形式表达了对大学四年生活的美好期冀。

针对这篇特殊的新生发言，在推送标题的选取上，由于“工科生”与“文言文”两词在大众语境下的反差，加上 2018 又是我们常说的“00 后”成年的年份，这些词放在一起，势必会吸引人们的注意力。于是这篇报道在推出后，迅速引起了校内同学们的热议。而后迅速扩散，引发广大校友传播。第二天，人民日报转发，阅读量突破 10 万次，之后新华社、央视新闻等多家国内知名媒体公众号都对此进行转发，总计阅读量突破百万，并登上微博和 QQ 热搜，引发热议。

二、微博——西南交通大学扬华 E 媒体

1. 平台定位

作为西南交大扬华 E 媒体中心的官方微博，微博“扬华君”致力于与微信公众平台——“扬华微语”联动，传递学校的最新资讯，分享时事热点。微博现有的优势在于以最灵活的方式、最精简的文字及最生动的图片向万千微博用户展现西南交大的学生工作，通过新颖的话题来吸引阅读关注。微博的受众为年轻群体，重点放在报道学生身边事，吸引大学生们的关注。

2. 栏目设置

（1）构建固定栏目，保持输送频率

我们依托固定栏目，使得微博内容构架更加井然有序，一目了然。话题栏目作为微博平台的特有传播模式，通常采用#话题#+文本内容的形式，即所有文本中带话题的微博都可以出现在此话题界面，以此增加内容和平台的曝光度。

西南交通大学扬华 E 媒体现有话题有：#扬华分享#、#扬华放映室#、#E 起读书#、#聊个五毛钱#、#学霸扬华君#等。

（2）紧抓时政热点，内容因时而作

巧妙利用现有热度较高的话题，通过进行文字“大换血”以满足大学生的需求。以校内外大事、要事、新鲜事为“卖点”，引出引人关注的话题，通

过校友的二次传播，以达到更广的传播效果。如开学典礼上的工科新生通篇文言文演讲，扬华 E 媒体中心利用扬华微语作为主要宣传阵地（原文见“扬华微语”:《穿越了吧？这 00 后工科新生竟在开学典礼上通篇飙文言文》)，微博作为辅助宣传，引出#00 后工科新生文言文演讲#这一话题，登上微博热搜。

3. 内容构建

微博内容大致分为三个方面：校内热点、社会时事及日常分享。

（1）校内热点

充分利用直播、视频、长图等多种形式实时记录或回顾学校身边事（例如开学典礼、毕业典礼的现场直播、后期图文及视频反馈，承办比赛的通知，第三课堂，文娱活动等）。

（2）社会时事

紧跟大环境下的热点，捕捉有意义的、大众感兴趣的元素。

（3）日常分享

如学校生活新鲜事、时下电影分享、互动讨论、学习方法交流、好物推荐等。

（4）线上线下抽奖活动

如“经典阅读”的好书分享抽奖、“双十一”节后的福利活动、有奖征集“最美毕业故事”等互动活动。

三、积极开拓新平台：以哔哩哔哩弹幕网站（以下简称 B 站）为例

扬华 E 媒体的 B 站用户名为“扬华 E 媒体中心”。

1. 平台介绍及用户分析

哔哩哔哩弹幕网现为国内领先的二次元文化社区，根据数据公司 QuestMobile 发布的《移动互联网 2017 年 Q2 夏季报告》，B 站位列 24 岁及以下年轻用户偏爱的十大 APP 榜首。同时，在百度发布的 2016 热搜榜中，B 站在“00 后”十大新鲜关注 APP 中排名第一。目前 B 站活跃用户超过 1.5 亿，每天视频播放量超过 1 亿，原创投稿总数超过 1000 万。全站 75%的用户年龄在 24 岁以下，整体网站用户呈年轻化，据相关数据分析显示，其核心用户主要为 1993—2000 年出生的用户，即大学生群体。

2. 可行性与用户开发前景分析

B 站的主要用户群体与大学校园媒体——扬华 E 媒体的受众基本重叠，

这种主要目标用户的集中性及活跃性是其他平台无法比拟的。

B站用户多为从小浸染在网络环境的“网络原住民”，其作为网络话语权的主要支配群体，对我们的平台推广较为有利。

视频在各类传播形式中愈发受到重视，相较于时长有限的短视频，中长度视频更适合精品内容的展示。我们致力于精品化、多元化的内容呈现，故B站这类针对于中长视频的平台对我们而言十分有利。

B站是网络热词的主要发源地之一，无论其平台还是其受众都很尊重与喜爱原创作品，并且用户包容度与接受程度都较高，只要内容质量高，受到关注的可能性就会较高。

B站为弹幕网站，有及时、直观的效果反馈，其良好的互动性也十分利于推广。

3. 栏目设置

（1）学生自制：视频博客、视频作业、优秀视频等。

（2）学校官方制作的宣传视频、活动实录、人物事迹等。

（3）媒体自制的人物访谈、街头采访、其他视频等。

4. 内容构建

（1）生活类：有关校园生活的点点滴滴，主要包括学生自制的视频博客（vlog），与学校或成都周边的吃喝玩乐相关，娱乐性与休闲性较强。

（2）学校活动类：学校精彩课程、讲座、活动实录，用满满“干货”吸引相关人士关注。

（3）人物、话题类：由人物专访、街头采访等构成。

（4）作品展示类：学生课设作品、自制视频、混剪等。

（5）宣传类：关于学校、学院、专业、科研成果的宣传视频。

（作者：西南交通大学扬华E媒体中心 鲍娟）

案例 58

把新媒体运营当成开店
——西南交通大学扬华 E 媒体中心平台运营篇

▲微博文章《把新媒体运营当成开店——西南交通大学扬华 E 媒体中心平台运营篇》

扬华 E 媒体中心作为西南交大的网络思政平台，在“运营”上有着十分丰厚的经验。这得益于扬华 E 媒体中心的成员在新媒体运营上的不断摸索和探求，也得益于当下新媒体环境的熏陶。高校新媒体平台如何运营，我们有一套“自己的办法”。

一、舆情应对

我们所运营的公众号“扬华微语”作为学校官方与师生、家长乃至社会各界人士对话的桥梁，在舆情应对上有着较为成熟的处理方法和经验。下面我们从两个点来展开讲解。

1. 后台消息与留言的及时回复

这是公众号与用户互动沟通的两个重要方式。用“新生季”系列推文来举例，每一篇文章发布后新生会产生很多疑问，需要及时回复。

我们会设置必要的时间节点进行后台回复，而对于重复率较高的问题，我们会设置关键词自动回复。在回复消息环节，我们特别注重用词的恰当。

因为词汇运用的正确与否直接关系到我们给用户的态度感受，从而影响我们的形象。

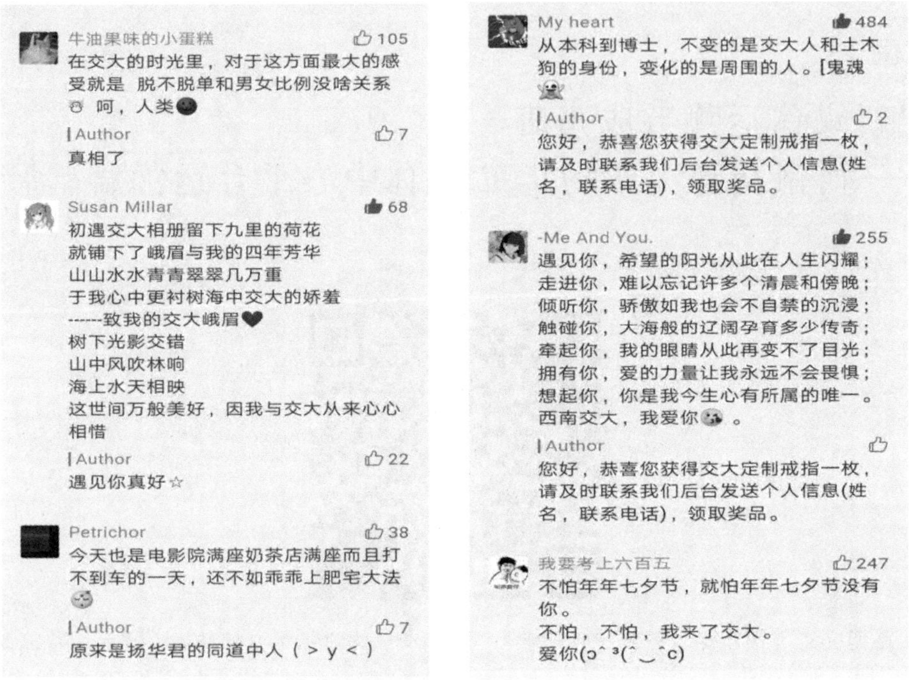

图 1　微信传播效果

2. 失误情况应对

新媒体运营过程中出现失误是在所难免的事情，但我们会尽力避免。如果发生了文章推出后才发现内容有误的情况，我们会及时道歉并确认更正内容。本平台曾在一篇关于宿舍的推文中发布了有误的信息，在同学指出后我们及时将更正信息置顶。

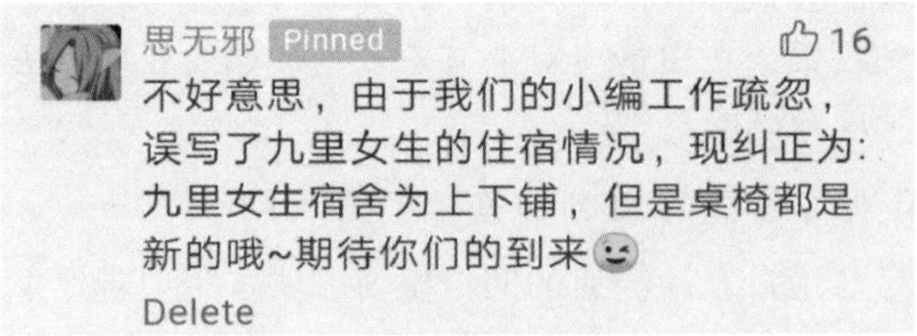

图 2　道歉回复截图

如果已经推出了的文章在内容上有着严重问题并无法更改的话，我们会及时将文章删除，尽量缩小错误信息的影响。

二、主题活动

在运营“扬华微语”公众号期间，我们举办了很多惠及同学的活动，都取得了不错的反响。

1. 从用户出发

“扬华微语”的受众主体为西南交通大学的在校学生。从前期活动的策划到中期活动的执行再到后期推送的完成，我们都精准定位受众群体，把握他们的兴趣点，这使得我们每一场活动都效果非凡。

2. 从时机出发

对于活动的举办来说，恰当的时机选择会成为提升活动效果的利器。时机对活动效果的提升作用主要体现在参加人数、参加者停留时间、受注意的程度等。因此我们在活动时间的选择上，主要集中在以下三个时间点：节假日、新生季以及毕业季。节假日不仅让我们的活动有了一定的内容主题，也使得同学们有充足的时间来参加我们的活动。新生季和毕业季主要是宣扬情怀，新生刚踏入校门，对各种活动热情满满；毕业生即将离开学校，也会对毕业季活动有所青睐。总的来说，对于时机的精准把控，也使得我们举办的主题活动总是人潮涌动！

3. 活动案例

图 3　微信活动截图

4. 活动效果

通过举办各类主题活动，可以在一段时间内快速提升“扬华微语”的粉丝量、阅读量等数据。各类丰富有趣的校园活动主题加上线上线下多方位的大力宣传，能有效拉动用户参与、活跃固有用户，并能吸引潜在用户的关注。同时还能有效塑造与提升“扬华微语”微信公众平台形象，打造一个有趣又接地气、内容涉及范围广、粉丝参与度高的微信公众平台。

三、热点“痛点”的把握与制造

1. 热点如何蹭？

作为大学生新媒体，在运营过程中把握热点、紧跟热点，是很重要的一个环节，但并非所有热点都可以用来“蹭”。因为不是所有的热点都适合用来制作面向大学生的推文。比如之前的“爆款”推文《别难过，我先走了》曾一度占领我们的朋友圈，究其原因，是其所表达的感情让许多人产生了共鸣。因而毕业季时，我们结合当时热门电视剧《都挺好》，推出一篇名为《别算账了，你欠了我 10W+》的推文，精准定位西南交大毕业生群体，洞察毕业生的心情，将普遍存在的舍友情以漫画的形式直观展现。2019 年七夕我们推出的《交大人迎七夕姿势大赏》在制作过程中也紧跟暑假热点电视剧《亲爱的，热爱的》，并送出交大版情侣头像，也取得了不错的效果。

2. 没有热点，制造热点

热点并非时时都有，这就需要我们在没有热点的时候学会制造热点。在之前的毕业季活动中，我们与公众号“我要 What You Need”合作举办了线下的“Before You Graduate”活动，引领毕业生们去思考还有哪些事是毕业前一定要去做的，贴合毕业生的心态，打造了一个为毕业季量身定制的热点，活动当天众多毕业生前来参与，现场火爆至极，并在交大师生的朋友圈中“刷屏”。

3. 如何把握“痛点”

在蹭热点、制造热点之外，根据热点把握“痛点”也十分重要。之前所提到的例子《别算账了，你欠了我 10W+》推文就是直击“痛点”，因而取得了较好的效果。而《谁说玩电竞的就是网瘾少年？》这篇推文则精准定位喜爱网络电子游戏的同学，从热点事件“英雄联盟高校联赛”引入，将“玩游戏就是不务正业”和“学霸高校位居电竞排行榜榜首”这两个矛盾点鲜明点出，引导传达对游戏的正确价值观，直击大学生内心“玩游戏就是不务正业”

这一“痛点”，展现当代大学生内心想法，效果良好。

想要更加吸引读者、营造话题性，精准把握读者的“痛点”是必要的。其方式也有很多，可以进行实地考察采访，挖掘大学生的真实想法，也可以经常阅读同类型公众号的“爆文”，并结合实际生活的体验。例如《谁说玩电竞的就是网瘾少年》一文，就是编辑从自身经历出发，发现“玩游戏被批网瘾”这一大学生共有的“痛点”，精准落题，产生了良好的传播效果。

四、版权意识

1. 素材来源的清晰标注

在编写推文的时候，编辑需要使用网络上的文字、图片、视频等各种素材。在采用素材时，我们会清晰地标注素材的来源。对于拥有版权的素材，如果需要，我们会联系版权所有者，在得到所有者授权之后才使用。对于无授权的网络素材，我们不会随意使用。尊重版权是我们团队始终贯彻的理念。

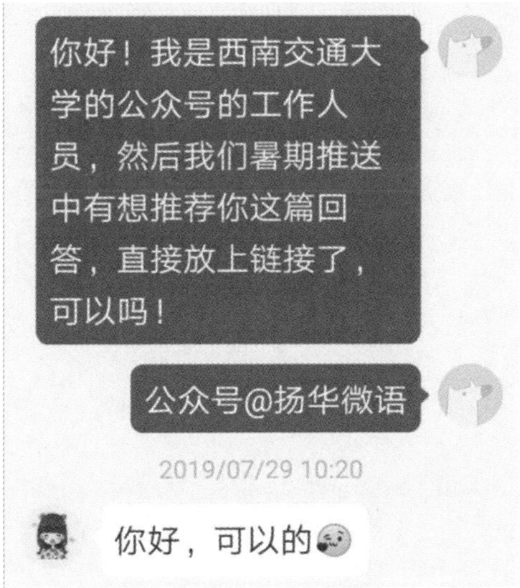

图 4　取得版权过程截图

2. 原创标识

我们尊重原创，超过一定字数的原创推文，我们会在微信公众平台认证原创，获得原创标识。一来使读者清晰可见推文是否原创，二来可以保护我们原创文稿的版权不会被轻易盗用。

3. 工作人员的清晰标注

每篇推文的完成，它的背后都是好几个部门工作人员的协同，从开始的新闻部、摄影部获取素材到之后的新媒体部排版和审核再到最后的推送，都是由不同的工作人员来负责的。因此在推文的结尾，我们会清晰标注每篇推文中参与制作的工作人员，一是对相关人员的工作的肯定，二是如果出现问题，也可以较好地反馈给负责不同部分的工作人员。

总而言之，扬华 E 媒体在新媒体运营上有着极为丰富的经验，但这些经验未必适合所有高校媒体。新媒体运营有普遍规律，但从来没有放之四海而皆准的法则。特别是在网络时代的今天，情况瞬息万变。对于每一个高校新媒体团队来说，在运营上都有很长的道路要走。

（作者：西南交通大学扬华 E 媒体中心 唐聪睿、陈一宁）

案例 59

打造创新创业信息集散地，服务大学生创新创业

▲成都信息工程大学官方微博

在当今这个自媒体时代，以互联网为传播媒介的新媒体正逐渐改变着人们的生活方式、学习方式、娱乐方式甚至思维方式。依托数字化时代和新媒体发展，“西南交大国际创新创业学院”公众号应运而生。该公众号创建于 2017 年末，是西南交通大学国际创新创业学院和“菁蓉班”的官方媒体，主要服务于全校师生，旨在提高大学生创新能力和增强学生创业意识。目前公众号订阅用户有 765 人，共发表 29 篇文章。

图 1　已发表内容截图

创新是高等教育的基本特质，大学生创新创业如今不仅是高校发展的重点，更是国家实施创新驱动发展的重点战略之一。为了迎合高校创新创业的潮流，我校特地开设国际创新创业学院，下设的“菁蓉班”通过每周邀请国内外著名的专家、学者来开展不同的精品讲座，精准对接国家、四川省、成都市创新创业行动计划，通过创新创业教育资源互补、课程教学方式改革，培养我校师生创新创业的灵敏度。“西南交大国际创新创业学院”公众号作为学院与“菁蓉班”的信息发布渠道，通过提前发送精品讲座资讯、课后编写课堂精华推送、收集整理创新创业大赛消息等方式来打造创新创业信息集散地，以更好地满足我校师生对创新创业需求。

“西南交大国际创新创业学院”公众号目前共分为两个大版块——“新闻”和“通知”。其中“通知”部分分为三个二级栏目，即“菁蓉班通知”“赛事通知”和“其他通知”。“新闻”版块主要展示国际创新创业学院和“菁蓉班”的相关活动，如前段时间的一篇文章《西南交通大学国际创新创业学院当选四川省区块链技术研究会首届副理事长单位》讲述了我校创新创业学院积极参与区块链技术研究，为四川省推动数字经济与实体经济融合发展贡献力量的新闻。“通知”版块下的“菁蓉班通知”主要发布“菁蓉班”课程讲座预先通知和课堂精品内容；“赛事通知”部分主要发布一些创新创业大赛相关的报名通知；“其他通知”部分主要发布一些和学院有关的通知。各个版块内容各不相同，各司其职，为全校师生提供了与创新创业有关的信息。

作为一个新兴公众号，我们在发展的过程中存在着各种各样的问题，比如文章的浏览量低、用户关注度不高和文章发布较少等。但是我们也一直在改革优化，希望能打造一个内容丰富的创新创业信息集散地。针对文章吸引力的问题，我们进行了模版的改革，相比于以前直接在公众号平台编辑，如今使用“秀米”图文编辑器从模板上做出一些调整，让文章从视觉上更具吸引力。针对文章杂散无序、没有系统的检索功能问题，我们进行了文章整合，通过分栏方式来整合文章，让读者能够更有针对性地获取信息。通过不断的优化改革，我们的公众号无论从文章浏览量还是用户关注人数都有了一定的提升。

打造创新创业信息集散地，服务大学生创新创业。我们希望通过“西南交大国际创新创业学院”，为全校师生打造一个和创新创业相关的信息通道来提高大学生创新能力，增强学生创业意识，推动高校创新创业事业的发展。

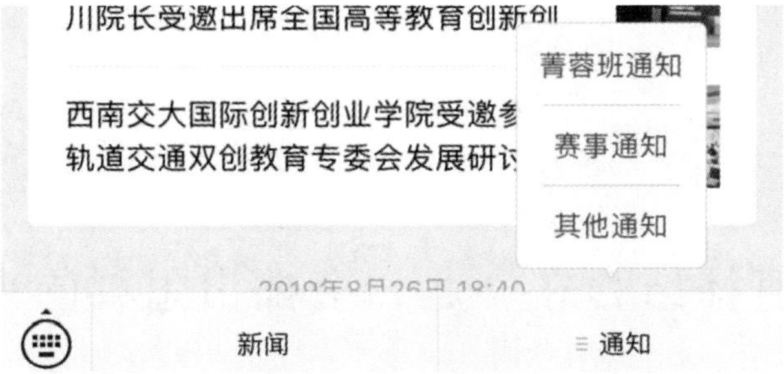

图 2　公众号栏目截图

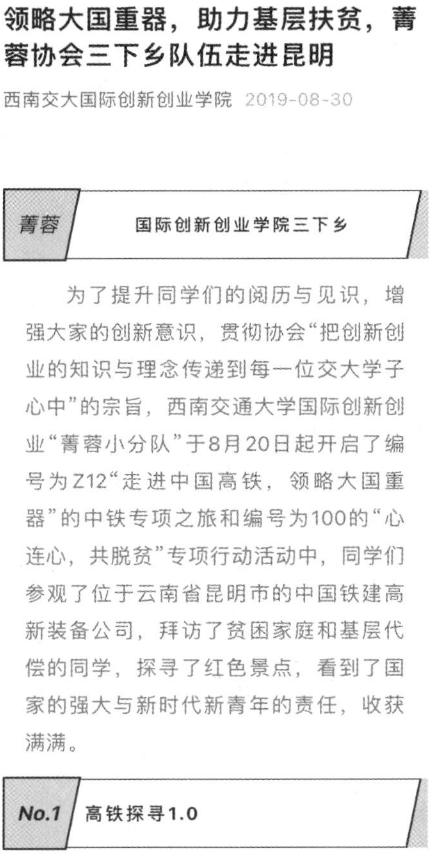

领略大国重器，助力基层扶贫，菁蓉协会三下乡队伍走进昆明

西南交大国际创新创业学院 2019-08-30

菁蓉　国际创新创业学院三下乡

为了提升同学们的阅历与见识，增强大家的创新意识，贯彻协会“把创新创业的知识与理念传递到每一位交大学子心中”的宗旨，西南交通大学国际创新创业“菁蓉小分队”于8月20日起开启了编号为Z12“走进中国高铁，领略大国重器”的中铁专项之旅和编号为100的“心连心，共脱贫”专项行动活动中，同学们参观了位于云南省昆明市的中国铁建高新装备公司，拜访了贫困家庭和基层代偿的同学，探寻了红色景点，看到了国家的强大与新时代新青年的责任，收获满满。

No.1　高铁探寻1.0

图 3　公众号内容截图

（作者：成都信息工程大学　曹瑶瑶、廖沛仪）

案例 60

当广播和直播结合在一起，会擦出怎样的火花？

近年来，随着媒介技术的不断革新以及“互联网+”概念的提出，传统的广播传播模式逐渐式微，已不能满足当代大学生群体获取各种信息的需求，高校广播媒体的知名度不断降低，受众日益减少。但是，高校广播台作为校内重要宣传机构，是高校宣传部指导下的学生社团组织，是大学校园宣传党中央方针政策、传播各类校园新闻和文化、丰富学生生活的重要载体，在高校中具有不可或缺的宣传作用。建设好、管理好广播台对校园信息传播和文化建设至关重要。

作为传统媒体，广播台受到新媒体发展的冲击十分明显，在运营中普遍存在以下问题。一是忽视受众需求，难以吸引受众。广播台在节目内容设置上，没有考虑到受众的需求。二是广播台成员专业水平较低，节目质量不佳；广播节目制作需要专业人才。广播台一般由学校党委宣传部管理，管理人员大多没有新闻、播音主持的相关知识和经历，很难从专业角度出发进行管理。三是传播方式单一，地位边缘化。受新媒体发展影响，加之广播台自身覆盖面和互动性问题，广大师生更愿意选择信息容量更大以及互动性更好的新媒体平台获取信息。

因此，新媒体时代下，高校广播台要紧跟时代发展，根据自身情况与特点，改变传统传播方式，加强媒介融合，从而增强自身影响力，重新回归校园媒体传播主流。

一、加强媒体融合，宣传方式有创意

浙江工商大学广播台“商广之声”创办于 2005 年，隶属于校党委宣传部，目前有成员 60 余人，主要负责校园广播运营以及学校各种晚会活动主持工作。广播台设有播音部、主持部、采宣部三个部门。节目主要在工作日午间和傍晚播出，时长近 2 个小时。为顺应媒体融合的趋势，提升内容质量，拓宽宣传平台，广播台积极探索“媒介融合”，改革创新，逐步形成了符合自身发展的特色之路。

习近平总书记指出：传统媒体和新兴媒体不是取代关系，而是迭代关系；不是谁主谁次，而是此长彼长；不是谁强谁弱，而是优势互补。新媒体的传播方式很多，线上直播就是其中之一。线上直播受众广泛、获取方式多样、互动性强。为此，浙江工商大学广播台打造了一档线上互动交流谈话直播节目《商大侃客》。节目以可视化的理念，运用传统广播与线上直播相结合的形式，2017 年 10 月开始，每周四下午 5 点，邀请专业教师、辅导员、优秀学生代表等来到演播室，就校内外师生关注的热点话题对话、沟通、交流、互动，每次时长 30 分钟。

图 1 《商大侃客》栏目宣传海报

二、坚持立德树人，选题内容有立意

《商大侃客》在节目样式上，将传统广播与在线直播相结合，打破单一传播模式，观众可通过直播观看主持人和嘉宾的播音情况，还可在评论区发表自己的看法，形成了较为开放的互动模式，不仅提高了节目的参与性和互动性，还增加了节目的信息量。

在话题上，《商大侃客》坚持立德树人，充分挖掘师生成长成才经历，讲好商大故事，宣传教育正能量。注重师生关心事件与社会关注事件相结合，注重校园文化与学校历史相结合，注重学生成长成才理论与实践相结合，先后策划了“学习宣传贯彻党的十九大精神”“全国教育大会精神”“聚焦两会，关注教育”“学习新思想，千万师生同上一堂课”“百年五四，精神不朽”等话题，并将思政课搬上直播节目，引导广大青年学生自觉用习近平新时代中国特色社会主义思想武装头脑，充分运用网络新技术和多媒体表现形式和手段，牢牢占据传播制高点。

三、扩大宣传覆盖面，师生“点赞”有新意

截至2019年9月，《商大侃客》共播出46期，其中线上直播31期。《商大侃客》初期通过校广播台进行广播，再通过微信公众号推送播出。改为线上直播后，共76 200人次收看，平均每期收看量为2 458人次，收听人数比原来通过传统模式推出的节目增长近8倍。

节目收看人数最高的一期《师说新语——戴道昆老师喊你上课啦!》共有近18 000人次收看，观众评论达500多条。节目邀请思政课教师戴道昆作为嘉宾，以《思想道德修养与法律基础》必修课为依托，为大家上了一堂主题是“如何过好大学生活”的思政课。直播中，戴道昆老师结合学生的思想实际和成长经历，与学生交流互动，为学生解惑释疑，为青年学生“扣好大学生活的第一粒扣子”。

图2 《师说新语——戴道昆老师喊你上课啦!》录制现场

节目在直播的同时，校园广播也在实时播出，并且在新浪微博、今日头条等平台上进行同步直播。直播结束之后，用户还可以在线回放收看。这种传统广播和线上直播相结合的传播方式，加强了与受众的互动联系，增强了校园广播台影响力，形成了品牌化效应，积累了一定数量的粉丝。

2018 年，在党的十九大精神宣传专栏征集暨第二届全国高校“名站名栏”征选活动中，《商大侃客》栏目获“全国高校优秀网络栏目”优秀奖。这种传统广播和线上直播相结合的宣传形式，加强了与观众的互动联系，增强了校园广播台的影响力，向大众传递当代大学生的世界观、人生观、价值观。

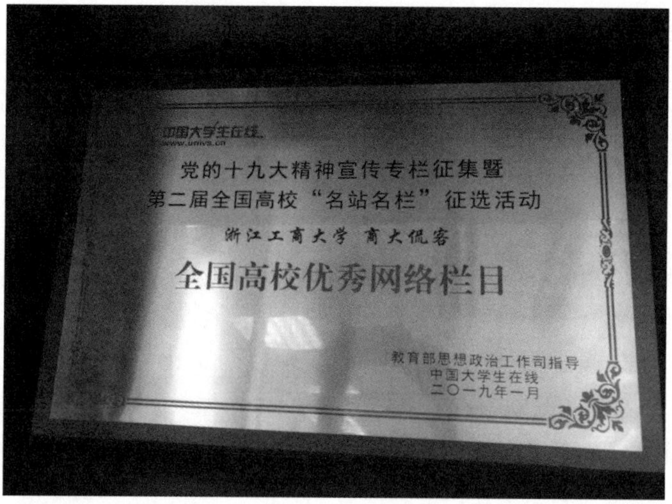

图 3 《商大侃客》栏目获“全国高校优秀网络栏目”优秀奖

（作者：浙江工商大学 傅鸿洲）

案例 61

立足多彩校园文化　讲好高校故事

习近平总书记在 2018 年全国宣传思想工作会议上发表的重要讲话中提道："讲好中国故事、传播好中国声音，向世界展现真实、立体、全面的中国。"以叙事思维解读宣传工作，深挖素材，讲好故事，这一思路在高校文化传播中同样具有指导性。

四川大学官方微博团队在以"传播多彩校园文化 讲好高校故事"为核心的思想指导下，设立专业学生采写团队，聚焦日常高校生活实践，汲取丰富素材，透析高校内涵，以笔为媒，用心发声，以系列精品专访传播高校故事，弘扬高校文化。

一、素材挖掘：聚焦榜样力量 凸显个性生活

十九大报告指出，讲好中国故事应该把握古今、中外、前后三个关系，找到精神的共通点、思想的共享点和情感的共鸣点。情感源于贴近，思想在于挖掘，以上几点的共同基础在于恰当的选题与素材。

一方面，聚焦典型，以校园故事彰显榜样力量。高校的主体是人，优秀的校园人物不仅是鲜活的故事素材，更是优秀高校文化和精神的重要载体。从全国首个儿童膳食指数建立者成果教授、华西医院耳鼻喉专家赵宇教授到第三季中国诗词大会全国季军韩墨言，四川大学官方微博团队着眼于优秀的校园人物，传播榜样能量，用鲜活故事讲解校园文化精神。

另一方面，拓宽视野，挖掘个性素材。海纳百川，有容乃大，四川大学官方微博团队在"包容共生"的川大精神指引下，将视线投向校园内外，关注特色校园人物，创作出包括"极市在川大""他们的宝宝叫明远""表白墙里有安家"等系列特色报道，捕捉师生个性，勾勒温暖校园生活，凸显多彩师生形象。

二、叙事模式：图文并茂精讲人物故事 立足实践描摹多元群像

叙事是故事的中心环节，也是提升作品传播效果的关键步骤。只有贴近师生、贴近校园、贴近生活，才能让高校故事真正焕发生机活力。由此，四川大学官方微博团队立足充实材料，深耕作品“可读性”，在体裁上多用“通讯”形式，将精炼的人物故事串联，多角度描摹，凸显立体人物形象，同时采用第三人称叙事，大量穿插人物直接引语，增强“真实感”，创造出真实的“对话”空间，让故事趣味化、可读化。

在精准刻画个体的同时，在特色校园活动中，官微团队将镜头对准群体故事，推出“看见——川大迎新的九张面孔”“122 岁，我们和川大一起跑起来”“自遇见起，星辰大海在你眼里——520 川大‘遇见’故事”等系列人物群像故事，塑造多元形象，以特色群体烘托精品活动，打造川大“人物志”，立足人物，让人物因故事而生动，新闻才能因人物而精彩。

传播话语方面，官微团队在扎实报道文本的同时，关注新媒体环境下的“视觉传播”趋势，设计“图片故事”“精品图文”等形式，推出“银杏故事”“妇女节听她说”等主题图片报道，丰富传播形式，增强吸引力和可看性。

三、文风特色：叙事亲和 以情动人

素材为基石，采写成关键。贴切的写作风格和叙事特色在高校故事传播过程中扮演着不可忽视的角色。在新闻作品的文风特色上，四川大学官方微博团队坚持以受众为核心，贴近受众的思维习惯和语言习惯，兼容并蓄，兼收并取。

一方面，在文风上，强化新闻作品的“亲和力”，在写作过程中，以高校学生为受众，贴近高校的表达口吻，保证清晰流畅的同时巧妙化用网络流行用语，制作特色标题，缩小与读者的距离，让新闻作品具有活力和生命力；另一方面，在写作侧重上，摒弃华丽辞藻和形式用语，以“情”为核心，深耕新闻选题背后意图传播的高校精神文化，挖掘新闻人物背后的“宝藏”，以“登上春晚背后——华丽绽放的川大舞蹈之花”映射学子投身艺术的决心毅力，用“他们的上学路上多了一座桥”定格精准扶贫工作中的高校身影，走进“表白墙里有安家”，传递最真实的互助之乐、同学情谊。真诚叙事、以情动人，让每个故事成为高校文化精神最有血有肉的见证。

（作者：四川大学官方微博团队 张诗萌）

案例 62

联起来　动起来
构建融媒体时代高校网络育人新模式

习近平总书记在全国高校思想政治工作会议上强调，把思想政治工作贯穿教育教学全过程，开创我国高等教育事业发展新局面。融媒体时代，掌握网络舆论主动权的任务更加重要，利用各类新兴媒体平台引领师生思想、实现网络育人的任务更加艰巨。西南交通大学主动构建新媒体矩阵成立新媒体联盟，扎实推进学校网络宣传思想教育工作，牵头成立四川高校新媒体联盟、西南交通大学新媒体联盟以及交通大学新媒体联盟，形成“一面旗帜，多种表达”的媒体融合工作格局。

一、平台搭建有保障

西南交通大学已建成“传统媒体 + 新媒体”共融矩阵，以校报、广播、电视、门户网站、新媒体为主要代表。以新媒体中心为主要运营主体，建成官方微信、微博、今日头条、抖音、B 站、QQ 公众号为主的“6+N”融媒体矩阵，粉丝数量累计 60 余万。

二、融媒发展有矩阵

西南交通大学积极探索融媒体发展之路，在渠道拓展、网络育人等方面取得一定成果。校内整合 500 余个校园媒体平台构建校园新媒体联盟，校外积极联合川内 26 所高校牵头发起成立“四川高校新媒体联盟”，联合内地 4 所交通大学发起成立“交通大学新媒体联盟”。定期开展全国性新媒体论坛及线下沙龙活动，校内校外双轮驱动，加强与全国高校思想政治工作网、中国教育政务新媒体联盟、全国高校校园网站联盟、中国大学生在线等平台的互动，实现了多层次多维度的互联互通、共建共享，取得了良好的育人实效。

2018 年“以新媒体联盟汇聚正能量 构建新时代网络育人平台”获批高校思想政治工作精品项目。

三、探索创新有成果

品牌化运营五年来，学校新媒体工作从“西南交大现象”提升到“西南交大模式”。2016 年至今，国家级平面媒体共刊载 207 篇报道、中央电视台共播出 41 条新闻，报道新媒体创新表达方式，微信推出阅读量“10W+”图文 38 篇、官方微博数次以正面话题登上微博热搜榜。我们还编辑出版网络思想政治教育创新研究丛书《高校新媒体发展案例选编》，系统总结形成可复制、可借鉴的建设模式和创新案例。

图 1　西南交通大学出版《高校新媒体发展案例选编》

四、网络育人有机制

1. 注重顶层设计，健全网络育人体系

学校通过党委常委会、校长办公会、部门部务会和二级单位党政联席会等设立网络育人专项议题，统筹部署推进网络文化育人工作。出台《加强和改进新形势下网络宣传思想工作的实施意见》《网站年审备案管理办法》《关于加强校园新媒体建设和管理的指导意见》《西南交通大学校园新媒体联盟运行办法》等系列配套文件，着力构建校园网络文化育人长效机制。

2. 创新体制机制，繁荣校园新媒体平台

构建“同频共振机制”，加强新媒体联盟的平台优势，打造成为融“工作融合、资源共享、价值共塑、形象共塑、品牌共造、声音共发”为一体的平台；构建“网络成果认定机制”，探索优秀网络文化成果纳入学校科研成果统计、各类晋升评聘和评奖评优范围；构建“奖励激励机制”，发起“个十百”激励计划，每年评选十佳优秀新媒体、二十名优秀学生、五十件优秀网络作品、百名优秀粉丝。

五、传播形式有活力

西南交通大学不断丰富网络文化传播新形式，增强文化感召力。推进 VR、AR 等新媒体、新技术的应用，积极抢占头条号、QQ 校园号、抖音、B 站等新兴宣传阵地，将校园文化的传播巧妙地嵌入日益更新的微平台。加强新媒体产品开发力度，将师生喜闻乐见的产品形式与思想政治工作结合起来，运用新媒体新技术使学校宣传思想工作活起来。学校连续获评全国教育系统新媒体宣传综合力十强、中国大学最具影响力新媒体十强、微博全国十佳团队、全国高校微信优秀网络栏目、全国“五个一百”网络正能量专题奖项等，网络育人效果明显，形成了良好的育人传统。

序号	时间	标题
1	2015/5/15	西南交通大学 120 周年校庆公告
2	2015/6/10	选择最重要|报考西南交大的 N 个理由
3	2015/10/7	CCTV《超级实验室》|西南交大：自主创新，打造“中国速度”
4	2015/10/29	原创动画《途锐》首发|120 年，从马拉火车到高铁，交大是怎么做到的？
5	2015/12/22	弦歌三世纪|交大版《南山南》，把交大唱给你听
6	2016/1/10	校庆倒计时 125 天|央视著名主播崔志刚校友亲“声”演绎《与你相关 我就爱恋》献礼母校
7	2016/2/28	对不起，我要回交大了，别再找我了
8	2016/3/16	校庆倒计时 60 天|机车博物园开园啦，做交大最好“玩”的文化
9	2016/3/25	穿越三世纪|愿交大时光留住你最初的模样
10	2016/4/26	献给爱交大的你|原创歌曲【犀安路 999 号】
11	2016/5/7	CCTV 新闻联播|世界最长中低速磁浮线正式载客运营 西南交大提供核心技术

12	2016/5/10	灌输文化尚交通|西南交通大学建校 120 周年专题片
13	2016/5/12	《人民铁道》特刊|交大梦烛照未来——写在西南交通大学建校 120 周年之际
14	2016/5/13	120 年交大荣光，辉映天府之都
15	2016/5/15	竢实扬华 交通天下|西南交通大学纪念建校 120 周年
16	2016/5/15	全球百所高校@西南交通大学|百廿交大，与你同行
17	2016/5/21	中央电视台《新闻联播》头条!! 西南交通大学：科技成果确权 自主创新提速
18	2016/6/22	跨越二十一年的纪念|记西南交通大学第 61 任校长孙翔
19	2016/7/15	这晚霞 很交大
20	2016/8/30	如果给交大定一个小目标，比如……
21	2016/10/1	世界首例新能源空铁列车成功“飞”起来了！西南交通大学牵头联合研制
22	2016/11/21	100%中国制造|西南交大助力世界首条新能源空铁成功试跑
23	2016/11/28	我们的态度
24	2017/1/14	西南交大位居全国第一！过去 17 年重大工程领域国家科技进步奖拿奖哪家强
25	2017/2/11	交大版《成都》来了！带不走的交大故事
26	2017/4/25	教育部党组书记、部长陈宝生考察西南交通大学
27	2017/5/31	央视《新闻联播》头条！西南交大坚实推进科技改革发展
28	2017/6/27	奔跑吧，复兴号！西南交大人再立新功
29	2017/11/19	谁是你心中的 TOP10！西南交通大学 2017 年十佳校园媒体
30	2018/4/29	好听！交大人献给西成高铁的歌
31	2018/5/3	CCTV 新闻联播|点赞青春交大人！
32	2018/9/3	人民日报，新华社，中青报齐点赞！西南交大“00 后”新生文言体发言火了
33	2018/10/24	港珠澳大桥通车！中国工程背后的交大力量！
34	2019/4/28	青春快闪！西南交大师生唱响《强国一代有我在》
35	2019/5/11	震撼！西南交通大学 2019 版宣传片来了！
36	2019/5/15	西南交大，交通天下！交通天下！
37	2019/6/24	多少分，可以上交大？
38	2020/5/15	西南交大，生日快乐！

表 1　西南交通大学 38 篇“10 万+”文章列表

（作者：西南交通大学新媒体中心）

案例 63

“五微一体化”大学生网络思想政治育人模式的构建与实践

习近平总书记在全国高校思想政治工作会议上指出：“要运用新媒体新技术使工作活起来，推动思想政治工作传统优势同信息技术高度融合，增强时代感和吸引力。”“互联网+”时代大学校园新媒体的建设和发展是高校思想政治工作的重要组成部分，也是学校全员、全方位、全过程育人的重要体现，运用“互联网+”思维破题新形势下的思政工作，依托新媒体开展网络育人，已成为高校共同探索的新挑战。

江西中医药大学（以下简称“江中”）“五微一体”网络育人模式以微平台、微交流、微作品、微课堂、微活动为支撑，“五微”之间相互促进、结合，遵循思想政治工作、教书育人和学生成长的规律，推动思想政治工作传统优势与信息技术高度融合，使高校思想政治工作得到更好的发展。

一、“五微一体”网络育人模式

1. 微平台，丰富大学生网络育人载体

以微信、微博两个大众化平台为基础，以贴吧、抖音等特色化平台为牵引，以荔枝 FM、易直播等小众化平台为补充。

2. 微交流，巩固大学生网络育人阵地

（1）立足江中，服务在校师生。江中青年新浪微博平台帮助师生发布寻物与招领启事，开设了#休闲指南#、#江中分享#和#江中原创#话题，其中#休闲指南#累计阅读量 7.6 亿人次，#江中分享#累计阅读量 5 837.4 万人次，#江中原创#累计阅读量 1 565.2 万人次。

（2）情系江中，温暖毕业校友。针对毕业校友开展了“我欠江中一个告白”活动，征集毕业校友对母校的祝福，免费寄送“手绘江中系列”明信片+地图+书签和“最美时光”明信片。

（3）沟通江中，联系上下组织。与上级团组织@共青团中央、@江西共青团等官方微博以及学校各学院团委微博进行互动，其中《刷屏江中朋友圈的雪景和“水晶”这里都有，这样的江中美爆了！》一文曾被人民日报官方微博转发。

3. 微作品，完善大学生网络育人手段

（1）微视频：视觉盛宴。先后推出了《悦动江中》和《悦赏江中》两个视频，阅读量均达到6万以上，评论数千条。

（2）微歌曲：听觉盛宴。连续四年推出改编歌曲——《关于江中的记忆》、江中版《南山南》《江中有点甜》和江中版《暖暖》，作为定期给母校的生日礼物。

（3）微周边：触觉盛宴。开发“手绘江中系列”“最美时光”明信片，江中青年笔记本、钥匙扣以及水杯等系列产品。

4. 微课堂，拓展大学生网络育人空间

（1）政治课：把握时事政策。我们始终将培育和践行社会主义核心价值观作为开展大学生思想政治教育的基本原则，将社会主义核心价值观融入学生思想教育的全过程。

（2）专业课：品味传统医学。开设传统医学专业“微课堂”，江中青年新浪微博主持“中药知识课堂”话题，以中医按摩推拿教人因人制宜，以中药药膳教人以食养性。

（3）就业课：提高综合能力。从考研、考公务员、考证以及招聘四个方向帮助江中学子明确就业方向。

（4）历史课：回首那年今日。始终引导学生关注、正视历史，在各大历史事件的纪念日当天，回顾和铭记历史，总结经验。

（5）生活课：学习生活技巧。江中青年新浪微博开设#早安，江中#、#夜，江中#和#我在江中过四六级#等话题，关注大学生的生活起居及学业安排，保障在校大学生的生活权益。

5. 微活动，丰富大学生网络育人内容

（1）教育大学生尊重传统文化，构筑精神高地。以线上线下相结合的方式，弘扬中华优秀传统文化。线上活动有“我的年夜饭”等系列活动；线下活动如“喜迎新春——全校送‘福’字”活动累计发出8 000余份“福”字，传递新年祝福。

（2）教育大学生尊重红色文化，不忘初心，牢记使命。先后开展了“‘五四’爱国主义教育系列活动”等20余项线上宣传活动，组织数百名学生干部参观江西省纪念长征胜利八十周年主题展览，使同学们以史为鉴，继续前进。

（3）培养大学生爱校情怀，弘扬校园文化。开展了“最美系列——最美学生干部、团支书、军训学员”等10余项线上活动；开展了新浪微博“开学嘉年华”线下活动，参与人员1 000余名；开展了“带着校徽去旅行”活动；组织数百名学生参加第十六届“挑战杯”大学生创业大赛，也组织了课外学术科技作品竞赛、社科类作品培训讲座等数十项线下活动。

二、“五微一体”育人成效

江西中医药大学“五微一体”网络育人模式逐步构建以新媒体为主的高校网络育人工作体系，在活跃指数、文化传播、学生收获、成果总结、媒体影响等方面取得了可喜的成效。

1. 育人硕果累累，综合成效明显

在“五微一体”网络育人模式的实践过程中，我们培育了青年学生自我教育、成长的良好氛围，培养了优秀的青年学生意见领袖。依托于“五微一体”网络育人模式的课题《“五微一体”工作法推进网络育人工作全面发展》获得2019年第三届全国高校网络教育优秀作品推选展示活动工作案例三等奖，“江中青年”新媒体平台先后荣获微博月榜、周榜全国第一，荣获2016—2017年度“优秀高校团委微博”、2017年度及2018年度“江西十大共青团微博”、2017年度及2018年度“江西十大省属本科团委微博”、2017年江西省“龚全珍式向上向善好集体”、2017年度“优秀项目执行通讯站”、2017年度“优秀青年志愿者集体”、2017年“镜头中的三下乡”优秀视频奖、2018年度及2018—2019年度中国（江西）高校传媒联盟“十佳校园新媒体”、2018年全国学生最具影响力新媒体社团、2018年度最具服务力高校团委微博、2018年“青春三下乡”微博评选活动中荣获“高校优秀传播奖”等荣誉称号。

同时，结合“五微一体”网络育人实践，我们还逐步探索取得了丰硕的理论成果；论文《论高校思想政治工作创新——以江西中医药大学团委新媒体中心为例》入选全国学校共青团2017年学术年会优秀论文集；课题《平台+队伍，构建网络思想政治教育新模式》获得2016年江西省高校辅导员工作精品项目和2015年江西省高校网络宣传思想教育优秀作品二等奖。

证书

江西中医药大学 万泱、田川、李鹏：

你的作品《"五微一体"工作法推进网络育人工作全面发展》，荣获第三届全国高校网络教育优秀作品推选展示活动工作案例

三等奖

教育部思想政治工作司　　中央网信办网络社会工作局

2019年5月

图 1　2019 年第三届全国高校网络教育优秀作品推选展示活动工作案例三等奖

荣誉证书

Honorary Credential

JIANGXI

江西高校传媒联盟

JIANGXI UNIVERSITY MEDIA UNION

江中青年

贵会员媒体荣获2018年中国（江西）高校传媒联盟"十佳校园新媒体"荣誉称号。

特发此证，以兹鼓励！

中国高校传媒联盟　　中国（江西）高校传媒联盟

二〇一八年四月

图 2　2018 年度中国（江西）高校传媒联盟"十佳校园新媒体"

荣誉证书

江西中医药大学江中青年工作室：

在"燃青春 聚能量"2018 年第三届全国学生社团影响力展示活动中，经组委会审议评为：

全国学生最具影响力新媒体社团

特发此证，以资鼓励！

共青团中央网络影视中心

未来网

2019年1月

图 3　2018 年全国学生最具影响力新媒体社团

2. 受众高度认可，育人效果显著

“五微一体”网络育人模式经过五年的探索和实践，获得了高度认可，受众通过网络留言等形式对我校网络育人模式表示肯定和赞扬。

3. 社会广泛认同，示范作用突出

学校多次在重大会议或活动上推广“五微一体”网络育人模式，分享我校在网络育人工作上的特色和经验，在“首届中国中医药新媒体传播峰会”“全国高校团委新浪微博颁奖仪式”等多种场合全方位、多角度展示“五微一体”网络育人成果，得到了一致的肯定与好评。大家纷纷认为“五微一体”网络育人模式理念先进、模式成熟、特色鲜明、成效显著，具有科学性、创新性、实践性、示范性、操作性，有很强的推广价值。

（作者：江西中医药大学江中青年工作室）

案例 64

西南民族大学“民小薇”：言文行远，为内容而生

▲西南民族大学官方微信公众号

民小薇工作室是西南民族大学（以下简称“民大”）官方微信、微博、QQ 公众号的运营中心。它隶属于校党委宣传部，是学校党委、行政的宣传平台。

打造校园新媒体平台，讲述民大好故事、传播民大好声音、弘扬民大正能量。岁月流金，作为川内新媒体的后起之秀，民小薇工作室砥砺奋进，加强了三个官方新媒体间的互通联动，打造出若干优秀作品。

言文行远，好的作品不仅能够增强校园新媒体的传播力、公信力和对主流媒体的影响力，更能营造校园良好的文化氛围，影响青年学生的“三观”塑造。

2018 年 4 月 13 日，西南民族大学官方微信迎来了平台创建以来的第一条阅读量超过 10 万的推送。官方微信的稳健发展离不开团队对推送内容质量的严格要求与“走心”打造。秉持着“新媒体创作以内容为王的理念”，官方微信师生团队定期举行选题会，在选题会上集思广益、充分讨论交流。选题一经确定后立即排列上线，项目组随即配对产生。除了团队本身的内容建设外，投入辅助推送设备、加强与学院及其他校内官方微信平台的联系、清博大数据指数分析都成为学校官微团队运作的必备利器。这些措施使得推送形式更加多元新颖、推送流程更加专业、内容更具学校特色。

推送《传说中的新食堂明日首秀！小薇来剧透》《爆款！住在“北欧风”

宿舍的女生们》不仅收获了学校师生和大批校友家长的热烈关注，更得到了大量主流媒体的关注与转载。一年一首的年度歌曲制作也成为学校官微团队的传统动作，更因此培养了用户的接收期待，成为官方微信的品牌栏目。

图 1　官方微信品牌栏目——年度歌曲

西南民族大学官方 QQ 公众号适应“95 后”受众而生，其具有传播时效快、投放比率大、装载效率高的特点，获全国传播示范号、优秀校园号等荣誉。

图 2　官方 QQ 空间发挥自身优势，陪伴民大学子每一天

QQ 空间作为当下 00 后中最活跃的信息集群之一，在信息的密度和阅读的便捷度上都有较大优势。官方 QQ 空间充分发挥自身优势，通过对校园生活资讯如校园水电、学生住宿、考试等的实时发布，增强了空间用户对于 QQ

空间的依赖度，加之适当的“空间说说”的互动，增强了粉丝的参与度与活跃度。QQ 空间的高指数活跃度展现了平台的发展潜能，为学校官方新媒体“民小薇”品牌进一步拓展提供了更广阔的空间。

微博是一种基于用户关系的信息分享、传播以及获取广播式的社交网络平台，它通过关注机制分享简短实时信息。官方微博团队根据不同传播内容设立了新闻组、生活组、公关组三个互联互通的媒体分组。

图 3　官方微博特色话题

官方微博精心设置的#我来给你说民族#、#了不起的民族瑰宝#话题，分别获国家民委 2017 年度“全国民族题材好新闻推荐活动”优秀专题专栏奖。此类话题，不仅凸显了民族大学的自身特色，还在给粉丝传播民族知识的同时提供了民族文化交流的平台。微博话题#民小薇在线#通过对官方微信平台的编辑转发增强了新媒体间的联动互通。此外，互动话题#早安民大#、#晚安民大#、#与西米露的夜谈会#等，有效利用微博的互动功能，在与粉丝的亲密互动中，增加粉丝黏性。

白岩松在他的演讲中说过一句话：“我不在意媒体的新或者传统，我更在意媒体的内容。”此话“民小薇”亦深深赞同。西南民族大学“民小薇”旗下的三支新媒体队伍正在重视“以作品的品质抓住读者、以内容的特色吸引粉丝，以温存的情怀打动用户”的道路上不断探索和前进。

（作者：西南民族大学民小薇工作室）

案例 65

向上吧，青春！用鲜活的故事讲述向上的力量！
——西安科技大学新媒体平台精品栏目运营经验分享

▲西安科技大学微信公众号

▲微信文章《向上的青春——西科学子白永皓背着妈妈上大学 用行动诠释人间孝道》

▲微信文章《【星光西科】从 Nature Materials 刊发学术成果看我校教师、青年科学家郑斌的学术成长之路》

图 1　西安科技大学《向上吧青春》栏目

《向上吧青春》栏目是西安科技大学（以下简称“西科”）新媒体平台中的一个重要栏目，也是讲好西科故事、传递西科正能量、展现西科人精神风貌的新媒体平台精品栏目。它创新地将深度报道与新媒体话术有机结合，以师生喜闻乐见的形式为载体，在标题、文稿、图片、视频、音频等方面下功夫；以向上向善西科人的故事为核心，在挖掘典型事例、讲好故事方面做文章，丰富高校思想政治教育途径，增进校园文化自信，让榜样能量引领学生成长。栏目先后在第二届全国高校“名站名栏”征选活动中获得全国高校优秀网络栏目，在首届全国高校媒体融合与全媒体发展峰会上获评全国高校全媒体优秀案例。自 2015 年开设以来，累计推送 84 篇，其中《西科学子白永皓背着妈妈上大学　用行动诠释人间孝道》获得陕西高校十佳好故事,《当青春披上国旗的颜色》获得陕西高校优秀好故事,《把双眼留下看这世间的美好》获得第二届全国大学生网络文化节网络文章三等奖等荣誉。现将栏目运营中取得的一点经验分享如下，以飨读者。

一、栏目建设

栏目在创意雏形阶段即得到了校领导及党委宣传部领导的关心与支持，各位领导还指派了3名党委宣传部指导老师负责栏目的整体规划和具体运营。学校新媒体中心组建了《向上吧青春》栏目组，包含文字学生记者 2 人、摄影摄像学生记者 4 人、编辑 2 人，共同打造《向上吧青春》栏目。《向上吧青春》团队每半月举行一次选题会，每季度举行一次专题培训会，确保团队在岗人员人人业务精、个个能力强，保证《向上吧青春》栏目多出精品。

二、栏目选材

1. 孝老爱亲、青春向上的西科学子

优秀学子是学校宝贵的财富，他们往往在同龄人中有一定影响力。通过录制访谈视频，《向上吧青春》栏目生动地展现了一大批孝老爱亲、青春向上的西科学子风貌，让他们不再仅影响一些人，而是用优良品质感染一群人。

栏目在第一时间关注了学校地环学院学生白永皓。在一场突如其来的车祸后，白永皓的父亲去世，母亲瘫痪在床，面对生活窘境，白永皓选择让妹妹继续读书，自己休学照顾母亲，用稚嫩的双肩扛起家庭的重担。

在母亲病情稳定后，他选择带着高位截瘫的母亲重返校园，走上了“背着妈妈上大学”的艰辛之路。《向上吧青春》栏目知道白永皓的事迹后，及时对他进行报道，争取到学校层面的帮扶，并宣传其至亲至善的感人事迹，推出《西科学子白永皓背着妈妈上大学 用行动诠释人间孝道》的报道文章以及采访视频。后来白永皓被人民网、新华网等越来越多的媒体关注到，被树立为孝老爱亲的典型。在第六届全国道德模范评选中，白永皓获评孝老爱亲类全国道德模范，受到习近平总书记的亲切接见。

《向上吧青春》栏目还打造了《西科朗读者》子栏目，将音频与事迹结合，发掘了为扛起家庭重担无奈退学，在而立之年重新高考成学霸，并保送至中科院攻读研究生的陈新。将视频与事迹结合，跟拍学校礼宾队，从清晨六点的训练到国旗迎着朝阳升起，从夜幕降临开始晚训到睡觉前一刻，以微纪录片的形式展现礼宾队的红色青春。

2. 敬业奉献、为人师表的西科“黄大年”

黄大年是一名优秀的共产党员，也是一位爱岗敬业、甘于奉献的教育科研工作者。在西安科技大学，也有很多教师辛勤耕耘在教学、科研一线，用

实际行动践行着“黄大年精神”。

根据国家自然科学基金、国家社会科学基金的项目获批情况，《向上吧青春》栏目寻访到西安科技大学材料学院郑斌博士。他自阿普杜拉国王大学归国以来，一直不遗余力做好一名研究者、育人者，其研究成果以“Unravelling surface and interfacial structures of a metal–organic framework by transmission electron microscopy”为题在线发表在国际权威学术杂志《自然·材料》(Nature Materials, DOI: 10.1038/nmat4852）上。论文作者中，郑斌博士排名第 3（共 13 人），为唯一的国内人员，西安科技大学为唯一的国内单位。黄庆享教授获得陕西省科学技术一等奖之后，《向上吧青春》栏目及时跟进采访，以科学技术奖的获得为契机，将黄庆享绿色开采的领跑者、科学研究的长跑者、师生喜爱的师之大者的立体形象展示给全校师生。从新闻报道中了解到离退教师韩莹夫妇签订捐赠眼角膜协议一事后，《向上吧青春》栏目及时到韩莹老师家中采访，挖掘出其知青岁月作为乡村医生、大学时代作为文艺作家、退休后成为心灵之师的三个阶段的动人故事。

寻找人物的形式力求多元，只要有可取之处，《向上吧青春》栏目就会深入挖掘，力求将西科“黄大年”们的事迹准确、全面、鲜活地呈现出来。

3. 追逐梦想、熠熠闪光的西科榜样

《向上吧青春》栏目了开设《星光西科》子栏目，展现执着追逐梦想、熠熠闪光的西科榜样。以校友邓康延返校作报告为契机，我们通过微信平台让更多人了解这位“文艺”中年的追梦故事。稿件以深度报道为主，以报告会为切入点，避免报告会新闻稿件的乏味。我们还以“不会打太极的人民教师不是好的材料科学家——彭龙贵”为题，形象地展现了彭龙贵老师用生动语言解读材料学，用实际行动解决企业难题以及在加拿大访学时向中国大使馆教授太极拳、还受到李克强总理亲切接见的事迹。彭龙贵从教的 15 年，让科学流行起来，让技术转化起来，让文化传承起来……

通过发掘典型、讲好西科故事，我们发现深度报道依然有市场。深度报道在新媒体的应用有利于实现新媒体的育人功能，有利于增进师生的校园文化自信，有利于借新媒体之势，行传播正能量之实。

三、栏目宣传

《向上吧青春》栏目自开设之初，即在西安科技大学官方微信平台取得不错反响，后通过校内校外、线上线下多种渠道宣传推广，栏目的影响力不断

扩大。学校新闻网、校报、官方微博等平台多次选用栏目推出的精品稿件及视、音频作品，让传统媒体受众和新媒体受众都可以感知《向上吧青春》的力量。除了人民网、西安日报等媒体主动联系选登外，我们也将部分作品积极向社会新闻媒体推介，通过社会媒体扩大栏目校外影响力。栏目中宣传报道的人物，我们除了在线上宣传之余，还会安排在各种线下场合，如报告会、“青年说”比赛等，让优秀典型向广大师生分享榜样事迹。

（作者：西安科技大学 李波、梁旭康）

案例 66

新媒体栏目化运营：以四川农业大学为例

▲微信文章《重磅！这个权威榜单上全国所有一流学科建设高校中，川农排第一！》

▲微信文章《usb|川农人的熬夜状况报告》

▲微信文章《ICON 川农|18 新生军训特写首次公开》

▲微信文章《陈姝蓓：独游欧洲十九天》

新媒体平台栏目化对平台运营者和订阅者均有益处：一方面使运营者的选题成本降低，可针对栏目进行头脑风暴，有利于把栏目做深入，形成宣传声势，强化宣传效果；另一方面平台可以把内容呈现得更加条理化，精准吸引对此类推送感兴趣的订阅者，给予其正确的预期，增强他们的体验感，从而提升其对公众号的喜爱程度。

公众号“四川农业大学”作为四川农业大学（以下简称“川农”）的官方新媒体平台，为了更好地传达权威消息、宣传校园文化、引导学生思想，设有多个固定栏目：发布权威消息的《权威发布》，体现川农学子真实情况调查《川农数据 USB》，报道公众人物来校的《枣子大来宾》，营造校园读书氛围的《耐阅》，宣扬校园平凡人物不平凡事迹的《ALIVE》，展现“男神”“女神”风采的《ICON 川农》等。

高校官方新媒体的基本作用是要准确快速地传达学校最新的政策和报道最新的大事件，《权威发布》就是为此而设立的栏目。《权威发布》栏目有一个与其他推送不同的特点，常规推送的封面是与推送内容相关的，但是该栏目的封面一直为写有“权威发布”四个字的图片，显示着此类推送的严肃和权威，简洁的封面也保持了推送的神秘，让订阅者看到封面便知道这条推送“不一般”。如果再在标题上写上一些吸引点，则会有更多的点击量。如《重磅!这个权威榜单上，全国所有一流学科建设高校中，川农排第一!》这篇推送中，“权威榜单”“第一”等关键词对观众吸引力十足，同时《权威发布》栏目的权威性保证了这一篇不是“标题党”式推送，确保了推送质量，观众可放心地进行阅读。观众体验感好，与此同时平台阅读量也得到增加，实现双赢。

进行当代大学生的真实想法和日常习惯的问卷调查，在推送中使用图表直观呈现问卷结果和分析，文末给出正确的思想引导，这是《川农数据 USB》栏目的做法。《USB|你想知道川农有多少人在谈恋爱吗？》《USB|想知道在川农，大家都是怎么花钱的吗？》《USB|川农人的熬夜状况报告》等文章，从恋爱、消费、熬夜三个大学生群体较为关心的角度切入，用真实调查数据反映

川农学子的生活，让学生对自己情况进行反省总结、为家长老师提供了解学生真实情况的途径。话题的选取扣准学生关心的话题，在日常推送的结尾附上调查问卷链接，订阅者自愿进行填写，既收集了问卷，也和订阅者进行了互动，推送发出时参与者会主动查看调查结果，是一种可良好增加用户黏度的互动模式。

在某一领域有突出表现的优秀人物和外表美丽帅气又有故事的“男神”“女神”的采访一直是受众广泛的推送主题，也是各大高校官微都喜欢做的选题。四川农业大学官方微信将这两类人物进行了栏目细分：对于在科研、创业、摄影、辩论等方面有突出表现的人物，我们放置在《ALIVE 栏目》；对于既有美丽外在又有些许故事的同学，我们归为《ICON 川农》栏目。两个栏目均为人物采访类型，但是 ALIVE 更注重于人物的故事，是标准的人物专访，而 ICON 更着重于照片展示，穿插着人物小采访。所有推送最后都会附上近期的推送，进行二次传播，而人物采访栏目只附上同一栏目的近期人物推送，形成人物采访系列。一定数量的优质推送会在观众心中形成品牌，形成了品牌的栏目会依靠自己的品牌效应带来流量。《ICON 川农》栏目此效应就比较明显，在川农学子的心中，“ICON 川农”系列推送就是美丽帅气的代名词。在新生季，运营团队会把大家对新生的期待和“ICON 川农”品牌结合，推出新生 ICON 合集，如《ICON 川农|18 新生军训特写首次公开》和《ICON 川农|2017 级新生特辑》反响就很不俗。

（作者：四川农业大学 巫大宇）

案例 67

新媒体语境下传统媒体如何紧跟新形势
——“交大之声”新媒体平台的发展与融合

▲“交大之声”微信公众号

西南交通大学广播台“交大之声”隶属于西南交通大学党委宣传部，始建于 1952 年。作为校园媒体，68 年来“交大之声”始终发挥着学校舆论宣传阵地的重要作用，为广大师生带来丰富的文化节目与听觉享受。

作为交大历史悠久的传统媒体组织，“交大之声”拥有一批专业纯熟的播音与制作团队，向广大交大师生听众每日输送优质的广播节目，节目类型多样，包括新闻评论类节目《新闻天下》、体育评论类节目《体坛双雄会》、英语脱口秀节目《英语汉堡》、校园采访类节目《交大人身边事》、文艺抒情类节目《南国巷子》、传统文化类节目《旧城老街》、生活辩论类节目《生活相对论》、读书分享类节目《读书》、时政宣传类节目《党团之声》和娱乐脱口秀节目《播客新视点》。

今天，在信息技术不断创新的背景下，以广播、报纸、电视为代表的传统媒体正在面临前所未有的发展困境，新媒体的快速发展对传统媒体造成的冲击力也越来越明显。广播是传统媒体的重要形式之一，如何快速适应新形势，在新媒体时代下打造属于自己的一方阵地，是广播媒体日后发展的关键所在。

2010 年 5 月，“交大之声”进行了全面改版与升级，使用“Sound Dreamer”作为全新形象与广大师生见面。这一改版不仅代表“交大之声”迎来了新的发展时期，更说明“交大之声”在逐渐到来的新媒体环境中主动进行转变与升级，尝试创造属于自己的“玩法”。

一、“玩转”公众号，创新初体验

“交大之声”官方微信公众号始建于 2013 年，是西南交通大学广播台交大之声官方微信公众号。截至目前，“交大之声”微信公众号共发送推送 1026 篇，平台关注量为 4182。

作为一个校园官方媒体组织，“交大之声”不仅扮演着传统媒体领航者的角色，更是主动在“传统媒体式微”的背景下，逆流勇进，主动探寻新形式、新可能。“交大之声”官方微信公众号就是在这样的新尝试下诞生的产物。“交大之声”微信公众号充分利用广播作为伴随式传统媒体的独特性质，采用图文结合的形式，在微信公众号这一交互性极强的新媒体平台中开设了一系列固定节目。经过近 7 年的磨砺，“交大之声”微信公众号现已成长为一个集声音与内容为一体、传达广播台最新动向的新媒体平台，不仅实现了广播节目视听效果最佳化，也成为“交大之声”在新媒体平台中成功的初尝试。

为了克服广播媒体易逝不易存的固有弊端，“交大之声”官方微信公众号开辟了“优质节目”这一固定栏目，定时定期向新媒体受众传送“交大之声”的优质节目，让交大师生能够通过微信公众号随时随地听见“交大之声”。“优质节目”这一栏目的开辟，也架起了传统媒体与新媒体之间交融互通的桥梁，为传统媒体的发展提供了新的可能。

此外，“交大之声”微信公众号还开辟了其他六档固定栏目，分别为话题分享类栏目《厉害了》、深度影评类栏目《捕风捉影》、悬疑破案类栏目《别保持沉默》、暖心治愈类栏目《HUSH》、甜蜜互动类栏目《只想告诉你》、经典诵读类栏目《觉醒》。这六档栏目风格各异、形式不同，但围绕的核心始终是将传统广播的声音“可视化、可感化”，在制作优质图文互动内容的同时，搭配广播精良音频，将视听效果充分结合，为受众带来丰富的体验。

微信公众平台是“交大之声”从传统媒体向新媒体融合道路上走出的关键一步，这样的尝试不仅促进了“交大之声”的个性化发展与内容质量的提升，也让“交大之声”跟上了新形势下媒体发展的步伐，获得了更多的关注度与受众。

二、“玩转”微博，贴近生活

“交大之声”官方微博始建于 2010 年，截至目前，平台拥有粉丝 11 191 名。

▲交大之声官方微博

中午或傍晚行走在交大校园中，一定能够听到广播中准时为交大师生播送的动听歌曲。秉持营造青春活力校园文化氛围的目标，广播台通过“交大之声”官方微博定时向广大师生听众发布“点歌”微博。周一至周五中午及傍晚，交大师生可以在“点歌”微博评论区进行“点歌”留言，当日编辑在其中选择几首歌曲进行播放。通过微博提供的“点歌”平台，广大师生可以和“交大之声”实现良好的沟通与互动。交大师生有了选择“自己想听歌曲”的权利。这不仅提升了“交大之声”在校园内的影响力与关注度，也让自身收获了一批固定的“粉丝”，获得一致好评。

“交大之声”官方微博平台的开放，使“交大之声”的形象不再局限于“宣传阵地”“喇叭电台”，而有了更为立体可感的形象，线上的实时互动增加了线下的讨论关注，实现了受众与平台的良性交互。通过微博平台，“交大之声”搭上了新媒体的“顺风车”，从遥远的“喇叭”里来到受众身边，以贴近受众生活的方式树立了自身的媒体形象与口碑，这样亲切可感、近距离的交流打破了传统媒体的固有弊端，推动“交大之声”在新媒体发展的道路上取得了进一步成功。

三、“玩转”网络电台，焕发全新生机

▲交大之声荔枝 FM：491553

▲交大之声喜马拉雅 FM：中国红_梦之声

荔枝 FM 是一款可进行声音互动的网络电台应用软件，主播在分享好声音之余，可以实现和听众的实时在线互动。“交大之声”荔枝 FM 始建于 2014 年，向广大听众群体定期定时传送“交大之声”日常的固定节目，目前拥有粉丝 606 名，累计播放量 4.6 万。听众可以通过“交大之声”荔枝 FM 平台听到“交大之声”主播们动听的声音和优质节目，并且通过留言与其他听众进行实时互动。

与此同时，“交大之声”以全新栏目“中国红_梦之声”入驻喜马拉雅 FM，入驻一年半的时间里，收获平台粉丝 334 名，共计订阅量 285。作为校园官方媒体组织，引领交大师生关心时政，培养其解读时政的能力，树立健康向上的思想是“交大之声”义不容辞的责任。通过与时下最流行的“网络电台”结合，“交大之声”入驻喜马拉雅 FM 成立了“中国红_梦之声”网络电台，及时传达最新最主流的思想动向，帮助听众及时了解和学习最新的方针政策，是一档可以听的“两学一做”品牌栏目。“中国红_梦之声”不仅帮助交大校内师生边听边学，也可以帮助广大的校外群体第一时间了解各项时政方针。

在广播与新媒体的融合已成大势所趋的态势下，与荔枝 FM 和喜马拉雅 FM 的融合是“交大之声”在新媒体尝试中的全新模式。通过交互性极强的网络电台，传统广播媒体焕发出了全新的生机。这种结合将“交大之声”的形象转换为一名“网络电台主播”，这不仅是与广播传统的特点进行结合、以受众的听觉为主进行内容传播，还是与网络平台进行结合，将“电台”“主播”放置在网络新媒体的大环境中，使之拥有更多接收信息的“触角”与发散信息的渠道，进一步扩大“交大之声”的影响力与覆盖面。

四、总结与反思

西南交通大学广播台“交大之声”作为一个校园传统媒体，在传统媒体式微的现实情境下，选择逆流而上，是一种极富勇气与挑战性的尝试。

在充分分析新媒体发展态势之后，“交大之声”结合微信公众平台、新浪微博、荔枝 FM 和喜马拉雅 FM 等新媒体平台，推出了一系列新媒体精品栏目。这种尝试在一定程度上克服了传统媒体交互性差、时效性不强、空间局限性大等弊端，在保有其原有优势的情况下，充分利用新媒体的交互功能，将新媒体的即时性、海量性与共享性与传统媒体相结合，使传统广播媒体在新形势下焕发出新的生机。

但同时，我们也要清楚地认识到，新媒体时代的到来，对于传统媒体来说既是机遇，更是挑战。传统广播在内容形式、管理体制、风格理念上还需要与新媒体进行更深层次的融合，“交大之声”的三种新媒体尝试是基于“交大之声”作为校园媒体的现实环境，但如果想要更上一步台阶，需要“交大之声”对新媒体环境进行更深入的探究，不能仅仅只是单纯依靠新媒体平台的助力，还要通过自身的创新与改革来焕发活力，在新媒体时代下找到属于自己的定位与立足之地，将“交大之声”的声音传播开来。

（作者：西南交通大学 卢玉倩、侯宝璇）

案例 68

扬华文化：为工科生插上艺术之翼

▲西南交通大学大学生艺术团微信公众号

西南交通大学大学生艺术团微信公众号由扬华文化新媒体团队运营。作为西南交大校园生活的文艺风向标，扬华文化依托西南交大大学生艺术团这一优势平台，旨在以通俗易懂的方式对高雅艺术进行普及，以生动活泼的形式对校内各类文化活动进行宣传，力求将西南交通大学大学生艺术团微信公众号打造成深受交大学子喜爱的、富有影响力的文化艺术类新媒体平台。在过去的两年中，扬华文化推出了《在交大——一个走心的绘本故事》及《现乐儿大未解之谜》等热门文章，创办了《去哪儿》《犀安录》等特色栏目，多次举办线上线下互动项目，不仅引领大家体验多姿多彩的艺术活动，也致力于让文化艺术浸润到日常的校园生活中去，为西南交大这样一所典型的理工类高校增添了浓厚的人文色彩。

扬华文化新媒体团队所属的大学生艺术团是交大文艺活动的前沿阵地，以校级层面文化艺术活动、大学生艺术团训练演出为主体内容，为全校师生带来第一时间的艺术活动快讯。与此同时，为消除部分学生认为自己无法欣赏的畏“艺”心理，也为使各类演出和讲座等活动更富有吸引力，扬华文化借助艺术团的优质资源，在各类文艺活动的预热推送中着力于对其进行风趣“揭秘”。例如，在锦瑟中乐团的专场演出前夕推出民乐专辑，对乐器和曲风的介绍幽默形象，“干货”十足；以门外汉的角度探班氧气舞蹈团，见证精湛的舞艺从一点一滴中形成，从而拉近普通大学生群体与舞台之间的距离。

此外，在“西南交通大学国际大学生文化艺术节”“高雅艺术进校园”等专项文化艺术活动中，扬华文化结合学生群体的接受水平，庄谐并重地阐释如何欣赏书法、舞蹈和戏剧等艺术瑰宝，将艺术之美以年轻化的表达方式呈现，以此提升西南交大学子的审美素养与艺术情怀。

图 1　“芳华”2018 军训慰问演出

作为高校的文化艺术类新媒体平台，扬华文化并不满足于传统的线上宣传模式，要想实现更饱满的宣传效果与更丰富的艺术体验，让崇尚艺术、喜爱艺术之风在校园内蔚然成风，势必要走下网络，走向师生。由此，西南交通大学大学生艺术团数次开展多种线下互动或体验项目。譬如“芳华”2018 级新生军训慰问演出，各表演团队在炎炎夏日的军训场上步入训练队列，奉上优雅的舞蹈、优美的歌声以及悦耳的乐声，让新生甫一入校就体会到艺术团的热情关怀，在悠扬灵动的艺术中陶冶情操。此活动在新生中反响甚好。

图 2　《去哪儿》栏目示范

“艺术团体验周”等精彩活动，为交大的“文艺青年”们提供了不可多得的接受专业指导的机会，让他们近距离体验诸如器乐、舞蹈、话剧和合唱等丰富多彩的艺术项目，真正调动爱好者的参与热情，了解文化艺术的创作过程，全身心地感受文化艺术的魅力。

此外，扬华文化也于近期推出了《去哪儿》和《犀安录》等特色栏目。《去哪儿》栏目是交大学子课余活动的权威公告牌，网罗校内各类有品的学术讲座、文艺演出和趣味竞赛等活动，同时带领大家发现校外更为丰富的展览、音乐会和艺术节等文化活动。不仅如此，团队从实际出发，站在当代大学生的角度，对各项推荐活动从交通、费用和时间等几个维度进行综合性评分，更显周到，达到了最佳宣传效果。《去哪儿》栏目填补了交大新媒体此前在该领域的空白，为交大师生开辟出更多接触文化艺术的渠道。

《犀安录》则是一组人物群像，栏目中的人物虽风格各异，但栏目核心在于呈现他们身上理性与浪漫的完美融合，引导“见贤思齐”的良好风气。在前五期栏目中，我们依次采访了艺术团五位 2015 级推免生代表，用有温度的笔触描述五位优异学子的逐艺故事及求学之路，不仅表现出他们扎实的艺术功底与优雅的艺术气质，更展现了他们出色的学习能力与强大的自律能力，让广大工科学子感受榜样的力量，通过他人的故事去激励自己，同时去发现自己也有另一种展示自我、实现自我的可能——走进艺术便是一种美丽的选择。

图 3 《犀安录》栏目示范

创办两年来，西南交通大学大学生艺术团微信公众号日趋成熟，形成了独特的运营风格以及一系列特色栏目，充分利用新媒体在传播广度与深度方面的优势，为广大师生带来不计其数的优质艺术活动快讯与艺术文化宣传推广，取得了良好成效。目前，扬华文化处于茁壮成长阶段，今后将会针对大家在文化艺术方面的需求在内容上进行深耕，也将拓宽视野，走进爱好文艺的师生中，进一步增加原创稿件数量。作为一扇丰富多彩的艺术宣传窗口，“德艺双馨，追求卓越”一直是扬华文化团队不懈的追求！

（作者：西南交通大学 赵敏聪）

200 万。这是国内高校首次采用微博直播的方式将校庆活动“挂上网”，首次面向全球进行移动、实时、互动、高清视频直播的大型活动。微博全天高频推送，直播期间同时在线观众高达 1.7 万余人。

交大新媒体积极策划联动国内外高校官博，牛津大学、剑桥大学、利兹大学、加州大学圣塔芭芭拉分校、北京大学、浙江大学等国内外的百余所知名高校微博“刷屏”为百廿交大庆生，传播威力巨大。除高校官博助力以外，中国铁路、中国大学生在线、四川共青团等各类官博也成了此次校庆传播的“扩音器”。

四、第四招　持续保温：策划执行　挑灯“夜战”

“好策划”加“好执行”等于“好效果”，新媒体工作不在一朝一夕，而在久久为功，重在坚持。要做到“快、极致、专注、口碑”，要么比所有人快，要么让快的人不如你做得极致，要么让偶尔做得极致的人不如你一以贯之的专注，这样慢慢就会收获口碑和影响力。

新媒体的运营者，要像恋爱中需要 24 小时时时开机的恋人，生怕对方（粉丝）会有什么事情找不到自己。阅读量的关注、舆情的观察……及时的回复和线上真诚的沟通构成了数以万计粉丝的认同感。对新媒体的热爱、有效的管理机制和持续的热爱是粉丝量、阅读量、影响力的源泉。长久的细心维护是赢得粉丝口碑的唯一秘诀，和新媒体谈的这场恋爱酸甜苦辣，只有随地保持着与粉丝在一起，才会不断向前。

（作者：西南交通大学 朱莹燕）

案例 70

新媒体矩阵齐发力
——西南交通大学“大声”告白祖国

一、总体概况

2019 年是中华人民共和国成立 70 周年，为表达对伟大祖国的祝福，弘扬爱国主义精神，激发广大青年学子的爱国心、强国志，西南交通大学联合微博校园面向全网发起“我给祖国表个白”系列活动，号召大家大声表达对祖国的爱。#我给祖国表个白#话题上线以来阅读量超过 1 700 万，有效参与人数 7 000 余人，广大网友和青年学子们用文章、视频、摄影、“快闪”“微情书”、拉歌接力等网友们喜闻乐见的形式表达自己对伟大祖国的爱与祝福。

二、主要特点和做法

爱国情怀是体现在点点滴滴的生活细节当中的。我们通过在微博上线活动，以#爱要大声说出来#作为引入点，号召大家注意到身边的小事，从点滴中感悟自己对伟大祖国的热爱，大声表达出对祖国的爱与祝福，打造出“大声说爱”的网络氛围，激发起广大青年学子的爱国心、强国志。

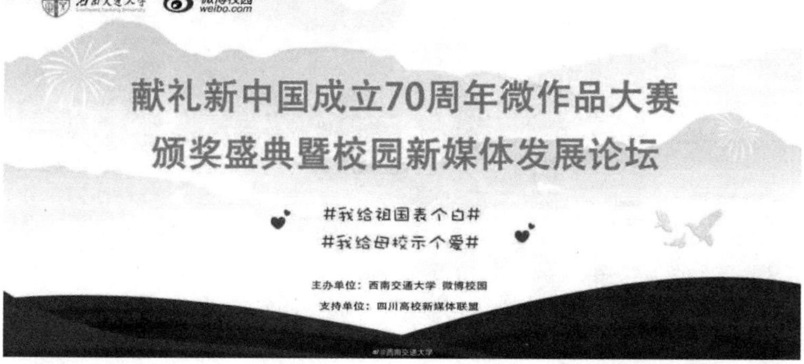

图 1 献礼新中国成立 70 周年微作品大赛颁奖盛典暨校园新媒体发展论坛宣传海报

在执行过程中，我们以活动带动传播力、覆盖面和关注度。我们与微博校园官方合作，扩大活动传播力度，以简单易参与的形式降低活动参与门槛，以丰富多彩的奖品吸引受众参加活动，以四川高校新媒体联盟作为组织依托保障活动参与度，通过现场演示和颁奖典礼增强活动的仪式感。我们还在一段时间内持续维护话题，发布“爱国奋斗”主题相关内容，打造为祖国“庆生”的氛围。

1. 新媒体矩阵齐发力，助推活动信息传播

2019 年 3 月，依托四川高校新媒体联盟，西南交通大学官方微博联合微博校园面向全网发起#爱要大声说出来#系列话题并申请成为话题主持人，活动选择在开放易传播的微博平台发起，西南交通大学官方微信、抖音等矩阵账号同步发布活动预热，微博校园官方账号矩阵与四川高校新媒体联盟账号矩阵共同助推，同时发布作品征集通知，最大限度地扩大活动的影响力和覆盖面。

2. 图文视频“拉歌”“快闪”，表白方式异彩纷呈

2019 年 5 月，活动完成作品征集环节。我们通过对优秀作品进行转发展示等方式引导鼓励投稿的体裁形式。我们收到的作品形式多样：有从故事入手讲述对祖国热爱的文学作品，有结合自身发展展现祖国发展对个人影响的创意图文，有字句斟酌的“三行情书”，有构思巧妙的创意视频、延时摄影，也有互相@带有互动属性的网络拉歌等。参与者们纷纷用自己喜欢的方式表达对伟大祖国的爱。

图 2　活动参与截图

3. 初评微博转评赞，以点带面助推话题热度

为进一步提升活动影响力，以优秀作品激励更多作品的出现，本次活动的参与作品以带话题的微博为基本形式，以转评赞传播数据为初评标准，以每一份作品的传播效果促进话题整体传播力度。同时对进入初评的作品进行网络点赞评选，邀请网友们选出最喜欢的对祖国表白的内容，扩大活动的传播力和关注度。

4. 线上线下结合，颁奖典礼助推高潮

活动的终评环节为现场分享，同时设置颁奖典礼，为祖国祝福，为创作者点赞。我们邀请优秀作品获奖者进行创作经验分享，获奖代表王姿惠以《冉冉升起的五星红旗》为主题祝福祖国繁荣昌盛。校外参与者某军校战士没有来到现场，但他用视频的方式讲述了自己的创作经历和对祖国的祝福。

5. 专家论坛交流，总结经验再出发

为保障宣传效果和作品质量，活动以四川高校新媒体联盟为依托，得到了来自电子科技大学、西南财经大学等川内 20 余所高校的支持，在四川高校中营造出了浓厚的国庆氛围。在颁奖典礼现场，我们还组织专家论坛进行新时代主流声音传播的培训，并且将之作为四川高校新媒体联盟媒介素养提升计划系列活动之一，建设高校主流声音传播之圈。

6. 保持话题活跃，祝福祖国我们一直在线

作品征集作为#我给祖国表个白#的环节之一，前期带来了非常可观的传播效果。征集活动后，西南交通大学持续维护#我给祖国表个白#话题，接收各个单位、组织、个人的与爱国奋斗主题相关的优秀作品投稿，持续保持话题活跃度。祝福祖国，西南交通大学从未下线。

三、传播效果

截至目前，#我给祖国表个白#话题阅读量超过 1 700.6 万，参与人数超过 7 000 余人，涌现出了一大批优秀作品，在青年学生中营造了浓厚的爱国氛围。

2019 年 9 月，活动得到中央电视台《朝闻天下》栏目的专题报道。

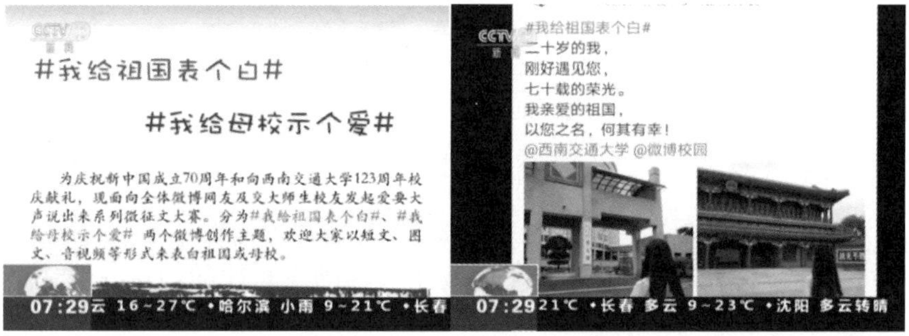

图 3 《朝闻天下》栏目的专题报道截图

对祖国的热爱永远在，对祖国的表白从不过时。下一步的工作中，西南交通大学将继续维护#我给祖国表个白#话题，将其打造成一个专题栏目，挖掘身边的爱国奋斗的榜样人物、典型事例、优秀作品进行专栏宣传、展示报道。在不忘初心、爱国奋斗这条路上，西南交通大学一直在线。

（作者：西南交通大学 刘中慧）

案例 71

扎实推进，突破创新
用一流的新媒体教学平台助力学校思政工作
——西南交大形势与政策微信教学平台建设情况

▲西南交大形势与政策课程教学平台微信公众号

一、建设缘起及现状

习近平总书记在全国高校思想政治工作会议上强调：“要运用新媒体新技术使工作活起来，推动思想政治工作传统优势同信息技术高度融合，增强时代感和吸引力。”2018 年 4 月，教育部《关于加强新时代高校“形势与政策”课建设的若干意见》（教社科〔2018〕1 号）中也明确指出：“采取灵活多样的方式组织课堂教学，积极运用现代信息技术手段，扩大优质课程的覆盖面，提升‘形势与政策’课教学效果。”借助新媒体所具有的传播信息的高时效性、传播主体的强关系性以及传播介质的高丰富度等比较优势，创新和丰富“形势与政策”课堂教学，已成为高校思政课教学工作者的共识。西南交通大学形势与政策教研部结合校情，完成了以微信公众号为载体的新媒体教学平台建设，成为形势与政策课乃至西南交大师生交流学习政治热点的网络空间，并被人民网、教育部官网、四川日报、西南交大校报等媒体广泛报道。目前，微信教学平台在组织结构、功能建设、内容选择、互动交流等方面已发展成熟，达到建设预期。

1. 组织健全，以一流的团队支撑平台建设

微信教学平台建立以来，得到了来自学校、学院的大力支持。目前平台已建成一支成熟、高效的建设团队，形成了“校院领导—专家指导—教师主导—团队编导”的链式运营模型。其中有指导专家组成员共 14 名，对平台建设方向、推送内容的选材及平台未来规划等诸多方面提出了宝贵意见，确保平台建设方向正、内容红、基础牢、影响广。另外教师团队成员共 13 名，大部分为博士研究生学历，通过课堂反馈信息采集、教学资源收集与整理、视频专区更新、推动内容更新与发布等方式参与平台建设。运营维护团队目前由 7 人组成，主要负责平台的日常维护及对外联络沟通，为平台平稳有序运行提供技术支撑。

2. 内容新颖，用时代主旋律引领平台发展

微信教学平台建设始终以时代主旋律作为平台发展方向，坚持用当下最具代表性的内容作为平台推送内容的骨架，用学生喜闻乐见的方式将时下最热门的时政内容送到每位平台用户的客户端，确保内容扎实有“干货”，形式新颖有温度。如在十九大召开之际，借助新媒体手段，微信教学平台特别开设了“十九大学习专区”“学习十九大报告留言板”“十九大报告进课堂教学展示”等栏目，鼓励同学们在十九大期间主动学习会议精神并送上祝福，引导同学们在课上课下“忙起来”“动起来”。2018 年全国“两会”期间，教学平台推出了“两会”相关学习内容，为学生深入学习、了解、领会党和国家的最新政策提供了现实案例。目前微信教学平台已推送时政内容数百条，基本覆盖了各类时事热点事件，保持内容与形式“双新”态势。

3. 功能完善，通过学生视角持续建设平台

微信平台建设团队利用随堂调查、网上调研等方式，长期、持续归纳和汇总用户意见，用学生视角不断发现平台建设的不足，进而有组织、有计划地进行功能上的改进。目前，教学平台共设计《时事讲堂》《课程学习》和《中心建设》三大栏目，内容覆盖“校领导授课”“时事报告”“视频专区”“十九大专区”“平易近人”等线上学习交流板块；“应知应会”“学习导航”“拓展学习”“学习作业”“学习反馈”“学习工具”等自主学习板块以及“教研室介绍”“教研室动态”“课程专家组”“教研团队”“给我们留言”等学科建设板块，成为集线上学习、学生服务、学科建设三位一体的新时代课程教学平台。

二、未来建设展望

在建设团队的努力下，微信教学平台的建设取得了一定成果，西南交大的形势与政策课程也逐渐成为一门准确宣讲党和国家重大理论方针、深受学生喜爱的思想政治理论课。推进党的最新精神进课堂，西南交大形势与政策课程微信教学平台建设永远在路上。为更好服务广大师生，平台建设团队还将从队伍建设、渠道建设、功能建设等方面进一步完善微信教学平台。

1. 夯实基础，壮大专业服务团队，促进平台“自运行”

大学生思想政治教育的内容丰富，覆盖面宽，涵盖了政治教育、思想教育，道德教育、心理教育等大学生成长和发展的很多内容。仅凭目前的团队，虽能够确保平台的平稳有序运行，但依靠教师团队的激情与热情不能长久地繁荣微信教学平台。因此，平台建设团队计划在已有基础上，积累、沉淀既有成果，夯实平台建设基础，通过招募专业教师、学生助理等方式壮大平台专业化服务团队，用更多新鲜血液为整个平台注入活力，使教学平台永葆青春。同时，要建立教学平台有序运行长效机制，通过流程化、制度化的管理，确保平台能够按照专业化平台管理模式运营，实现平台在稳定成熟的团队管理下“自运行”。

2. 互联互通，深化线上线下交流，完善平台互动功能

在思想政治教育工作过程中，既要重视运用新媒体，也不能忽视传统教学方式，如随堂作业、读后感、征文等活动对学生的教育作用。正因如此，微信教学平台建设团队将进一步注重新媒体的线上学习与传统教学方式的线下学习相融合，将新媒体传播中讨论的成果通过论文、征文、作业等传统形式展现出来，互相促进、互相推动，使得形势与政策课教育内容更加立体式、全方位地呈现在大学生面前，充分提高我校形势与政策课的教学有效性。同时，要注重平台的互联互通，不仅要实现平台管理者与使用者之间的互联互通，还要加强平台与平台、平台与教学团队、平台与媒体等各个层面的互联互通，要完善平台的互动功能，将平台的建设成果作为一张名片推向全国。

3. 品质提升，打造网上授课平台，实现教学资源共享

时下，网络教学因其开放性、交互性、共享性的特点在教育教学过程中所占比例逐渐增加，随着网络教学的普及，学生能够足不出户就聆听世界名师的现场授课。然而，由于形势与政策课课时少，授课内容丰富，针对某一专题，授课讲师往往只能泛泛而谈，不能深刻剖析专题内容，甚至连扩展知

识的时间也不能满足，导致学生对教学内容理解不深刻，甚至有学生反馈形势与政策课内容枯燥，为此，平台建设团队计划通过增加网上授课模块，汇集校内外优秀教学视频，打造网络视频库，实现教学资源共建共享，为学生提供更多、更优质的课程内容，进一步改善学生的学习成果，推动思想政治教育向纵深发展。

西南交大形势与政策课程微信教学平台从无到有，从有到优，离不开西南交大全体教职员工的关心与支持，教学平台建设团队也将秉持“竢实扬华，自强不息”的交大精神，扎实推进，突破创新，用一流的新媒体教学平台助力全校的思政工作，为以实现“交通特色鲜明的综合性研究型一流大学”为目标，扎扎实实建设轨道交通领域世界第一的西南交通大学贡献形势与政策教研部的力量。

（作者：西南交通大学 谢兴志、何微、马先睿、李子重）

案例 72

站在短视频风口：西南交通大学官抖运营经验总结

图 1　西南交通大学官方抖音二维码

图 2　西南交通大学官方抖音传播效果

西南交通大学官方抖音（以下简称“官抖”）创建于 2018 年 6 月 23 日。创建近半年，累计获得粉丝 5.8 万、赞 23.5 万、近 1500 万播放量，创造了单条视频播放量 226 万、点赞 6.5 万的纪录。

抖音作为中国目前短视频应用软件的代表，吸引了众多不同年龄段的使用者，其中年轻人占比最大。“抖音，让生活更美好”的理念，贯彻在抖音宣传的每一部分。把握受众，紧跟潮流，立足交大，辐射全国，这是以抖音短视频平台宣传交大的重中之重。

目前，抖音已与微博、微信公众号、今日头条等一起成为交大新媒体矩阵中的重要一环。随着人民日报、共青团中央、各大高校等官方机构的入驻，甚至于获得猪年春晚的独家直播权，抖音已然成为了新的舆论宣传阵地。为了更好地服务于宣传交大，吸引年轻有活力的交大学子与老师，交大官方抖音账号的风格必然是青春活泼的，要多方位展示交大科研、教学、生活。现就高校抖音平台建设及内容创造进行说明

一、抖音上更容易火的五大元素

1.“颜值”，互联网上有句玩笑话：“颜值即正义。”这个“颜值”是广义上的“颜值”，包括高校建筑物、同学老师、实验室等能展现高校特有魅力的人、事、物。

2. 声音，好听的声音可以吸引更多观众。分析许多“爆火”的视频我们可以发现，播音员般的声线能极大地提高高校抖音的热度。

3.“萌宠”，呆傻蠢萌馋。以西南交通大学为例，时常见于视频的校园宠物就有以“黑天鹅”“大黄”为代表的猫。

4.“萌娃”，天气晴朗的时候，高校里总会有许多小朋友。这是一个可以充分挖掘的内容素材。

5.“埋梗”，2018 年 9 月，抖音“小甜甜”引发众多关注，交大官抖趁热利用其所在地成都以及背景音乐等创造了近 100 万播放量。

二、抖音更容易火的六大爆点类型

搞笑类、实用知识/技巧、猎奇新鲜事、“高颜值”豆芽、热门舞蹈、情感触动。

三、如何拍摄抖音短视频

1. 模仿“爆款”模板

有些由抖音官方发起或用户原创的内容，经大量用户模仿，成为火热一时的“爆款模板”，模仿被验证过的模板容易获得成功。对“爆款模板”进行不按常理出牌的二次演绎可以更大几率在同质化内容中胜出。

2. 实用知识/技能类

此类视频包括语言技能（英语、方言）、生活妙招、美食、美妆、美术字、舞蹈等非短期能掌握的技能。

3. 剧情短片

此类用户原创的剧情短片，内容多以生活场景下的搞笑内容为主。其中最为知名的有“常德美男子顾北”“美少女小慧”等。

4. 技术流

此类视频以换装、运镜、卡节奏、创意特效为主。

5. 手机录屏（图片类）

此类视频以明星、段子、生活小技巧、怀旧情感为主。

6. 手机录屏（视频类）

此类视频以搞笑对话、新奇小游戏为主。

7. 激发互动类

此类视频以输入法测试、评论互动、趣味知识考题为主。

四、发布视频需要注意些什么

1. 画面清晰、光线明亮、装扮得体、背景整洁。

2. 视频长宽比例为 16∶9 占满屏幕，会有更好的展示效果，严禁出现非抖音的特效、贴纸及水印。

3. 视频必须是原创首发视频，时长建议在 10-40 秒之间。

4. 尽量使用官方话题，多多参与高校互动。

5. 积极参与抖音新话题内容，以年轻、有趣、时尚的内容为主，充分表现当代大学生的精神风貌。

（作者：西南交通大学 王浩然）

案例 73

专栏 · 静明电台：开启新媒体的“听”时代

▲微信文章《官微 2.0|我们之间，仍在继续》

这不仅仅是个“看脸”的时代，还是一个“听声”的时代。电台，不只可以在收音机里听，还可以在微信里听，也不只是我播你听，你还可以点播听，可以投递稿件或音频成品，通过平台传达你的心声。攀枝花学院官方微信（以下简称“官微”）的“静明电台”就是这样的专栏。

攀枝花学院（以下简称“攀大”）作为地方本科院校，新媒体建设起步较晚。自 2016 年开通官微，两年多来，学校积极探索新媒体运营规律，创新新媒体传播方式和内容，用真心去赢得粉丝，用真情去感动观（听）众。调查发现，只发布简单的微信文图已经不能满足读者的获取信息需求。虽然“看书”仍是多数人获取信息的主要途径，但是“听书”却是许多人期望的方式。读者希望能有音频类栏目，可以随时“听”到社会、学校的时事、热点信息。可以散步时听、学习累了时听、洗漱时听、睡前听并伴着入睡……很多场合，只需要带上耳朵，就可以享受“听”时代的温情。

“静明电台”专栏开启了攀大人的“听”时代。该专栏基本安排在周末推送，目前已经陆续推出 60 余期。

专栏充分利用校内外媒体平台传播。电台节目还在学校官方微博、QQ 公众号和学校网站发布，在校园广播播放，实现一稿多用，实现传统媒体和新媒体有机融合（类似的融合也体现在动态新闻的采发等方面）。同时，随着诸多音频类应用的推广使用，“静明电台”也需要“远航出海”。我们将大力在使用率高的音频类应用上开设账号，转发“静明电台”节目，更广泛地展示师生风采，提升学校的影响力。

表 1　近期发布内容

标题	
静明电台	新的一年，请做到这三条
静明电台	你总要一个人面对那些难熬的日子
静明电台	考研虐我千百遍，我待考研如初恋　一位考研学子的寸寸暖阳熹
静明电台	成长就是坚持自己想做的，努力成为自己想成为的
静明电台	你知道期末考试快到了吗？点进来不挂科！
静明电台	攀大，生命因你而精彩
静明电台	找一个结束点，然后重新开一个进度条
静明电台	要发光，就得学会忍受
静明电台	别晚睡，梦太短
静明电台	即便风尘仆仆，愿你我终有归途
静明电台	青春学子，起航攀大
静明电台	岁月静好，劳动不息
静明电台	爸妈，我有自己的路要走
静明电台	“变老的只会是我们，TA 不会”
静明电台	“从校服到婚纱，我们用了七年”
静明电台	《红海行动》之勇者无畏

为了让电台内容“走心”、形式灵活，贴近校园、贴近师生，运营团队采取了开放模式。

广泛征集话题。节目主题和内容来自校园，来自师生，节目内容紧跟社会、紧贴师生。电台内容涉及故事、人物、文化、活动等，关注社会热点（《南山南——致母校》）、校园大事（《沙场铸军魂，我心已芬芳》）、传统文化（《月是故乡圆》）、社团趣事（《那些年曾感动过我们的电影》）、学习考研（《考研虐我千百遍，我待考研如初恋——一位考研学子的心声》）、情感困惑（《谈谈读大学这件事》《“从校服到婚纱，我们用了七年”》）、青春励志（《最好的我们》《青春学子，启航攀大》）等，充分满足了师生需求。

聚力完成制作。节目音频的录制、剪辑、配乐、调音等环节，有传媒中心记者团、广播站的学生充分参与。记者团的文创人员参与文稿编辑、润色，广播站以普通话标准、音色优美的播音参与录制，剪辑、调音技术过硬的人员参与后期制作，实现人声和音乐的较好融合，制作出优良的音频作品。

不断创新形式。节目从最开始的快节奏新闻播报式逐渐转向让人平静聆听的舒缓节目再到互动式节目，节目的形式在不断丰富。未来我们还将引入采访原声、活动现场音效等更多的形式，进一步提升节目质量和吸引力，让听者如临其境。

随着节目持续推出，电台逐渐形成了独特的风格，也获得了越来越多师生的持续关注，听众群体也在持续不断地扩大，阅读量、分享量也逐渐上升。

类似专栏的打造，是学校新媒体平台建设中将大家喜爱的节目固定化的一种形式。学校官微的“静明发布”“攀大周话”等专栏，因为具有良好的服务性、针对性，贴近师生需求，也在逐渐形成特有风格，具有被打造为特色栏目的潜力。

总之，特色专栏是服务师生的一种方式，师生的喜爱是唯一标准。打造更多特色栏目，做出更多优秀节目，让更多人关注，去影响更多人，是媒体人义不容辞的义务和责任。

（作者：攀枝花学院 何中勇）

案例 74

用新媒体引导学生向上向善，探索高校思想政治教育工作新途径

随着新媒体时代的到来，人们的生活以及思想方式也都随之改变，新媒体在给思想政治教育工作者提供便利的同时，也带来了新的挑战。2016 年 12 月 7 日至 8 日，全国高校思想政治工作会议在北京举行，习总书记强调："做好高校思想政治工作，要因事而化、因时而进、因势而新。要遵循思想政治工作规律，遵循教书育人规律，遵循学生成长规律，不断提高工作能力和水平……要运用新媒体新技术使工作活起来，推动思想政治工作传统优势同信息技术高度融合，增强时代感和吸引力。"会议为开展大学生思想政治教育工作指明了方向。2015 年，我成立个人微信公众号"交大 Kelly 说"，因势而新，探索运用新媒体做好网络思想政治教育工作，初步形成了一套大学生思想政治教育工作有效模式。

开设个人网络思政微信公众号，总阅读量破 100 万，居影响力排行榜前列。2015 年 12 月起，我开设个人微信公众号"交大 Kelly 说"，并以公众号为依托，成立同名学生社团，坚持每天推送，精心设计习近平新时代中国特色社会主义思想、社会主义核心价值观相关内容。截至 2018 年 12 月，公众号关注量破 10 000，共发布文章 1 000 余篇，总阅读量突破 100 万，累计收到留言 3 万余条，多次被分享转载。公众号在一定程度上实现了网络思想引领与育人的功能，探索出了一种网络思想政治教育工作的新方法，受到了老师、学生们的欢迎。公众号在全国辅导员微信公众号影响力排行榜稳居前列，最高排名第一。

一、"三点"齐发，做好网络热点阐释

围绕"国家安全教育日""五四青年节""七一建党节""八一建军节""烈士纪念日""一二·九运动纪念日""新生开学季""毕业季"以及各类重要时间节点，精心设计撰写网络育人文章，做好"节点"育人。

围绕师生关注热点，搜罗国内外时政热点和师生身边事，着眼于社会热点并对此阐述个人体悟与观点，引发学生的思考与讨论，着力引导大学生独立思考，做好“热点”育人。

围绕师生关注的难点，分享实用技能和学习、竞赛、科研、创新创业等经验，搭建学生倾诉问题烦恼的交流平台，答疑解惑，为学生指引方向，助学生走向成功，做好“难点”育人。

二、质量兼顾，做好网络作品创作

网络作品数量足。我坚持“日更”，截至2018年12月，微信公众号“交大Kelly说”共发布各种形式推送1 000余篇，总字数超100万字，关注量超过10 000人，总阅读量突破100万，累计收到留言3万余条，多次被分享转载。

网络作品维度多样，形式丰富。在学校老师和学生的关注下，公众号不断改版升级，内容也不断丰富，逐渐找到自己“情系学生成长，做好良师益友”的定位，从答疑解惑、榜样树立、经典阅读、新闻解读、优秀约稿、热点难点评析、心理调适等多个维度创作网络作品，多面开花，关心学生成长的方方面面，同时探索网文、长图、音频夜读、微视频、H5、电台等丰富的表现形式，充分运用大学生喜闻乐见的形式，多点发力，走近学生、影响学生、引领学生。

三、五维育人，做好网络人才培养

成立学生社团，做好组织育人。以微信公众号为依托，成立学生社团“交大Kelly说协会”，吸纳那些有志于做新媒体、有志于服务学生成长成才的学生，形成合力，一来使他们在这里成长，得到锻炼，培养网络人才，二来激发公众号的生命力，使它能影响和帮助越来越多的人。截至2018年10月，协会已吸纳来自不同年级、不同校区、不同专业的学生会员100余人。

精心组织学习，做好培训育人。定期组织Kelly说协会的学生干部以及热爱新媒体工作的学生骨干开展交流、培训、学习，成员们掌握了新媒体运营、文字编辑、信息检索、与领导沟通、组织策划等各方面的技能和能力。我们为学生提供了成长和锻炼的平台，做好培训育人，打造出了一个有效的育人模式。

线上线下结合，做好活动育人。将微信公众号线上平台与学生社团线下平台有机结合，打造“女生节”“教师节的祝福”“我想听你说”等线上线下同步进行的活动，不断推出深受师生喜爱的网络育人产品和线下活动，在育人中育己。

开发新媒体课程，做好课程育人。系统总结“交大 Kelly 说”育人模式，形成经验体系，为大学生骨干、高校的辅导员骨干开展“微时代网络思想政治教育工作的挑战与转型”等专题培训讲座。截至 2018 年 12 月，共开展相关讲座 8 次，受众教师、学生骨干 1000 余人次，受到广大师生的欢迎。

理论结合实践，做好科研育人。从实践中总结升华理论，用理论更好地指导实践。截至 2018 年 12 月，指导“交大 Kelly 说”网络建设队伍成员申报课题、开展相关研究 4 项，包括 SRTP[①]研究立项项目 3 项，SITP[②]立项项目 1 项。

（作者：西南交通大学校团委 任凯利）

① SRTP：本科生科研训练计划（Student Kesearch Training Program）。

② SITP：大学生思想政治素质训练计划。

团队建设篇

有“爱”更有“力”，融汇力量合创未来

策划、文案、摄影、视频、设计……一个完善的团队是新媒体创作的核心力量，而一个有战斗力的团队一定是一个有爱的团队。打造有认同感的团队文化，增强团队凝聚力，提供锻炼平台与学习资源，培养脑力、眼力、笔力和脚力，让成员在团队中获得成长。团队与成员相互促进共同成长，形成一支团结有爱、更有力量的团队。

案例 75

创新 融合 共建 共享
——构建全方位、全覆盖的校域舆论传播新媒体矩阵

成都理工大学新媒体联盟（以下简称联盟）成立于 2018 年 1 月 18 日，涵盖了成都理工大学官网、官微以及校内各单位、各学院的官方新媒体平台等三十余个平台和团队。自成立以来，联盟围绕学校中心工作，以“创新、融合、共建、共享”为理念，有效整合校内外新媒体资源，构建全校联动的新媒体宣传格局。将资源共享与聚合传播相结合，坚持内容为王，凝聚各方力量，共同打造校园传播新生态。

一、创新、融合篇

1. 联盟概述

联盟采用理事单位制度，凡以学校、校内各级单位（部门）或学生组织名义在新媒体平台上开设账户的，均需在党委宣传部登记备案，备案单位均可申请加入联盟理事会，共同规划新媒体联盟的各项工作。联盟 1.0 共聚合成都理工大学校内 31 家理事单位，来自各个单位、各个学院，更好地整合了学校新媒体资源，为宣传工作注入了活力。

图 1　成都理工大学新媒体联盟 1.0 理事单位

联盟在成立之初就制作了联盟工作手册和工作记录本，建立了 QQ、微信工作群、联盟 1.0 通讯录，以供及时交流和部署各项工作。群内每天进行宣传工作动态分享，旨在让各个平台更加充分地了解其他校内媒体在学校宣传工作方面的动向，更好地打好宣传配合战。

2. 共同探索联盟交流联动新机制

为有序推进校园新媒体联盟的建设，营造文明和谐的网络文化氛围，更好地发挥新媒体在信息交流、文化传播、服务师生方面的作用，联盟先后出台了《成都理工大学新媒体管理办法（试行）》《成都理工大学新媒体联盟运行办法（试行）》《成都理工大学新媒体联盟运行办法补充说明》等文件，对校园新媒体平台的管理和规范以及新媒体联盟的运营方式提出了明确规定和说明。

沟通联络机制：联盟每月定期召开一次工作会议，每联盟成员单位派出 1 名指导老师及 2 名学生负责人参会，主要讨论近期的选题策划、舆情联动，安排联盟内的工作联动及联盟内活动展开，同时对联盟媒体上月“清博指数”排名情况、日常供稿情况、转评互动情况等做出总结和通报，共同讨论成都理工大学新媒体联盟成员微信公众号图文制作、传播效能等情况，并提出发展建议。

日常供稿、转发机制：联盟成员单位积极向官方微博、微信等新媒体平台供稿，经党委宣传部审核通过后，以新媒体联盟出品的名义在官微平台展示。2018 年度，新媒体联盟联合出品的推送共 37 篇，图文质量优、新闻价值高，各单位积极投稿、转发，打开了我校新媒体宣传的新格局。

图 2　官微“栗子君”周边文化产品

联盟还搭建了成都理工大学新媒体联盟官方网站，并设立联盟秘书处，负责网站动态更新、联盟会议和沙龙的筹备、理事单位的联动、统筹规划联盟培训及表彰等事宜。通过新媒体联盟，大众不仅可以在第一时间了解校园资讯，还可以全面了解我校现有媒体平台建设情况。

为扩大媒体的影响力、广泛应用二次传播效应，联盟制作了相关文创产品。其中，将校园新媒体进行拟人化设计出的“栗子君”卡通人物形象更是广受师生们的喜爱，也拉近了校园新媒体与受众的距离。

二、共建、共享篇

为高质量推进学校新媒体建设，提升新媒体工作人员的业务素养，联盟共举办了两期七次培训，内容涵盖新闻舆论重要思想、校园媒体团队建设、新媒体运营实战、新闻平面设计、新闻摄影、融合媒体建设、高校微信公众号运营办法等各个方面，进一步统一了联盟各理事单位成员思想，明确了作为高校新媒体应当承担的责任，增强了高校新媒体工作者的业务水平，提高了把握新媒体传播规律以及全媒体报道的能力。新媒体业务培训是提升新媒体工作人员业务素养的重要举措，也是联盟各理事单位加强交流与学习的重要平台。

各个理事单位还通过线下组织一对一的传媒经验交流分享会，在分享中总结工作经验，在交流中进行思想碰撞。

为贯彻落实全国全省宣传思想工作会议精神，进一步筑牢学校新媒体矩阵平台，激励各新媒体团队凝聚形成建设优势特色显著的高水平大学的思想舆论保障和文化支撑，成都理工大学举办了首届新媒体表彰大会。本次表彰大会从138项申报内容中评选出7家优秀校园新媒体、5名优秀新媒体指导教师、10名十佳新媒体记者、18名优秀新媒体记者，最佳创意奖、最具影响力奖、最佳媒介融合奖、最佳传媒奖作品各1件及各入围奖1至3件。

三、思考篇

近年来，网络新媒体异军突起，在媒体产业中所占的比重稳步上升，传统媒体经历着向新媒体时代的逐渐过渡。2018年依然是新媒体能量爆发的一年，新媒体各个平台都在强势地抢夺内容创作的资源。这是一个内容为王的时代。作为高校新媒体，必须自觉承担起举旗帜、聚民心、育新人、兴文化、展形象的使命任务，以更优质的内容、更易被受众接受的表达方式、更有价值的新闻展现高校新媒体平台的核心价值。为加强成都理工大学多方新媒体的协调联动和聚合传播，畅通校园媒体资源整合与服务信息共享的机制和渠道，不断提升学校新媒体的影响力和综合实力，共同引导正确的舆论，新媒体的整合、抱团发展已成为必然趋势，我校新媒体联盟的成立已成为必由之路。

联盟的成立结束了成都理工大学新媒体平台“单打独斗”的状态。一年来，新媒体联盟内的 31 个平台或组织团结奋斗在高校宣传的前线，推出了许多优秀的作品，在招生季、毕业季、运动会等校园大事记中聚合多个媒体平台进行传播，打好了一仗又一仗。联盟各平台在建立自己的坐标系、为自己代言的同时，用更高的维度发出声音，相互补台、好戏连台，积极实现双赢、多赢、共赢，逐步形成了“各美其美、美人之美、美美与共”的大宣传格局。

新媒体联盟是凝聚校园新媒体合力的有效方式。联盟的成立，是我校在构建全方位、全覆盖的校域舆论传播新媒体矩阵过程中迈出的第一步，也是关键的一步。联盟将继续紧跟时代趋势，持续打造集群化、系统化、网络化的新媒体工作格局。

（作者：成都理工大学 黄于鉴）

案例 76

格物致新 砥砺前行——南昌大学官微团队建设

南昌大学官微团队负责运营学校官方微信、微博、抖音、今日头条平台。作为学校对外宣传的主要窗口以及沟通师生、校友与学校的重要纽带，我们始终以服务学校改革发展、以爱校荣校为己任，坚持围绕中心，服务大局，内聚合力，外树形象，做到用心发声、热心服务、尽心运营、全心投入。

一、团队简介

南昌大学官微团队设有两个运营团队，分别是官方微信运营团队和官方微博运营团队。

图 1　南昌大学官微团队合影

官方微信运营团队简介：运营拥有 12 余万粉丝的微信公众平台、今日头条平台以及抖音平台，微信推送平均篇阅读量 7 000 多，是南昌大学最官方权威的信息宣传窗口，同时还拥有满满温情。连续两年荣获得“中国大学官微百强”（分别排第 66 名和第 59 名），获得南昌大学首届“五四风华奖”，腾讯 2016 年高校公众号排行榜中排名月榜全国第八，2018 年 7 月入选一流学科建设高校官微第 13 名，曾在全国高校周榜排名第 7、月榜第 32，单篇推送阅读量在全国高校周榜排名第 5。获评第二届全国高校名站名栏，作品入选全国高校媒体融合与全媒体发展峰会优秀案例。

官方微博运营团队简介：运营拥有 8 万多名粉丝的微博平台以及 QQ 空间平台，是南昌大学最官方权威的社群交流窗口，拥有百万级阅读量，与粉丝零距离互动。曾荣获第二届“五四风华奖”，第二届全国高校名站名栏征选活动“党的十九大精神宣传优秀专栏”；作品入选全国高校媒体融合与全媒体发展峰会优秀案例，是教育官微联盟成员，曾位居全国高校官方微博影响力周榜排名第 17 位。曾在“你好大学”高校热度榜居全国第 12 位。

二、团队结构：夯实基础，飞得更高

官微团队下设有视频部、采编部、办公室、技术部、文编部、策划部、摄影部。科学、详细的定义划分提高了工作效率和各部门独立性。经常组织部门成员培训，使团队成员的专业程度不断提升，促进了团队的长久发展和进步。日常工作中，由办公室组织从各部门选择对应的人员，组成工作小组，提高各部门的合作程度。

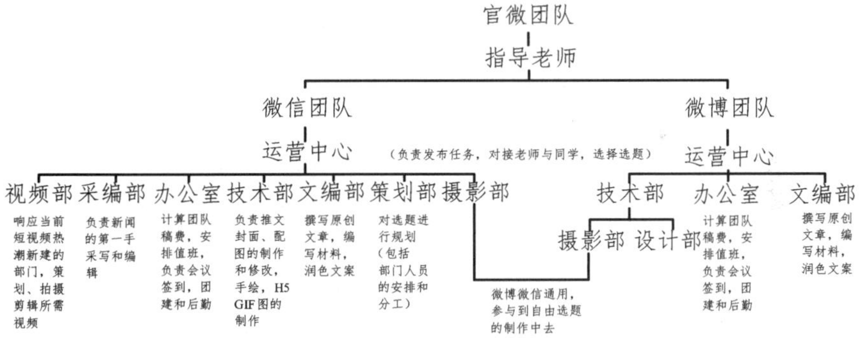

图 2　团队结构

三、例会制度：回首过去，展望未来

每周二中午 12:40 召开微博例会，每周四中午 12:40 召开微信例会。会前会议内容分为小结、学习、选题三个部分。小结上周工作情况，通报上周推文相关数据，从阅读量和“在看”数来总结优势和不足；学习其他平台优秀文章，展示出 6 篇左右阅读量超过十万的推文，总结其值得学习的地方；选出下周平台计划推送的相关话题，确定话题后形成策划组实施。

四、选题制度：注入活力，不断创新

除对学校中心工作的固定宣传以外，官微团队每个部门都要提出原创选题，每周例会大家一起讨论并制作计划。散会后，运营中心立刻进行工作职能的划分，自由报名，组成选题小组，制定选题组长，负责选题的后续事宜。选题制度可以增加原创选题，使团队的视野更加活泛，对热点更加敏感，提升学生团队的制作效率和质量。如设立《香樟有约》等特色采访栏目，采取各部门出人员形成新的工作小组的形式，对校园内优秀个人及团体进行采访，传播正能量。选题制度有利于提高各部门之间的合作，进一步扩大官微平台服务功能，丰富官微内容。

五、品牌建设：树立形象，拉近距离

坚持高站位。官微团队建设紧紧把握高度、力度、广度、深度和温度，及时响应党和国家重大决策部署，及时宣传重要纪念日。时刻把握热点，展示学校改革发展的重大活动与成就；深入挖掘先进典型，展示师生良好形象；始终用情感、温度连接师生校友，为广大网友提供便捷的信息服务和校园福利。

建设官微形象。为建设平台形象，形成品牌效应，拉近与读者之间的距离，南昌大学官微团队着手设计了名为“小南”和“小微”的官微兄妹形象。他们蕴含南昌大学的校徽、校门、香樟叶、英文缩写等元素，以青春活泼正能量为基调，以校徽蓝为主色调，以校门红为点缀，打造活泼可爱的兄妹二人的形象。

积极与用户互动，拉近距离。根据用户每天的留言和问题，及时进行分类和总结，将高频出现的问题制作成微信公众号的快捷回复，并对菜单栏进行了更新换代，满足同学们更丰富多元化的需求，根据不同时期的主题随时更新微信平台菜单设置。

推出微主页板块。微主页进一步便利广大师生获取资讯，汇聚校园微信平台、微博平台及常用网站。为了让广大师生随时掌握校园信息，官微这一年不断创新，力求提供更好的服务。

六、创新与学习：厚德载物，格物致新

内部培训：官微通过集中培训学习、优秀策划专题学习和交流分享沙龙会等形式，博采众家之长，努力拼争一流。

外部交流：官微团队指导老师带领社团成员走出去学习交流，学习和借鉴其他高校运营建设经验。

（作者：南昌大学官微团队）

案例 77

建设“有温度”的网络思想政治工作阵地

大学作为青年人的聚集地，是网络新鲜事物集中的场所，网络也因此成为高校思想政治工作的重要阵地。习近平总书记在全国宣传思想工作会议上强调，做好新形势下宣传思想工作，必须自觉承担起举旗帜、聚民心、育新人、兴文化、展形象的使命任务。习近平总书记还指出，建设具有强大凝聚力和引领力的社会主义意识形态，是全党特别是宣传思想战线必须担负起的一个战略任务。研究新媒体时代的传播规律、语言特点，结合学校的文化特色，充分发挥网络平台优势，做好网络文化建设，弘扬网络正能量，是高校思想政治工作新时代的新要求。

一、总体概况

网络突破了空间的限制，是思想政治工作空间的延展，如何让青年人从网络用户自觉转换为受教育对象，是天津大学在网络思想政治工作中着力解决的难点。天津大学（以下简称“天大”）是最早开设官方微博、官方微信的高校之一，通过建设“有温度”的新媒体平台，加强传播手段和话语方式创新，让思想政治工作通过网络直达人心。目前，天津大学官方微信拥有粉丝 19.3 万，篇均阅读量超过 1.7 万，篇均阅读人数超过 2 万；天津大学新浪官方微博拥有粉丝 44 万，活跃粉丝超过 20 万。

二、主要特点

天津大学新媒体建设围绕学校中心工作、聚焦“双一流”建设，利用新媒体做好宣传和政策解读，遵循新闻传播规律和新兴媒体发展规律，强化互联网思维，讲好天大故事，传播好天大声音。

1. 找准平台定位：将理想信念、家国情怀、天大品格融入平台建设

近年来，各种文化和价值观在网络上激烈碰撞，网络尤其是以“两微一

端”等为代表的新媒体已经成为意识形态交锋的重要阵地。如何借用网络新媒体，做好面向对象的分类传播，增强思想教育工作的针对性，是天津大学一直努力的方向。在新媒体建设中，天津大学旗帜鲜明地拓展正面宣传渠道，用新媒体的话语方式，让党和国家的政策方针以“接地气”的方式进入师生的朋友圈。十九大期间，我们从不同角度推送十九大专题内容 20 余期，形式包括小视频、动漫、答题和 H5 等。党的十九大代表、全国优秀党务工作者、天津大学药学院党委书记冯翠玲的先进事迹感染了天大所有的师生校友，她被称为“国际大家庭的稳压器”，也被称为“洋院长身边的中国好书记”，在建党纪念日、十九大宣传期间，我们通过新媒体用不同的形式把这位中国好书记的故事讲给大家，制作了《为什么是她受邀参加庆祝中国共产党成立 95 周年大会？》《冯翠玲：“国际大家庭”的稳压器》《七一特刊丨她就是这样的共产党员》等一系列内容。

兴学强国的使命、爱国奉献的传统、实事求是的校训、严谨治学的校风、矢志创新的追求，既是天大人家国情怀的具体体现，也是天大品格的内涵。中国工程院院士陈予恕先生登上中央电视台“寻找最美教师”领奖台并获得“最美教师”称号，通过创作系列文章《我为什么加入中国共产党》《85 岁陈予恕院士：我将继续努力，一直到我生命最后一刻》《“非常振动”！从教六十年的他将在今晚登上央视最美教师的领奖台》，用他的故事打动和感染青年人。人民日报推出《今天，为中国科学家点赞！》一文之后，天大新媒体团队立刻对天津大学 1992 届校友梁红文 20 多年来从零起步、打破国外长期技术垄断的故事进行深度报道。

2. 做好内容策划：用天大的人、天大的美、天大的实诠释天大内涵

一所大学，正是因为学生、教职工和校友的存在才多彩，精神才能够传承，也正因如此，天大人才是所有天大故事的主角。我们在新媒体选题策划中注重挖掘师生校友中的优秀人物，结合重要时间节点，在传统媒体报道的基础上，从不同的角度，用新媒体语言讲述故事，传播正能量。每年通过学校新媒体平台深度采访天津大学优秀的师生校友并撰写相关报道 40 余篇，其中包括五年科研攻关成果终在 *Science* 杂志在线发表的博士研究生、被赞叹书写“天大最美板书”的老师、扎根边疆的校友、即将献身国防的毕业生、玩转音乐的材料学博士等。

每年 4 月海棠花开的时节，是天大校园最美的时候。通过新媒体传播，超过 240 万人通过网络共享大学时光，领略大学之美。在每年海棠季的前期、中期、后期，我们发挥网络新媒体平台互动性强、链式传播速度快的特点与

优势，加强了线上传播中的互动环节设计，让线上活动的“参与者”也成为活动的“宣传者”。天津大学官方微信会根据每年海棠季的主题策划系列推送内容，推送的内容随着“花期”渐入佳境。2019年推送相关内容10条，累计阅读量超过34万。

此外，大学有丰硕的科研成果，通过新媒体平台，使用新媒体的语言体系，将深奥的科学问题转换成通俗易懂的内容形式，也是高校新媒体运营中很重要的一部分。在官方微信内容策划制作上，我们始终将科研进展与国家需求结合起来，对重大科研成果进行深度解读，扎实打造高品质、有生命力的网络文化产品。如国产大飞机C919试飞成功后我们推出了《C919首飞！你的空气，天大人来守护！》，阅读量超过5万。此外，一系列天津大学的重大成果通过新媒体的传播从实验室走向了普通大众，如水下滑翔机“海燕”、全化学合成完整有活性的染色体、寨卡病毒研究的新进展、随“天宫二号”一同飞天的世界首套在轨脑-机交互及脑力负荷、视功能等神经工效测试系统。

3. 统一形象标识：让天大特色、天大情节、天大记忆凝聚天大磅礴力量

天津大学各类新媒体平台是天津大学最重要的网络形象，突出天大特色、天大情节、天大记忆是凝聚师生校友天大情感的重要方式。天津大学拥有天津大学新媒体中心、1895网络文化工作室、天外天工作室、“i研”等一批网络文化工作室，他们将内容转化为适合新媒体传播的语言形式，通过创作各类表情、动图、微视频、长图等，用丰富的语言形式诠释天大情感。

天津大学形成了以“小天”为主的新媒体形象，并以此创作了一系列网络文化产品。通过举办网络文化节，发动全校师生参与网络文化产品制作。其中，由专业教师指导，以天津大学创始人盛宣怀为原型设计的表情包“盛先森”下载量超过2万。在各类网络文化产品中，天大特色建筑、生活情节成了创作主题，“月考加油”“实事求是”“天大的事”“读书月”成了师生聊天必备的表情包。

三、传播效果

构建有效的新媒体育人环境，一是注重把准师生的思想脉搏，因事而化，积极回应师生关切的问题；二是紧跟时代的发展，因时而进，抓住重要时间节点，激励师生有信念、有梦想、讲奋斗、讲奉献；三是适应网络发展的新常态，因势而新，引导师生形成正确的价值观。

1. 把握时代旋律，用青年人的故事回应青年困惑

微信后台能够收到大量的留言与回复，我们创作看得见的文章，回复看不见的疑问，以此来引领青年的价值追求。2017 年 1 月，天津大学 2010 届毕业生张璐入选福布斯 30 名 30 岁以下杰出人物，她的故事回答了“毕业 6 年你会如何”的问题，据此所写的文章 5 小时之内阅读量超过 10 万。2017 年 3 月，天津大学两篇成果同时在 *Science* 杂志在线发表，两篇文章的第一作者都是天津大学在读的博士研究生，他们经过五年的不懈努力，才最终实现了所在研究领域的重大突破，天津大学官方微信对两位作者的深度采访在 2017 年“五四”青年节当天成为中国科学网的焦点推荐。

2. 感知大学温度，让有温度的故事成为热门话题

2017 年天津大学获评首届全国文明校园称号，有温度的校园必然不缺有温度的故事，我们将日常里的点滴温暖，通过网络传递给更多人。天津大学官微创作了《不经意间，这些暖心的事情天大已经做了很多年》《这是我的天大，也将是你的天大》等一系列内容，有些内容成了“十万加”热文。天津大学“有颜值”“有味道”“有温度”的食堂，多次登上新华社、人民日报、中国青年报等中央级媒体的新媒体平台，甚至成为过微博热搜第一名。天津大学戚蓝老师连续六小时不间断给学生评改设计图的故事，被央视新闻等中央级媒体微博转载。携手科研路、毕业典礼现场求婚等这种工科生的浪漫也被中国青年报新媒体平台头条“祝福”。

3. 顺应传播规律，助天大的喜讯错峰多次传播

天津大学在运营好“两微”的同时，入驻“今日头条”“一点咨询”“企鹅号”“百家号”“人民号”等多个内容分发平台，与社会媒体建立合作，以新闻事件作为抓手，借助社会媒体的力量讲好天大故事。校内平台选取不同的角度，对同一新闻事件多方位报道。2017 年五位诺贝尔奖得主齐聚天大，带来一场学术盛宴，党委宣传部牵头联合多个部门和多家媒体，综合考虑海内外的传播渠道，通过视频直播、图文直播、微博、微信、网站等多种渠道，将这一学术活动呈现在更多人面前。新媒体共推动内容 9 条，总阅读量超过 22 万，产生 1 条阅读量“十万加”的文章。同时我们还利用微博、优酷等平台进行网络直播，其中《科学与人文的对话》成为优酷首页推荐直播视频，微博直播播放量超过 15 万，同时在线观看人数超过 3 万。各类纸媒也同时跟进，先后 19 家媒体进行了报道，其中头版头条 6 篇。

（作者：天津大学 李晋馥）

案例 78

聆听师语，感受多彩多姿的人文魅力

师者，所以传道授业解惑也。从基础教育到高等教育，从懵懂少年到成熟青年，求知路上，总有恩师相伴相随。作为学生，从老师的讲授教学中，总是能寻味出别样的书本外的学识与见解。老师们的理论见解、实践成果，也总是见证某一领域的不断发展。饱含着人文情怀，烟台大学人文学院便将学院教师们的作品以微信推文的方式呈现给人文学子。这，便是《师说》栏目诞生的故事。

在文案方面，烟台大学人文学院极大发挥了学科特色，多位教师的佳作为同学们的学科课后拓展提供了极大的帮助。人文学院院长的董晔老师开设了“西方文化史”“中国古代文论”“孙子兵法精读”等课程。在弘扬中华优秀传统文化的背景下，董晔老师对孔子的为人处世之道有一番独到见解：“各种境界并不是独立存在的，即使是处于天地境界的人，其所做的事也是一般人所做的事。所以我们应该充满对生活的信心，要热爱生活，要善于发现生活的美，要快乐地生活。冯友兰说过，人所享受的一部分世界有大有小，境界高者，享受的一部分世界大，境界低者，享受的一部分世界小。儒家讲‘无所为而为’，孔子本人的一生正是这种学说的例证。纵然一切努力都是枉费，明知不会成功，可他未曾停止奔走。他告诉我们，这样做的结果，将永不患得患失，因而永远快乐。所以，子曰：‘知者不惑，仁者不忧，勇者不惧。’又说：‘君子坦荡荡，小人长戚戚。’”

人文学院副院长张胜利老师则是从生活细节中鼓励自己和学生们为人处世积极向上：“三元湖畔，有两株玉兰花树，在春寒料峭的冷风中，她们最先绽放冰清玉洁的幽姿。每年这个时候，我都会驻足树下、徘徊湖边，凝视谛听这春天的消息。因为这让我想起南方求学的时候，正月初八，天气阴冷，校园空寂，在出站报告的压力和焦虑中去研究室继续写作，当走到高分子楼前时，我蓦然发现那株紫玉兰花满树开放，首先惊奇，继之喜悦，我的步伐轻快了，心情舒畅了，这花树在阴霾的天气中，敞开了一方天地，足以容纳我的孤寂和忧愁，也让我从幽蒙沉沦中为之一振，从而生命境界得以敞亮和澄明。此后我都会走近这株静好的树。第二年的这个时候，我如期赴约，那种惊喜，还如当初。回到烟大已几年，想必那树还在等待我的驻足吧！”

人文学院中文系主任张守海老师的“老图”情怀更见他的人文情怀：“作为烟大一期工程的标志性建筑，也是建校初期建设时间最长的建筑，‘老图’浓缩了烟大早期的创业史。它的建设完成，也标志着烟大一期建设工程阶段性完工。第一批烟大学子，是看着‘老图’长大的，但还没来得及走进它就毕业了，而后是‘老图’看着一代代烟大人的成长。钟楼像个阳刚挺拔的小伙，值守烟大的分分秒秒；三元湖像个静谧秀美的姑娘，映照着天光云影散发阵阵荷香。前面的方石广场，与建筑本身浑然一体，更增加了‘老图’的厚重。后面的八景园（还曾有一个古朴的名字：八角园）是师生休息的佳处，也是鸟的天堂、喜鹊的家园，连同附近的几片树林，给海边的校园增添了无限的生机。直到今天，我们也可以说，‘老图’及其周围，是烟大最有魅力的地方，是自然与人文的完美结合。”

人文学院刘汉杰老师对民俗文化独特的解读让人眼前一亮：“在古人的观念中，芒种是农历五月的节气。在汉语里：‘种作曰稼，稼犹种也；收敛曰穑，穑犹收也。’从农事活动上来看，此时有收有种：‘有芒的麦子快收，有芒的稻子可种。’”

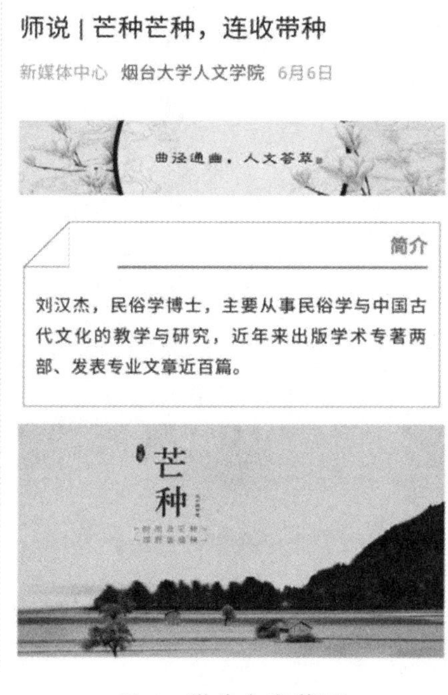

图 1 微信文章截图

在微信推送方面，烟台大学人文学院自开创《师说》栏目以来，备受领导老师和同学们的关注。《师说》排版风格简洁明了，突出内容，添加的图片让人能够更好地理解与感悟“师说新语”。

《师说》栏目在内容上极有人文气息，其中的细小也很动人，能够将几千年的传统文化诠释出新意。不管是在文化内涵还是生活态度方面，《师说》的每一篇文章都是精品。

通过《师说》，我们可以总结出以下新媒体运行经验：

一、在文章的内容方面，要与学科内容相辅相成，能够更好地发挥新媒体交流的作用。要在贴近生活的同时又高于生活。

二、在文章图片的选择上，要衬托内容的中心思想。简洁大方的风格会呈现出更好的视觉体验，从而激发读者内心感受。

三、在文案提供上，多鼓励学生投稿，加强与学生的互动，更好地发挥新媒体实效性。

四、在评论区的互动中，及时积极的引导能够在一定程度上提升阅读体验。

图 2　微信文章的评论截图

（作者：烟台大学）

案例 79

融·汇力量　合·创未来
——电子科技大学推进媒体融合的探索与思考

党的十九大以来，以习近平同志为核心的党中央高度重视传统媒体和新兴媒体的融合发展。习总书记多次在不同场合与新媒体亲密接触，并强调要利用新技术、新应用创新媒体传播方式，占领信息传播制高点。电子科技大学新闻中心积极响应党中央的要求，顺应信息技术发展及传播形势的深刻变化，从 2014 年开始探索校内媒体融合发展路径，目前已初有成效，形成了具有电子科大特色的全媒体格局。

一、以平台建设为抓手，通过技术赋能融媒体建设发展

学校充分发挥自身在电子信息领域的综合优势，积极开展传媒领域学术研究和技术研发。2016 年以来，学校先后与人民网、人民日报社、四川日报报业集团、湖南广播电视台、光明日报社等主流媒体开展深度合作，共建智媒体技术研发基地、新媒体实验室、媒体融合实验室等，相关技术开发能力处于国内领先水平。新闻中心于 2018 年开发了新闻宣传综合业务平台，实现学校新闻中心采编一体化、管理可视化、资源集约化等功能；开发了校内新媒体管理平台，并以此推动校内新媒体协同发展，加强学校新媒体联盟建设；开发了高校官方微信观测平台，对重点高校官方微信的内容及数据进行实时抓取和呈现，及时学习兄弟高校优秀新媒体案例。

图 1　新媒体管理系统 1 截图

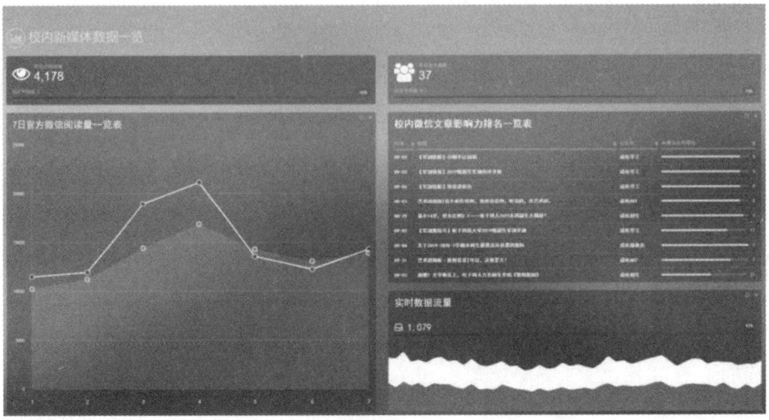

图 2　新媒体管理系统 2 截图

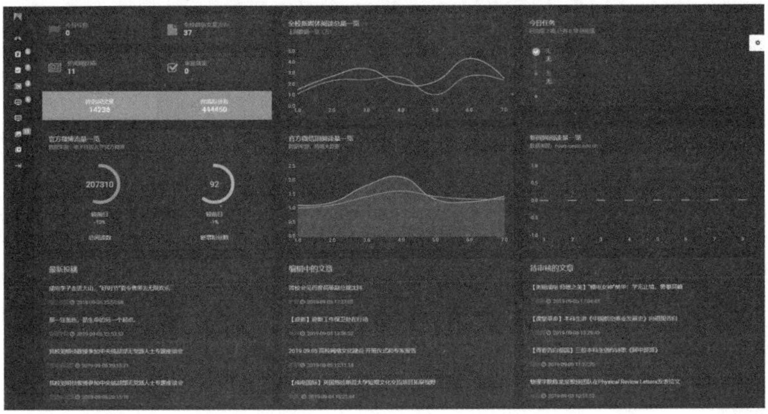

图 3　宣传部管理系统截图

二、以业务融合为关键，通过人的融合促进媒体融合的深度发展

从 2014 年起，新闻中心从业务流程优化、人员机构整合等方面探索新的工作机制。2018 年，新闻中心实施内设机构改革，打破此前以媒介形态划分科室的做法，将校报编辑部、网站编辑部、电视台、新媒体中心整合重组为采编办公室、影像办公室、网络宣传办公室，使不同的科室由简单的相加迈向相融，通过人的融合，实现文字、图片、视频等各种生产要素的一次采集，不同加工，多次传播，努力打造新闻生产的“中央厨房”。

三、全媒体发展成效显著

截至目前，学校官方网站已建设成为包含文字、图片、音频、视频等的综合传播平台，年访问量位居“双一流”高校 20 位左右。官方微博粉丝数 45.2 万，位居教育部直属高校前列，原创话题入选 2018 教育政务新媒体年度案例，获评新浪微博“2018 年度最具创意性高校官方微博”。官方微信获得清博大数据“2018 高校新媒体传播力奖”（全国第 9）、“2017—2018 年中国大学官微五十强”（全国第 11）等。学校新媒体平台还在积极拓展其他阵地，“人民号”粉丝 56.4 万，位居全国高校第 3；B 站官方账号粉丝 6.2 万，位居全国高校前 10；还开通了“新华号”“头条号”“抖音号”“QQ 号”等媒体平台。学校各二级单位也都建立了 160 余家新媒体平台，初步形成了具有电子科大特色的全媒体传播体系。

四、未来发展构想

未来，新闻中心将结合学校在 5G、云计算、大数据、人工智能等前沿技术上的积累，全力服务学校事业发展，全面贯彻以师生为中心的发展理念，坚持移动传播优先策略，推进媒体智能化，着力打造集统筹调度、融媒发布、舆情应对、政务服务、公众互动等功能于一体的统一指挥平台，实施“四融”计划（信息内容“共融”计划、技术应用“交融”计划、平台终端“兼融”计划、管理手段“并融”计划），以此带动和促进学校党建思政、人才培养、管理服务等各项工作，不断推进学校治理体系和治理能力现代化，助力学校“双一流”加快建设、特色建设、高质量建设。

（作者：电子科技大学新闻中心）

案例 80

四川传媒学院，从“新”宣传，从“心”出发

好的宣传工作绝不是自娱自乐的宣传，绝不是形式上的宣传，而是能够真正产生实效、提升影响力的宣传。四川传媒学院作为一所传媒类高校，不仅完成了自身的宣传任务，更是承担了为国家培养新闻宣传人才的责任。

四川传媒学院新闻中心通过十余年的发展和逐步完善，已经搭建起一个集微博、微信公众平台、官方应用客户端、传统广播电视等为一体的融合媒体立体化宣传架构。

四川传媒学院官方新浪微博目前已拥有粉丝近 9 万，日均更新微博 10 余条，月均阅读量 230 余万次，荣获微博“2018 年度最具贡献力高校微博”称号，与“微博校园”共建“微博大学新媒体学院”。微博平台已成为校内外师生了解四川传媒学院的重要渠道之一。

2017 年 11 月，我校综艺影视学院成立，这也是国内首个综艺影视学院。四川传媒学院新闻中心通过四川传媒学院官方微博发布了黄渤、黄晓明、李冰冰、黄磊、高圆圆、张一山、关晓彤、王俊凯、王大陆等众多明星艺人发来的祝福视频。本视频迅速在全网进行传播，转赞评 6 200 余条，播放量达 185 万次，微博阅读量达 578 万。

图 1　微博宣传截图

四川传媒学院采用青年群众所喜爱的方式完成了此次宣传行动，成效突出，收获了大量好评。

四川传媒学院官方微信公众平台目前已拥有粉丝近 15 万，全年累计发布消息推送 200 余条，总阅读量 410 余万次，覆盖人数 292 万。微信作品围绕学校中心和重点工作，宣传学校大政方针、报道教学科研成就、服务全校师生员工，精品频出，成为四川传媒学院对内对外品牌塑造的一张闪亮名片。在全国高校微信排名中，周最佳成绩全国第二，长期居于六十名左右，连续两年荣获“中国高校官微百强”称号。

2016 年 9 月四川传媒学院新闻中心通过四川传媒学院官方微信公众平台发布第一支开学季情感教育短片《小别离》，此视频迅速在全网“发酵”，短片重点抓住父母与孩子在成长与分别之间的抉择，让孩子在离家后感恩父母、理解父母。本视频全网播放次数达 50 万次，微信点击次数 8 000 余次。

图 2　微信宣传截图

2017 年 9 月，四川传媒学院新闻中心发布第二支《小别离》系列短片，抓住父母离开时对孩子的不舍与眷念，让孩子深刻体会到父母对我们的严与慈。本视频全网播放量达 65 万次。微信点击次数达 15 000 余次。

2018 年 9 月，四川传媒学院新闻中心发布第三支《小别离》系列短片，抓住孩子与父母之间的沟通与离别后的沟通，鼓励孩子多与父母交流。本视频全网播放量 52 万次，微信点击次数 9 000 余次。

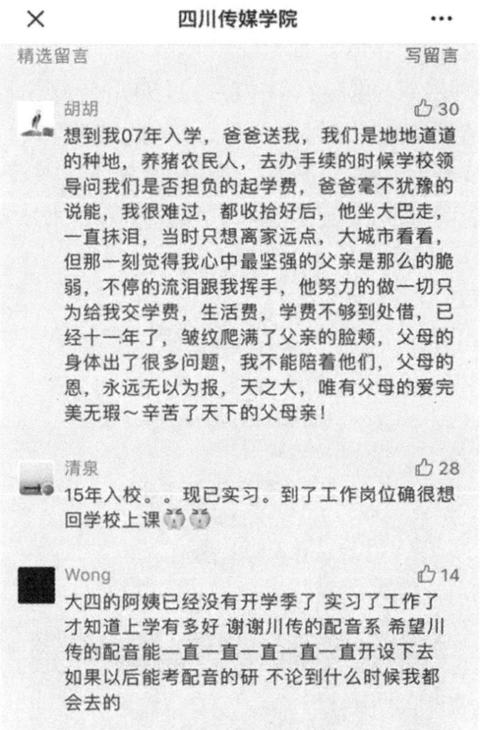

图 3　微信留言区截图

四川传媒学院官方微信公众号一直在“有温度，接地气”的道路上不懈地坚持着，用心和行动温暖师生，用成果回馈家长，兢兢业业地履行校官媒应有的职责。

2019—2020 学年第一学期，是我们的又一次起航，我们在媒体矩阵中融入哔哩哔哩与抖音板块，努力向新潮靠近，努力在完成信息输出的同时满足受众的需求，努力做好服务学校、服务教学实践、助力学生健康成长等多方面工作，最终做到宣传育人。

（作者：四川传媒学院新媒体中心）

案例 81

微博大学训练营：探索高校新媒体人才培养新模式

近年来，随着自媒体和短视频行业的蓬勃发展，新媒体成为年轻人创业、传统媒体转型的兵家必争之地。部分高校虽然设立新媒体类专业，但由于行业发展过快、相关基础研究滞后、师资力量和经验欠缺、与业界缺少联动等原因，新媒体人才储备严重不足。如何弥补传统的高校新闻传播人才培养模式与社会需求、业界标准之间的裂隙，微博大学训练营给出了最好的答案。

图 1　2019 年微博大学暑期训练营全体成员合照

一、新媒体人才培养的现状及问题

随着新媒体不断发展，社会对于新媒体岗位提出了更高需求。受到我国传统教育模式的影响，当前新媒体人才培养仍然依赖于全国各大高校新闻院系。虽然多年来对新闻传播人才培养模式的探索与改革从未止步，但结果却难以让人十分满意。究其根本原因，或许可做如下解释：新媒体环境下媒介生态的变革是一场全行业的地震，任何一方单独的尝试与改变终将难以奏效，作为人才培养重地的高校，探索人才培养模式的革新仅靠自身或与零星几家媒体单位进行沟通合作，其实质效果必将大打折扣。新闻传播人才的培养模式变革，势必要整合全行业的力量协同探索、协商进步，打破学界与业界人才培养的壁垒，打通行业沟通协作的渠道。而以微博大学训练营为代表的新媒体环境下的人才培养模式，正在为新媒体人才培养模式的探索提供一种新可能。

二、微博大学训练营简介

微博大学暑期训练营是微博校园搭建的高校培养新媒体人才的养成平台，平台连接政务、学界、业界资源，以学生和教师为主要受众，致力挖掘和培养具有潜力的高校新媒体人才，辅助在校大学生在高校内开展内容创业的实践与探索。

三、微博大学训练营人才培养模式的特点

当前，我国新闻传播人才培养主要有这样几个问题："传统的新闻教育理念同新媒体的发展不相适应；传统的教学模式与新媒体传播技术发展不相适应；专业设置、教学体系与新的传媒体系不相适应；师资队伍水平与新媒体发展的要求不相适应。"而作为在新媒体迅猛发展状态下出现的一种新闻传播人才培养新模式，相比较于传统培养模式所存在的问题，微博大学训练营具有新媒体环境下人才培养模式的新思维、新理念、新办法。

1. 行业整合，打破学界与业界隔阂

微博大学一直秉持着"分享让知识触手可及"的理念，微博大学训练营更是以"教育+互联网"的形式，面向乐于分享的人群，利用新媒体力量，让知识传播得更快更广。以 2019 微博大学训练营为例，本次训练营安排了 papitube 团队专业制作人、中国互联网协会新媒体创业导师、知名视频博客博主等多位新媒体行业资深代表讲授新媒体行业发展趋势、个人 IP 如何塑造、VLOG 拍摄与剪辑等全方位多角度的课程。打破了高校与业界的隔阂，让高校学生进入新媒体职场中，亲身体验前沿互联网和新媒体公司的环境与氛围，拓宽视野，更新认知。

2. 线上线下结合，提供多样化培训

微博大学训练营打破传统的新媒体行业单一的线上授课模式。在线上，

有专业导师授课教学，学生们自主控制学习时间与节奏，依据时下热点开展课程，知识点由浅入深。同时，伴随课程进展微博大学还安排了行业知识问答，学习小助手全程跟进训练营同学们的学习进度。在学习上遇到的一些问题也可以在群内进行提问。而在线下，微博大学训练营更是设置了团队破冰、行业导师分享、职场经验分享等全方位多角度的课程，让学生们进行深层次学习，全方面感受互联网公司文化氛围。

图 2　微博大学训练营活动现场图

3. 模式创新，推动大学生内容创业

有别于往年的微博大学训练营，今年的微博大学训练营全面升级为“微令营 2.0”计划，创新发展了一种全新的模式。根据最新调查显示，现在越来越多的人是“新闻的搬运工”，而不注重生产新闻内容本身。如何抓住内容风口这样一个机遇，强化深度的内容，做一名内容的生产者，对于当代高校新媒体人才培养至关重要。“微令营计划 2.0”给所有大学生提供了内容生产的平台与资金，让天马行空的创意落到实处。此外，大学生们还可以通过实时反馈的数据情况，更加深层次地了解用户的内容需求，做更好的内容生产者。

4. 实践+理论，提升理论原创力

“微令营计划 2.0”的最大亮点莫过于给学生提供了一个学习理论知识并参与实践的机会。训练营培训期间，设计了具体的实践项目，最终 7 个小组策划了微博“开学季”活动。通过活动，不仅提升了学生们对微博产品的了解，更是通过切实的项目实践操作，让同学们把理论知识学以致用，提升了每个学员的项目操作和执行能力。项目期间，学员自主策划的话题总阅读量达 1.18 亿，讨论量达 2 200 多万。其中华中区域小组策划的话题#新生颜值大赛#一度登上热搜，引发广大网友参与。

四、微博大学训练营对新媒体人才培养模式的启发

随着时代的变革与社会的发展，传统媒体的式微无法避免，新媒体汹涌发展的势头也将持续推进。作为媒体人才培养核心机制的新闻院系人才培养模式必须进行不断的探索革新。新媒体与媒介呼唤新的新闻传播人才，新人才的培养需要新的理论与实践。微博大学训练营模式探索出了一种整合行业资源、多样化培训、实训化场景的新模式。高校在相关行业培养过程中，不能被动适应社会变化，要立足当下，积极拥抱新思维和新技术，从而更好达到培训新媒体人才、服务传媒行业的目的。

（作者：微博校园 陈鹏飞）

案例 82

新媒体平台“火力全开”助力学校招生工作

近年来，移动新媒体的不断发展，吸引了越来越多的人特别是年轻网民群体的关注，网络空间也成为社会上非常重要的舆论场。

四川工商学院 2019 年制定了新的招生宣传工作方案，明确了以网络宣传为主要招生宣传方式的策略，在这一策略的指导下，负责学校宣传管理工作的党群工作部与负责招生工作的招生就业处组成团队，在两个方向进行突破：一是学校网站、二级学院网站的优化与补充，二是利用新媒体平台进行专题推送宣传。本文主要介绍第二项内容。

一、精心策划的工商新媒体名片

四川工商学院微信公众号是学校新媒体工作的核心信息发布平台，该平台目前已正常运行 6 年，拥有五万余粉丝和每年百万次以上的点击量。作为核心平台，学校在“五一”假期后即开始了 2019 年的招生宣传推广专题播发，按照“每周一主题，周末一合集”的工作安排，从后勤服务、名师优生、院系专题、教授与专业、党建思政引领、师生荣誉及成就等方面对学校进行了全面的展示与介绍，将千余亩工商浓缩在手机的方寸之间。

经过统计，学校公众号 2019 年 5 月 1 日至 7 月 15 日，总体浏览量较去年同期有近两万次的提升，粉丝增量也比往年有较大提升，从全校 9 月份新生报到数据情况来看，新生报到率均高于原定预期，招生期间的宣传推广工作卓有成效。

二、矩阵作用凸显，合力终究更大

四川工商学院布局新媒体矩阵已成立近两年时间，在两年的建设当中，已经形成了在微信平台上的部门、院系、组织的有机结合。利用新媒体矩阵，多个方向发声，可以让声音传播得更远，更加全面地覆盖学校的各项活动与事件。特别是二级学院的公众号，一方面是为学校增加了传播信息的渠道，另一方面还能够成为学校公众号重要的内容产出者。

2018至2019学年度，学校公众号面向各部门、学院、学生组织开展了“抢头条”活动，激起了大家的新媒体创作热情。登上学校微信头条，已经成为工商媒体人的一大荣誉。这种激励方式也使学校的新媒体工作蒸蒸日上。

三、优秀的数据源自不懈的坚持

四川工商学院2019年度一改往年的线下招生宣传模式，将全部宣传资源集中在网络和新媒体平台，既降低了学校招生宣传的工作烦琐程度，也直接提高了报到率。招生宣传期间，学校微信保持两个月不停更的状态，即使在假期、周末也保持了高强度的更新频率。同时利用党团组织，发动群众成为学校的推广者和学校形象的树立者，既能够增强师生对学校的了解，同时也培养了师生主人翁精神和集体荣誉感。新媒体的运用，此前很少在学校的某项工作当中成为核心项目，2019年的招生让我们一窥新媒体在未来学校宣传甚至更加广泛的工作范围中的新作用。未来我们也将在此方面进行更深入的探索。

（作者：四川工商学院 樊九思、杨纤）

案例 83

各尽其才，共同打造活力校园团队
——西南交通大学扬华 E 媒体中心团队建设篇

▲微博文章《西南交通大学扬华 E 媒体中心团队建设篇》

扬华 E 媒体中心（以下简称“扬华”）是西南交通大学党委学生工作部下属的正能量网络思政平台，致力于用专业的水准与师生乐于接受的形式、口吻，高效、准确、客观地向校内师生传递校园信息，营造校园良好舆论氛围和引导主流话语导向；始终立足于全校师生的角度审视新闻的意义和价值，真正做到了讲述好故事，传播好声音，批判负能量，弘扬正能量。

一、六大部门各司其职 协同运转

扬华 E 媒体中心由六大部门组成，分别为品牌创意部、新闻采编部、图片摄影部、新媒体编辑部、平面美工部以及技术研发部。

品牌创意部统筹、辅助开展各类活动，推进扬华品牌化目标的实现，同时负责扬华站内各项综合事务、维系扬华内部运转。

新闻采编部作为交大最主流的校园新闻发声体，记录校园实况，访谈百态人生，探寻妙趣街采，点评时政热点，将交大的万般精彩都化作笔下文字。

图片摄影部是进行校内外大型活动现场摄影与图像后期处理工作的主阵地，兼顾人物、风物等图像采集，捕捉实事影像，定格动人瞬间。

新媒体编辑部负责以“扬华微语”微信公众号及“@西南交通大学扬华 E 媒体”微博账号为主的新媒体平台的整体运营，同时对新闻采编部供稿进行后台编辑及推送，牵头平台推广及线上宣传工作。

平面美工部负责扬华素质网及新媒体平台所需图片的设计创作、网站的页面设计以及出版刊物的排版工作，同时也负责周边文创产品设计工作。

技术研发部主要负责扬华素质网的建设与维护、相关应用程序的开发以及哔哩哔哩网平台的账户运营工作。

二、团建青年快乐无限

为提升团队默契度，明确团队发展过程中的优势与不足，扬华 E 媒体中心每周定时召开全体例会，总结工作中出现的问题并通过讨论得出改进方案。例会的开展加强了各部门之间的联系，也促进各项工作和活动的顺利开展。除此以外，团队成员还组织并参与了多次集体素质拓展活动，几个简单的小游戏拉近了彼此之间的距离，使成员感受到了团队协作的力量。在扬华成立十五与十六周年之际，扬华内部还组织了大型团建活动，从节目表演到聚会游戏，大家在欢声笑语中共同为扬华庆生。

扬华 E 媒体中心不仅是校园声音的汇聚地、校园故事的加工厂，也是扬华每一位成员的家。它带给我们无限的爱与感动，也使我们不断成长。

自 2003 年成立以来，团队内部合理分工，团队成员各尽其才，共同探索发展之路，以激情、理想、责任和团队感携手共进。2019 年，扬华 E 媒体中心将会继续在已有平台上砥砺前行，积极进取，同时开拓更多的新媒体平台，与各个校级、院级组织进行多角度、深层次的合作，将扬华继续发扬光大。

图 1　扬华生日会

图 2　素质拓展活动

图 3　文创产品

（作者：西南交通大学扬华 E 媒体中心　史凝睿）

案例 84

中国海洋大学依托新媒体矩阵，探索构建海洋文化共同体

党的十九大报告提出，要“坚持陆海统筹，加快建设海洋强国”。提升海洋软实力是我国实现海洋强国目标的必由之路，而海洋文化是海洋强国软实力的核心要素。在新媒体时代背景下，为了推动和深化海洋文化研究、宣传，增强民众海洋文化自信，中国海洋大学精心谋划，合理布局，打造了以官方微信、官方微博、头条号、官方抖音号、官方 B 站号为主的新媒体矩阵，积极借助新媒体传播优势，依托新媒体矩阵，探索构建全国联动、共享、融合的海洋文化共同体——中国海洋文化新媒体联盟。

一、总体概况

中国海洋文化新媒体联盟由中国海洋大学与自然资源部宣传教育中心牵头，联合上海海洋大学、广东海洋大学、大连海洋大学、浙江海洋大学、海南热带海洋学院、青岛海洋科学与技术试点国家实验室等涉海单位共同发起成立的，是属于教育部政务新媒体“微言教育”的非法人（非营利）行业联盟组织。联盟以传播海洋文化为核心，通过新媒体建立海洋文化宣传新途径，构建全国联动的海洋文化新媒体宣传格局，更好地服务于国家海洋事业和海洋人才培养，面向全球讲好海洋故事、普及海洋知识、传播海洋文化。

二、主要特点

1. 共建共管，探索新媒体建设新机制

中国海洋文化新媒体联盟紧紧围绕国家海洋强国建设和“一带一路”倡议的总体要求，探索建立“一核多元，共建共管”的新媒体联盟体系，通过强化联盟的组织核心作用，发挥平台联动优势，整合成员单位资源，建立联盟引领、成员共建的新媒体运营新机制。

2. 共商共议，找准协同联动契合点

联盟成员单位共同制定了《中国海洋文化新媒体联盟章程》，以章程的形式确立了联盟大会制度，规定联盟大会是联盟的最高决策机构，指导联盟开展工作，决定联盟重大事务。联盟实行理事会负责制，每年定期组织常务理事单位会员大会，围绕热点、难点问题进行商议。通过共商共议，找准协同联动的切入点、契合点和着力点，从而形成工作合力，画出最大同心圆。

3. 共享共营，打造海洋文化宣传高地

联盟以“统一配货和自主加工”的内容建设管理模式，建立线上共享共营机制。“统一配货”即发挥中国海洋文化新媒体联盟的组织和平台优势，共同策划选题，依据不同主题，汇聚整合成员单位各类宣教和信息资源，进行打包供给。“自主加工”即成员单位以个性化、定制化的方式，对“打包”内容进行精心精细加工，增强内容的吸引力、覆盖面、针对性和实效性。通过这种机制，将信息的供给侧和产品的需求侧进行有效对接，更利于打造优质精品内容。同时，联盟还积极开展海洋新媒体精英训练营和新媒体课题或项目研究，建立线下共享共营机制。通过线上线下联动，全方位打造海洋文化宣传高地，让更多人融进“海洋文化朋友圈”。

4. 共宣共赢，品牌辐射提升聚合效应

建立中国海洋文化新媒体联盟是适应信息化时代的要求，也是抱团取暖、聚合发声的方式和手段，同时还是做好思想政治教育工作的有力抓手。借助中国海洋文化新媒体联盟这一新媒体交流合作平台的优势，成员单位资源共享、转引互推，联动做好新媒体宣传和舆情应对，实现了联盟的共宣共赢。凝聚各成员单位力量，共同发力，构建海洋文化新媒体矩阵，向民众科普海洋知识、宣传海洋文化，增强其海洋意识，“共振式”地发出海洋 “最强合音”，让中国海洋文化新媒体联盟的品牌聚合效应最大化。

三、传播效果

目前，中国海洋文化新媒体联盟已经形成了覆盖 6 省 140 万人的新媒体传播矩阵，用户遍及微信、微博、QQ、今日头条和抖音等主流社交平台。联盟坚持开放式发展，今后将不断补充新鲜血液，吸收更多的涉海高校和科研院所到联盟中来，进一步扩大联盟用户群和影响力，更好地发挥组团优势，

加强海洋文化研究、宣传，并将其转化为教育内容和海洋文化资源，为海洋强国建设和“一带一路”倡议夯实文化根基。

（作者：中国海洋大学新闻中心 刘莅）

形象打造篇

有深度更有温度，从大平台到小伙伴

平台是信息发布的主体，朋友是有共鸣的情感联系的人。媒体平台的形象建设是高校新媒体发展的重要突破。从形象的设计到形象落地成型再到存在感的加强与保持，新媒体平台的形象建设是一个循序渐进的过程。结合平台特色，个性化、人格化建设是跳出同质化困扰的有效方式，更是增强受众归属感的重要途径。

案例 85

“小狮子”大家庭——河北师范大学官微形象塑造

河北师范大学官方微信（以下简称“官微”）于 2015 年 7 月 2 日开通，为培育文化品牌，拉近与读者的距离，河北师范大学官微同期推出了“狮小范”和“狮小薇”的人物形象，受到了读者们的普遍喜爱。2018 年末，“狮小范”“狮小薇”和“摄影狮”的全新卡通形象设计完成，“小狮子家族”以崭新的形象出现。随着官微队伍的不断扩大，后续人设概念相继诞生，“大狮兄”“狮小宝”“狮小飞”等都成为“小狮子大家庭”的重要成员。

图 1　河北师范大学官微形象

一、形象解读

小狮子形象融入河北师范大学（以下简称“师大”）校徽、校门、地标建筑等元素，天蓝色的时光塔、雅灰色的东校门以及丹红色的单反相机装饰在衣物上，使其兼具百年学府的文化内涵与现代书院的时代气韵，向日葵发型作为核心特征，给人以活泼可爱、自信阳光、无所不能的感觉。

1. 师大观察员——狮小范

姓名：狮小范

星座：巨蟹座

性格：时而沉稳严肃，时而古灵精怪，总体来说是个又厉害又靠谱的大

“学霸”。喜欢跟优秀的人交流，把师大的故事讲给大家听。喜欢的花是西府海棠，喜欢的颜色是校徽蓝。雷打不动的标准作息，坚持每天打卡“步道乐跑”，是超级大暖男……

2. 师大观察员——狮小薇

姓名：狮小薇

星座：巨蟹座

性格：心思细腻，善于把握细节；是个“吃货”。仰慕狮小范学长，最喜欢的花是玉兰，最喜欢的颜色是时光塔的雅灰色，最怕上体重秤，在意刘海，随身带小梳子。擅长写作，对文字有超强的控制力，拥有对师大美好的强大捕获力。开朗活泼，会玩也会学。偶尔会为赶作品而熬夜……

3. 师大观察员——摄影狮

姓名：摄影狮

星座：水瓶座

性格：表面“高冷”，内心温柔。技术大佬，负责官微的无数幕后工作，

“事了拂衣去，深藏功与名”。最喜欢的花是棣棠，喜欢师大每一个季节的颜色，爱写写画画拍拍，日常左肩单反右肩 PS、PR、AI……

二、形象培育

1. 形象品牌化

在官微运营的过程中，我们始终坚持将“小狮子”的形象打造成我们的硬品牌，强调“小狮子”的存在感。从第一篇图文到第一段语音，从第一首原创歌曲到第一部原创微电影，从诞生到四周年，“小狮子”一直活跃在师大官微的最前线，保持每天“出镜”的热度。此外，每周定期例会时，“小狮子”玩偶会被摆在会议桌主持人的位置。在海报、长图的制作中，“小狮子”总是必不可少的元素。

图 2　师大官微定期例会图片

2. IP 故事化

在“小狮子”人物设定概念推出之初，官微就开始了 IP 故事化的进程。“小狮子”不再只是屏幕上的一个字眼，我们用故事创作，为其丰满了人物设定。2018 年公众号推出的《史筱凡（狮小范）学长，我喜欢你》，“狮小薇”化身一名仰慕学长的心思细腻的小学妹，不断追随着学长“狮小范”的脚步，用目光探索师大，用脚步丈量校园，最终也变成最美师大的故事讲述者。“小狮子”被赋予了灵魂，变得有血有肉，也更符合年轻人的调性。之后，“狮小薇”和“狮小范”之间还发生了更多更有趣的故事，在他们的欢声笑语中，官微的形象辨识度不断提高。

3. 形象实时修正

“小狮子”的人物设定无论是从概念上还是从视觉传达设计上来说，都不是一成不变的。每一次“出镜”，都需要设计好“着装主题”，斟酌好“服饰搭配”，还要化上一个“最精致的妆容”，时刻保持面貌的鲜活与生动，尽力符合受众的观感体验。

4. 周边衍生

在“小狮子”人设概念打造的过程中，为了扩大影响力，增强表现力，提升在场感，我们还推出了许多周边衍生品。

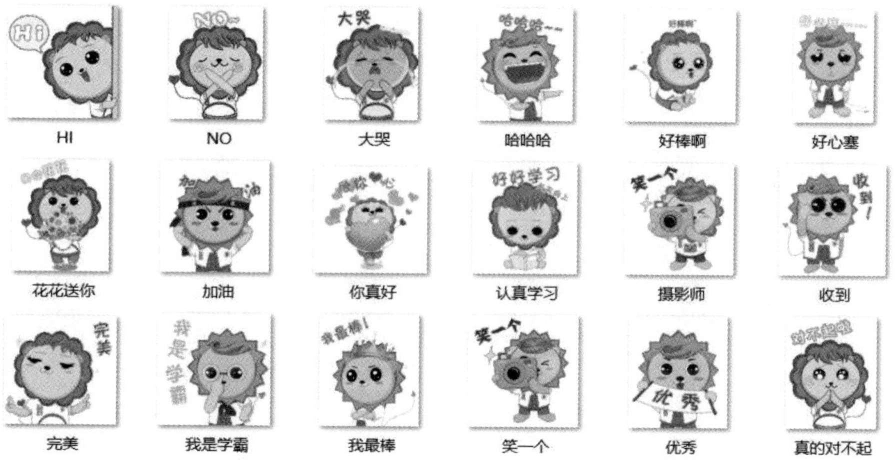

图 3 “小狮子”表情包

这些表情包，有着适合各类语境的经典台词，可用于日常社交，趣味十足。这样可以增加“小狮子”的曝光度。

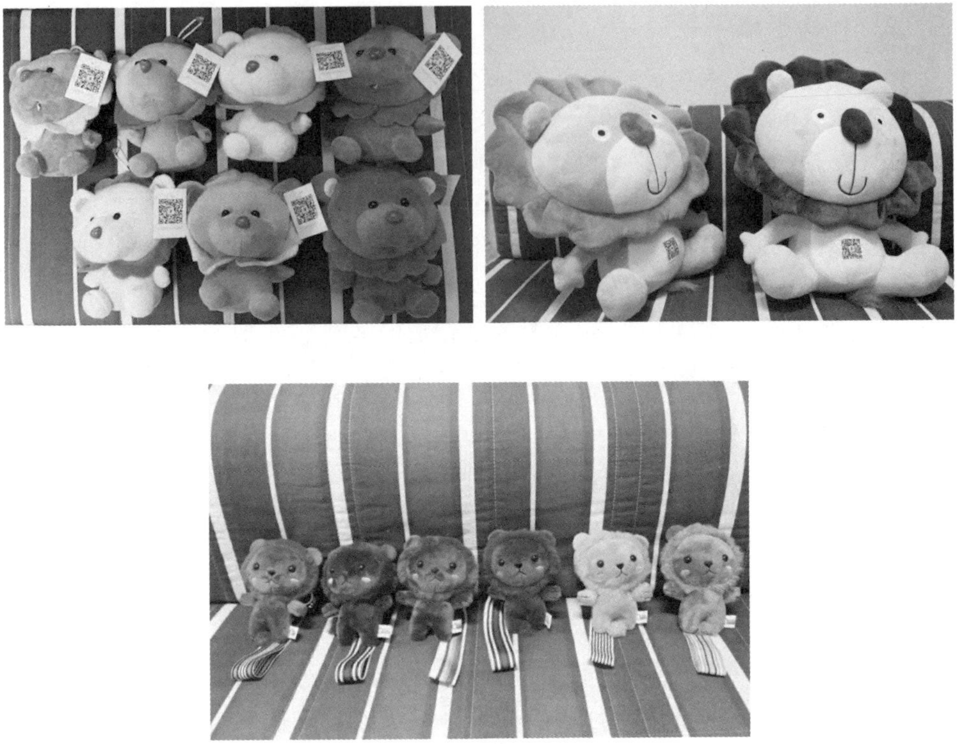

图 4　“小狮子”玩偶

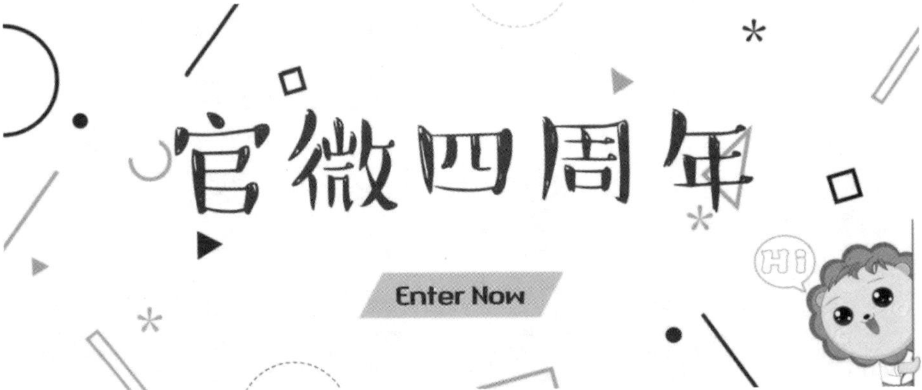

图 5　官微四周年宣传图

新征程，新梦想
河北师范大学融媒体中心(筹)纳新
不设条件
只要有才
你就来
#文编、摄影、
视频、美工
#采访、综合、
无人机
#微信、微博、
抖音、B站
#新闻网、校报、
广播台
扫码报名
扫码进群

图 6　宣传图片

真知时光

图 7 《真知时光——狮小范狮小薇故事集》

我们从千余篇官微推文中精选 50 篇有代表性的编辑成书，命名为《真知时光——狮小范狮小薇故事集》，该书于 2018 年 12 月由河北人民出版社出版，“小狮子”跳出屏幕而“跃然纸上”，给“小狮子”的成长留下了坚实的历史印记。

三、作用分析

1. 外树形象：品牌打造

我们努力使打造的“小狮子”形象具有三方面明显特征：身心健康、充满正能量，耳聪目明、无所不知，伶牙俐齿、可亲可爱。无论是在人设概念塑造还是在视觉形象展示上，“小狮子”都以健康向上、活泼阳光的形象示人，让读者快速建立对河北师大官微的识别和品牌联想。“小狮子”形象的树立使官微变得不再遥不可及，而是化身为每一位行走在师大校园里的观察者、讲述者，化身为你可能擦肩而过的任何一个人。它是一个贴近师生、贴近受众的微观形象。它所具有的善良、爱国、乐观、诚信等等优秀品质，将官微的平台形象具象化、人格化，使人们能够对官微产生最直观的正面印象，助力师大新媒体成为人人称道的宣传思想文化工作品牌。

2. 内聚人心：团队建设

就官微团队的建设而言，“小狮子”的存在还起着内聚人心的作用。“小狮子”系列人设因其角色多、职能广的特点，团队中每一位成员都能够根据自身在团队中所承担的工作而对号入座，从而对官微产生极强的认同感。每一位官微团队成员都以“小狮子”冠名，通过“小狮子”的身份发声，凝聚智慧，统一思想，极大程度上促进了团队的建设，使官微队伍紧紧地“团”在一起。另外，在外界的评价中，团队成员常被称呼为“小狮子”，这会使成员产生极强的自我认同感，同时也会对官微产生极强的归属感。

3. 便于内容展开：内容建设

在官微的日常推送中，读者经常会看到以“小狮子”之间的对话来叙述的表达设计。如《师大竟然有金“砖”？狮小范带你一起寻“宝藏”!》一文，由狮小范和狮小薇用调侃的方式引出“金课”“水课”的概念，避免了直接解释概念的枯燥感和说教意味，使读者产生了浓厚的阅读兴趣，在不知不觉中跟随“狮小范”和“狮小薇”的对话解开了关于“金课”“水课”的疑惑。另外，用“小狮子”对话的形式展开话题，解决了很多内容不便于叙述的问题，如推文《“师大着火了”，瞧人家这救援行动!》，全篇都是通过“狮小范”和“狮小薇”之间的对话来展开，将新闻叙事转换成小狮子之间简短且生动的对话，使读者仿佛置身整个“救灾”现场，很好地传达了火灾无情、逃生有方的火患防范思维。

（作者：河北师范大学官微团队）

案例 86

高校拟人化“萌宠”建设
——以云运宣传中心“小云”为例

▲微信文章《原来小云长这样》

云运宣传中心作为交通运输与物流学院的官方媒体，始终秉承“协助学院思政工作、关注学生思想发展”的理念。为了更好地开展网络思政教育，强化媒体智能化技术在思政教育方面创新应用，云运在现有微信、微博平台成熟运营的基础上，结合平台理念融入拟人化“萌宠”的形象，逐步探索高校新媒体拟人化、智能化的建设道路。

一、“萌宠”形态具象化

“萌宠”的规模化运营离不开技术性的外形构造。云运从“孕于云端，承于交运”的理念中提炼特色，对“萌宠”外形进行了确定。在已有形象的基础上，绘制出了一批常用表情包，在微信上进行推广，为后续深化“萌宠”形象奠定了良好的基础。

二、平台应用功能化

为进一步加强媒体融合，突出新媒体互动体验，强化学院媒体融合智能化发展，云运制作了“智能云”机器人，只需要在群聊中@小云并加上你想说的话，即可与小云进行沟通。

图 1 “小云”的不同状态形象

目前，小云机器人的自动聊天和定向回复功能已经正式投入使用。从同学们的反响上来看，“接地气”的“萌宠”顺利地拉近了官方平台与受众学生之间的距离。据不完全统计，与原有同类型推送相比，融入“萌宠”形象的推送浏览量翻了一倍。“萌宠”形象创造了一个良好的网络交流环境，为进一步打造网络思政教育平台奠定良好受众基础。

如今网络思政教育的推进存在着较多困难，比如形式较为单一、难以调动学生积极性、学生主动参与水平较低等。大家接受党团知识系统学习大多局限于课堂，以单纯的课堂输入为主，趣味性和灵活性都有待进一步提升。

基于以上现象，为更好地提升党建知识趣味性，融合拟人化“萌宠”形象建设，打造师生喜闻乐见的媒体品牌形象，以媒体力量助日常思政教育入耳入心，云运宣传中心依托“互联网+党建”思想，开发了“每日党建”小程序，创造性地尝试了智能化平台下的趣味党团知识学习模式。

从权威平台收集党建知识并整理成题库，详细注明引用出处，便于此后对照原文学习。在此基础上，我们利用专业技术搭建在线问答平台，现在已经发展出线上党团知识学习的功能。除了基础学习之外，建立打卡评分制度，通过“排名”的方式激发同学们的学习热情和学习兴趣。平台成熟后将融合短视频、手绘漫画等形式，以多种载体实现趣味党建，为提升学生思想理论素养提供良好氛围。

此外，平台还接受各大党支部的投稿，以辅助学院党建氛围建设，积极展现学院各党支部的特色活动及风采，给予大家互相交流的平台，为党建的健康发展提供了有力的保障。

“每日党建”平台通过一种趣味且实用的方式，为广大青年学生提供了一个良好的党建学习平台。随时随地拿起手机就可以了解最新动态、学习相关知识，不再局限于课堂。在学习的过程中还能与“萌宠”交流，提高互动性，缓解学习疲劳，打破传统线上学习平台模式的枯燥和乏味。

高校媒体需要把握时代的正能量，也需要传播时代的主旋律。借此平台可以深入贯彻“两学一做”精神，将党团知识融入日常生活，真正为网络思政教育事业添砖加瓦，也为今后的发展带来更多可能。

三、运营风格拟人化

无论是外形还是机器人都是平台运营的附属产品，真正能引发读者共鸣的还是平台的日常运营，所以语言风格个性化、推送内容多样化都是拟人化“萌宠”顺利构建不可缺少的部分。

日常推送以小云的第一视角论述，行文之间融入专属表情包，把一个个教育性略强的观点借助小云的形象表达出来，打破了读者对传统教育性文章枯燥灌输的固有印象，减少抵触感，从而达到更好的教育效果。

图 2　拟人化的平台风格

QQ 与微信公众号相比具有更强的互动性。小云既紧跟党的步伐，及时播报身边事，也极具人情味，像普通同学一样分享生活中的“小确幸”，有时也会在失眠的深夜为大家熬一些“心灵鸡汤”。拟人化后的官方 QQ 仿佛就像同学们生活中的一个亲密朋友，极大地提升了思政教育在学生群体中的传播力量，拓展了传播范围。

时代在向前迈进，云运对新媒体的探索也从未停止。作为网络思政教育推进的主力军，云运充分融合智能化技术和新媒体运营特点，围绕“互联网+党建”思想，创造性地建设了平台拟人化“萌宠”。从“外部形态”“平台功能”“日常运营”三个方面着手，对沟通环境、传播载体和平台定位进行了优化，深入学生生活，传播正确的价值观、改善思政教育方式，扩大校园媒体传播力。

从同学们的反响来看，“萌宠”这种形式已经得到了初步的认可，融入“萌宠”后的文章浏览量是此前的 2 倍之多，可见在媒体平台引入拟人化萌宠建设具有一定意义。

云运未来将深化拟人化推送设计，进一步开发拟人化产品周边，强化校园媒体品牌化深度，融合“互联网+党建”思想，逐渐加强学院新媒体的传播力，将思政教育润物无声传递到学生生活中，成为师生喜闻乐见的校园媒体，以更加贴合受众的方式，潜移默化提升思想理论素养，引导学生形成正确的价值取向。

（作者：西南交通大学交通运输与物流学院云运宣传中心）

案例 87

拟人化栗子君：与线上粉丝沟通的生动形象

随着新媒体传播的崛起，各大高校也意识到抓住自媒体平台为宣传阵地的重要性。新媒体“短、平、快”的传播特点为关注高校发展情况的受众带来更加便捷的信息获取方式。如何更好发挥高校自媒体平台的宣传、沟通功能？拟人化的官方微信、微博（以下简称“官微”）形象不能少。通过拟人化形象，官微弱化了生硬机械感，增强了粉丝与之互动的意愿，增加了高校了解自身形象、师生满意度情况的渠道。

一、官微形象出炉

2017 年 6 月，通过征集、投票、设计理念分析等环节，成都理工大学（后简称“成理”）拟人化官微昵称出炉——“栗子君”。“栗”谐音“理”。栗子壳嘎嘣脆，栗子肉绵软香。这个名字读起来朗朗上口，品起来意蕴丰富。壳坚果软，外刚内柔，似成理人在追寻真理的道路上孜孜不倦，又有浪漫风雅的文人情怀。壳涩果甜，外冷内热，象征成理人在成长磨砺中百折不挠，又保持内心纯粹天真无邪。而且栗子样子可爱，易于后期的形象化设计。同年 11 月，拟人化官微形象出炉，“栗子君”个人微信号也正式上线。通过一年多的打造及运营，“栗子君”活跃在成都理工大学官方微信公众号、QQ 公众号和官方微博，以及成理师生、校友的朋友圈。

二、形象介绍

“栗子君”头部为栗子形状，形象与名字相契合，其着装则是根据成理学子特征设计不同类别，有正式西装，也有拿着地质锤的勘探装，还有正在进行测绘的学生装以及在实验室做实验的科研装。我们不固化“栗子君”的年龄和性别，而是将“栗子君”定位为一个成理人，赋予其乐观、活泼、善良、热情、机敏和务实的品质，并在成理扮演着科研栗、勘探栗等不同角色，这使得粉丝对“栗子君”的形象有更丰富的想象空间。

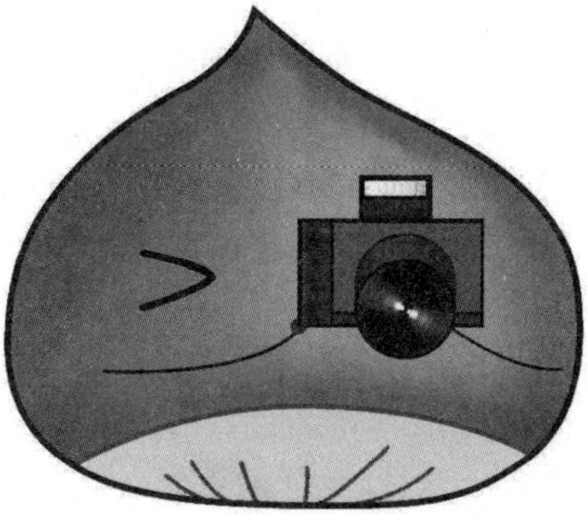

图 1　栗子君系列卡通形象

三、官微形象运营

将数字化的信息发布平台转化为一个有名字、有温度的拟人化形象之后，我们改变各平台的语言风格。在绝大多数情况下，成都理工大学各大平台都将自称为“栗子君”，帮助粉丝加深对其形象的印象。各类微信文章和微博文案也以“栗子君”第一人称的视角，向粉丝娓娓道来。从官微君转变为“栗子君”，其平台运营的属性不会改变，“栗子君”在各平台负责发布信息、服务粉丝、舆情监控等，不断完善关键词回复功能和提高后台回复留言频率，树立一个多功能的平台运营形象。

我们致力于将“栗子君”打造成“朋友”的形象，首先是要建立好“朋友”的关系。我们为“栗子君”开设了个人微信号，其名字与头像与“栗子君”名字和形象保持一致，通过宣传添加“粉丝”为好友，“粉丝”可以跟“栗子君”聊天互动，分享趣事。“栗子君”会定期更新朋友圈，将官方微信推文转载到自己的朋友圈进行分享，也会在微信推文留言区进行留言，提高与粉丝的互动率。建设“栗子君”个人号，使之更接近“人”的形象，更接近粉丝，更具有社交属性，更符合现在流行的“朋友圈”文化。将“栗子君”形象落地到个人，将其具象化和人格化，保持与粉丝进行“朋友”间沟通交流分享，打造一个温暖又接地气的“栗子君”形象。

四、拟人化形象周边产品

“栗子君”形象确定后，要不断加强和保持其形象的存在感，开发“栗子君”周边产品，加强其多功能、温暖和接地气的形象定位。这一年，我们为“栗子君”开发的周边产品有“栗子君”表情包、钥匙扣、卡套、雨伞、挂钩、鼠标垫等等，这些周边产品具有优秀的实用性，得到了粉丝们的认可和喜爱。“栗子君”周边产品不对外售卖，仅作为微信推文活动或是微博活动的奖品送给粉丝。我们不断创新“栗子君”的周边产品，让“栗子君”转化为实物陪在粉丝身边。

在新媒体时代，官微拟人化是高校新媒体建设路径的一种选择。设立高校官微拟人化形象能拉近其与粉丝的情感距离。个体比群体更容易产生亲和力和共情，由此产生的情绪互动是价值观传递的基础。“栗子君”的形象能让粉丝感觉到这是一个具象的人（而非隐匿于集体的人的符号）在跟自己沟通，接收到的信息和情感也都是明确有形的人发出的，这样的沟通更有效，互动更加丰富。高校官微拟人化能减少平台内容的同质化，提高平台形象的识别度，增强高校官微的粉丝黏性，这对高校官微平台运营具有重要的战略意义。

（作者：成都理工大学 王潇、朱艳霞）

案例 88

人气校园网红拟人化“小希”，助力学院形象传播

我们日常在接触各种不同类型的宣传时，不难发现，任何品牌都有属于它的独特的形象特质，或许是活力的、阳光的、又或者是优雅的、时尚的。这些不同的特质使得品牌在固有的受众群体中有着非常独特的形象，就像鲜活的人一样，有着独特的个性。

一、拟人化形象小希“诞生记”

西南交通大学希望学院在 2017 年做了这样一个重要的决定：学院各大官方宣传平台要更好地拉近与学院师生的感情，提高平台的形象、“粉群”识别度和好感度。2017 年 8 月 22 日，希望学院拟人化形象“小希”正式诞生。

按照希望学院以轨道交通为特色学科、土木工程为支撑学科、商科类专业为延伸的学科专业发展观，“小希”被设计为三位男生、一位女生共四个卡通形象。为了使形象更鲜活，他们有着属于自己的个性和特点。其中小希 1 号（和谐哥）为标准工科男，白羊座，性格沉稳，做事不浮躁、冷静，面对事情可以做出理智的判断，找到解决方法，设计原型为和谐号动车；小希 2 号（复兴妹）为小清新女青年，巨蟹座，性格温柔，绰约多姿，做事有效率、不磨蹭，喜欢旅行和摄影，设计原型为复兴号动车；小希 3 号（空铁娃）为性格开朗理科男，天秤座，性格活泼好动，行动力强，运动神经超发达，设计原型为空铁列车；小希 4 号（地铁宝）为“呆萌”理工男，天蝎座，思维很跳跃，有时候又傻乎乎的，显得很可爱，喜欢逛图书馆，设计原型为地铁列车。整体形象颜色以黄色和蓝色两种色系为主，凸显天真、活泼的形象。根据学院办学特色，从学院标识中提取元素，结合现代轨道交通系列车型特点元素，制作各具特色的人物帽子。“小希”的衣服中心印有“复兴号”和“和谐号”等字样，表现学院坚持以轨道交通为特色学科；衣服中下处有“SWJTUHC”，即学院英文缩写；4 个“小希”形象神态各不相同，或微笑、或沉思、或冥想，活泼生动，简洁可爱，符合学院年轻朝气的形象。“小希”双手打开，笑容绽

放，表示着热情欢迎大家来到希望学院，打开新的一片天地。

图 1　拟人化“小希”诞生

二、拟人化运营，对学院形象产生积极作用

学院在新媒体宣传平台如官方微博、微信等与学生沟通最密切的平台开展了拟人化运营管理，用可爱的外形引出宣传的内容，其图形化的视觉效果让年轻的学生更容易接受，再从学生需求为切入点展开宣传，最后再用饱含情感的文案让宣传内容有“情绪”，更能引起学生共鸣。

在经过一系列的拟人化的运营后，效果非常明显：① 学院形象更生动了，学生能更直接地了解到学院的相关措施，拟人化的运营也让平台在学生心中树立了专业形象，让学生更容易了解学院；② 促进与受众的沟通交流，拟人化拉近了“高高在上”的官方平台和学生之间的关系，使学院和学生之间的关系更加平等，使学生更愿意接近、了解学院。拟人化的运营从侧面加强了学院的宣传力度。

三、衍生周边产品，打造校园人气“网红”

在新媒体平台拟人化的基础上，周边产品的开发更加强了学院形象的“存在感”，使得学院的拟人化形象更加稳固。周边产品因为其自身的实用性有着更广的传播范围，对宣传起到了更强的作用。在 2018 年迎新之际，希望学院以“小希”形象结合受众习惯，开发了小希 T 恤、小希“萌扇”，以抽奖的形式限量送出。此举不仅增加了与学生的互动，更活跃了迎新的氛围。周边产品抽奖活动在学生里有着超高人气。

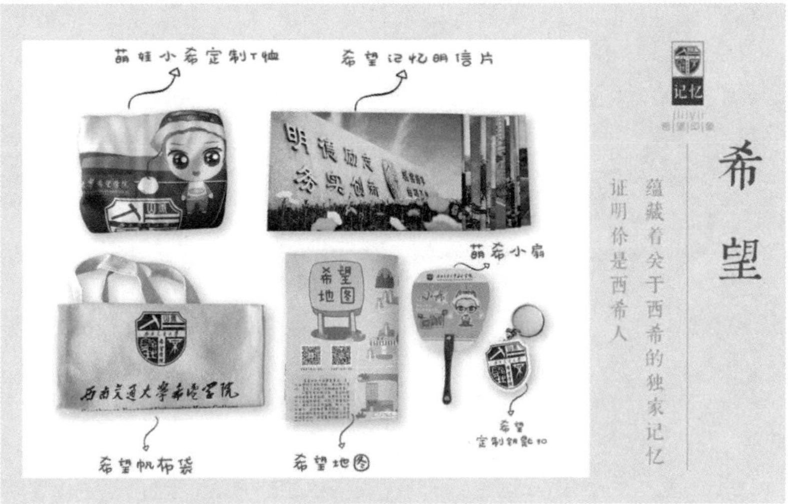

图 2　拟人化小希周边产品开发

图 3　网红“小希”人气高

从最初的初步构思，到设计完成、“小希”形象诞生，再到拟人化形象和平台拟人化运营的成熟发展，此过程无疑对学院的宣传起到了非常大的作用，拟人化给学院新媒体平台赋予了生命，使学院形象更鲜活，更有利于学院正面形象的宣传和传播。只有找准拟人化定位，根据学院的特点设定特色拟人化，才能更有效地助推学院发展。

（作者：西南交通大学希望学院宣传中心　胡珍妮）